段淳林　张庆园　编著

计算广告

人民出版社

目录
CONTENTS

技 术 篇

用 户 篇

变 革 篇

在人类社会走向智慧传播的大背景、大趋势下，可以说不断发展、变化、完善中的计算广告思想及实践模式正在成为广告、新闻及更广泛意义上传播领域的主导模式。在当下的社会中，计算广告已经成为无法回避的环境、趋势和方向。计算广告的产生来源于社会发展的巨大变革，计算广告的产生与发展也对社会产生深刻影响。本篇将从社会计算和大数据的发展谈起，力图找到计算广告发展背后的深刻动因。

第一章　社会计算的产生与发展

一、社会计算的缘起

（一）信息爆炸带来发展机遇

随着移动互联网的纵深发展，物联网、云计算、移动终端所覆盖的范围迅速扩大，信息正在飞速增长，并像海浪般从四面八方涌入并冲击着每一个人的生活。过载的信息在给人们带来更多便利的同时，也给社会经济、政治以及技术的发展进步带来前所未有的机遇。信息的爆炸式发展推动技术进一步变革，技术革命为人类提供了全新的生产手段，让生产力产生大发展、组织管理方式出现大变化，使产业经济结构和社会组织关系发生巨大变化。但与此同时，互联网技术的发展、计算资源和移动设备可获取性的增长、流媒体内容的普及以及随后社会经济文化的变迁，也使得更多全新的社会现象和社会问题不断涌现。

信息技术革命使群体智力资源的规模和潜能得到了充分发展，基于互联网媒介不断发展创新的信息传播和人际交互平台，社会环境、群体形态以及个体行为都在发生前所有的变化。传统的社会科学研究已经不能适应这一需求，它越来越难以有效解决附生于互联网新媒介上的全新社会问题。因此，跨越社会科学、管理科学与计算科学等学科的"社会计算"这一交叉学科概念应运而生。一方面，社会计算技术使得通过技术手段深入观察和研究社会问题成为可能；另一方面，人类社会活动从现实世界扩展到虚拟世界，用户可以方便快捷地在网络上获取各种各样内容丰富、涵盖面广的信息，同时也留下了用户自身的思想和行为痕迹，这都为社会计算更加深入且前瞻性地研究人类社会动态和数字社会问题带来了前所未有的机遇。

（二）传播技术变革促进学科发展：先导性、战略性、广泛渗透性

信息技术革命驱动着新型传播技术的发展，随着云计算、大数据和移动互联网等的成熟和普及，通信技术已经具备了先行者、战略渗透和广泛渗透的特点。传统的传播结构逐渐被取代，传统的研究范式也逐渐陷入困境。新兴的传播技术使不同学科间的融合发展成为可能，为社会计算的诞生提供了技术基础。在信息革命催生的所有行业中，传媒业成为一种先导性行业。传播技术的不断发展，助力传媒业成为国家发展的一项战略性布局，传媒技术的战略性作用愈加凸显，在国家社会中的地位越来越重要；信息革命的爆发式发展，使得信息与技术渗透进人们的生活，信息不仅成为人们生活不可或缺的必需品，还对人类社会的结构和运行产生了颠覆性影响。数字化与智能化媒体介入了当今最活跃、最重要的发展领域，智能化新媒体对社会的渗透性增强，更加社会化，呈现并重构整个传媒生态。O2O技术打破了现实与虚拟的边界，"泛媒体"使媒体数量增多，大数据、云计算、移动应用、智能手机、增强现实等实现了各行各业的"无边界聚合"……新环境下，传播技术具备先导性、战略性和广泛渗透性，传播技术的变革为科学研究尤其是社会计算的出现奠定了技术基础，更成为社会计算发展的助推器。

二、复杂网络：基于无尺度构架的社会研究视角

马克思说："人的本质不是单个人所固有的抽象的，在其现实性上，它

是一切社会关系的总和。"人是社会性动物，人的社会性体现在人与人之间关系的构建。随着社会互动的增加，在现实社会中，人与人之间的社会性关系就形成了一种人际关系网络。这种人际关系网络在互联网以及各种社交媒体的放大及重新建构下，变得愈加复杂。新技术迅速延伸，人类社会正在经历前所未有的变迁，随着互联网的高速发展，人们的社会活动范围真正意义上从现实扩展到虚拟领域。从表面看，人与人之间的联系似乎更加松散，但其实互联网社会中的人们都被无形的网牵连着。新的沟通渠道促使大量新的网络社交行为不断衍生，由此形成的虚拟和现实相互勾连的社会关系更趋复杂，社会结构和社会关系的复杂性特征愈加明显。

（一）复杂网络研究

复杂网络是指在虚拟网络环境中，众多节点彼此相互连接，形成的相互交错的关系网络。复杂网络研究全球权威机构、冯·诺依曼奖获得者阿尔伯特·拉兹洛·巴拉巴曾经说过，"从语言网络到关系网络，具有现实意义的大多数网络都是由同样的普适法则塑造的，因此具有同样的由枢纽节点支配的架构"[1]，在模块化假设和无尺度构架的基础上生成了具有层级的网络结构，他首次解释了刻画真实网络的幂律，有助于理解复杂网络。

20世纪90年代，复杂网络的研究处于起步阶段，当时被称为"网络的新科学"的复杂网络研究逐步形成一个自我完备的学科。此后，关于复杂网络的研究一直在进行，作为真实复杂系统抽象出来的复杂网络研究近几年发展迅速。复杂网络研究的内容主要有：网络的几何性质、网络的形成机制、网络演化的统计规律、网络上模型的性质、网络的结构稳定性等，以及网络的进化动力学机制。关于复杂网络的特性，学者们主要从以下几个方面展开研究：第一，小世界现象。著名的"六度分割理论"对"小世界现象"作

---

[1]　于毛毛：《大数据时代数据新闻的发展现状和对策》，《今传媒》2014年第7期。

出了解释，理论上说，你和任何陌生人都不能被六个以上的人分开，也就是说，通过最多六个中间人，我们可以遇到任何一个陌生人。我们生活在一个网状社会里，每个人都是不同的节点，人与人之间的交往和联系在无形中缩短了各个节点之间的距离。六度分割理论是社会网络研究的理论基础，也很好地阐释了"小世界现象"。它反映了这样一个事实，即关系的数量，虽然很小，但可以连接世界。第二，对聚类度（聚类系数）的研究。例如，朋友圈或熟人圈中的每个成员都认识其他成员，因而朋友圈也就成了熟人的聚集地，网络的内聚力增强，这在一定意义上也反映出网络集聚化现象与网络复杂性等特征。第三，权力的程度分配规律。度指的是网络中某个个体与其他个体关系的数量；度的相关性是指顶点之间关系的联系紧密性。网络规模的增长通常表现在两个方面：一是节点数量的增加，二是边缘数量的增加。当新的个体进入网络时，网络中的节点数量将增加，并且至少有一个边缘将加入网络。

（二）复杂网络孕育社会计算

复杂网络时代，人与人之间的关系错综复杂，沟通模式多样，除了一对一的连接之外，一对多、多对多的多维关系连接也成为一种表征。正如麦克卢汉所说，这个社会变成了一个地球村。互联网改变了人与人之间的连接关系，在复杂网络系统中，传播模式不再是传统单向线性的，网络的动态性、流动性使整个复杂系统呈现出多交叉的网络态势，同时也呈现出越来越多的复杂问题。信息与通信技术作为一种工具，为研究社会复杂性和解决大问题提供了重大机遇。人类的行为轨迹产生了大量数据，而新兴的社会计算技术能够记录并精准分析这些数据，从而能够大幅度提高人们理解社会的能力，为创造新的模型和研究社会问题提供机遇。因此，复杂网络为社会计算的诞生提供了土壤，而这种新的研究工具为社会行为各个方面的分析提供了条件。网络的复杂性科学催生了包括复杂性现象、复杂自适应系统、复杂网络工具（云计算）等全新的研究领域。复杂网络理论特征愈加明显，有力地带动了社会计算这一全新领域的研究。

三、社会计算与社会研究范式的变革

（一）社会计算的定义与特点

1.社会计算的定义

学者王飞跃在《社会计算的基本方法与应用》一书中，从两个方面对社会计算进行了阐释。一方面，侧重于分析信息技术在社会活动中的应用，主要关注社会软件的技术层面，且已有较长的历史；另一方面，侧重于社会知识在信息技术中的嵌入和使用，以提高、评估和控制社会活动的效益和水平为重点。

社会计算是由社会行为和计算系统交叉融合而成的研究领域，它的研究问题包括利用计算系统助力人类沟通和协作、利用计算技术研究社会运行的规律和发展趋势等。随着互联网的出现和各种计算机新技术的发展，人类正从工业时代走向知识和智能时代。社会计算的出现和发展，标志着一场社会研究范式的变革，为计算广告的研究提供了理论基础和条件。

2.社会计算的特点

（1）个人计算到集体计算

早期的计算是从个人开始的，个人计算重点在于个体使用信息技术。随着社会信息化程度的加深、网络的普及，以及终端应用的广泛发展，用户可以方便快捷地在网络上获取和分享信息，知识共享变得更加便捷。随着各种社交媒体的兴起和演变，微博、微信、知乎等应用为普通用户参与互联网信息生产提供条件。在不断扩大的网络社会中，用户的参与热情空前高涨，个人价值持续凸显，群体智慧得到充分发挥。社会计算通过小型社会群体或大型社区用户使用信息技术共同发挥作用，使社会计算的研究范式从个人计算转变为集体计算。开放、集体、共享的互联网集体化，为集体计算的研究提供了社会基础。

（2）简单计算到复杂网络计算

复杂网络理论涉及社会学、生物学、互联网等各个领域，对理解与研究不同对象间复杂的社会关系和行为提供了思路和依据。聚类分析是复杂网络研究的一个重要方面。聚类分析是一种通过数据建模简化数据的方法，对理解网络的结构功能特征、挖掘群体组织、信息推荐及预测网络的行为等都具有重要意义。由此，计算社会科学涉及社会网络分析、政策预测、计算科学和复杂性科学等各种新兴研究领域，旨在通过收集和分析数据来揭示个人和群体的动力学行为。计算社会科学的主要领域有自动信息抽取系统、社会网络分析、社会地理信息系统、复杂系统建模、社会仿真模型等。计算社会科学促使社会学研究从简单计算分析转向在复杂网络中的计算分析。

（3）单一性到融合性

当前，大众传播的形式正在发生深刻的变化。如今的信息传播模式呈现出融合化、社会化传播特性，大众传播、群体传播、组织传播、人际传播充分交织，原有的单一传播形式向多元化传播形式转变。同时，信息技术革命不断发展，社会政治结构和生产结构也发生了颠覆性变革，自然科学、社会科学等学科不再局限于学科自身，与其他学科的关联越来越紧密，各学科呈现出融合交叉的特征。为了准确研究社会问题，社会计算形成了一套完整的分析研究手段，用严谨的数学方法对问题进行描述和求解，实现了复杂网络环境下社会研究范式的变革，使计算方式由单一性走向融合。

（4）网际网络到无尺度网络

广域网与广域网之间互相连接的网络被称为网际网络，包括不同类型协议网络的互联，比如 TCP/IP 网络和 X.25 网络的互联。而无尺度网络的概念是在复杂网络的研究中提出的。在网络理论中，无尺度网络又称无标度网络，是指具有一类特征的复杂网络。它的典型特点是，网络中的大多数节点只与几个节点相连，而很少的节点可以与很多节点相连。无尺度网络包含众多大大小小的节点，其中关键的节点被称为"枢纽"或"集散节点"，这些节点的存在使得无尺度网络可以承受意外故障，但面对协同性攻击时则表现相对脆弱。现实中的许多网络都是无尺度的，例如互联网、社会人际网络等，近期比较流行的区块链也涉及无尺度网络。

（二）社会计算的本质特征

1. 网络的复杂化

社会计算以复杂网络为基础，因此社会计算的复杂性源于复杂网络的特性。在网际网络中，规则网络是一种简单的网络，是指系统内各元素之间的关系可以用一些规则结构来表示，也就是说网络中任意两个节点之间的联系遵循既定的规则。但随着网络技术与通信技术的升级变革，网络的复杂性日益凸显，并不仅仅只能用规则网络来描述我们所处的网络世界。复杂网络是指在虚拟网络环境中，众多节点彼此相互连接形成的相互交错的关系网络。在复杂网络中，大量信息被迅速传播，网络结构也在动态演变，复杂网络作为以个体节点为基础形成的层级化网络结构，既具有普适的塑造法则和相同的枢纽节点，又呈现出交叉、重叠等分布特性。在大数据时代，随着数据的海量增长，这一网络结构不断扩张，催生了全新的领域——复杂自适应系统、复杂适应系统组等，使得传播网络更加复杂化。

复杂网络的特性主要表现在四个层面：（1）结构复杂，网络节点以及不同节点之间的关系复杂。（2）具有空间和时间的演化复杂性，展示出丰富的动态行为，特别是网络节点之间存在不同类型的同步化运动。（3）连接与节点的多样性，不仅指节点的数量多样，节点所代表的事物也具备多样性。（4）传播技术的多重复杂性。复杂网络背景下的传播技术因其与生俱来的先导性、战略性与广泛渗透性，发生了从个人计算到集体计算、简单计算到复杂网络计算、单一性到融合性、网际网络到无尺度网络的巨大变化，带来网络资源、计算资源和存储资源的融合，呈现多重复杂性。

2. 服务的多维化

现今的服务呈现软件即服务、数据即服务、平台即服务和基础设施即服务等发展趋势。未来的时代是个性化需求时代，通用制造和通用软件生产的软硬件产品将无法完全适应当前的需求。在"用户中心"时代，人们的消费需求逐渐多元化，服务性需求逐渐增多。产业价值链也将从以"制造"为中心向以"服务"为中心转变，这也促成了按需服务等新型商业模式的出现。所谓按需服务是指根据 DSP 广告主，即需求方平台的需求，来提供个性化柔性服务，促进商业模式转型和服务产业链角色重构。

（1）软件即服务

软件即服务（Software as a Service，SaaS）是随着 Internet 技术的发展和应用软件的成熟而产生的一种新的软件交付模式，也是基于互联网环境和云计算方式的新型软件服务模式，是软件和信息服务相结合的一种发展趋势。作为未来云计算市场的主要方向，SaaS 占据了约 70% 的主导地位。作为未来云计算市场的主要方向，SaaS 占据了约 70% 的主导地位。从市场规模看，2015 年 SaaS 市场规模约为 55 亿元，远超过 IaaS 和 PaaS 市场的总和，增长率为 37.6%；2016 年市场规模约为 75.1 亿元，同比增长 36.55%。2017 年，中国 SaaS 市场规模约为 168.7 亿元，同比增长 124.63%，涨幅较大。在用户规模上，2013 年我国企业 SssS 付费用户规模仅为 1.3 万户，2017 年付费用户规模已达 11 万户，2013—2017 年复合增长率达到 71%，表明我国企业用户对 SaaS 服务形式的认可大幅提升，预计 2019 年将达到 54.6 万。

（2）数据即服务

数据即服务 DaaS（Data as a Service），是指挖掘产生价值后，进行定制开发，最后为用户提供数据服务。数据即服务的理念，就是将数据看成一种服务，盘活数据资产，使其服务于企业管理、运营与决策。云计算的出现为数据的生成、保管和访问提供了一个渠道；DaaS 汇聚各种各样的数据，通过计算的方法对数据进行提炼和筛选。数据即服务的思想也正在改变越来越多的行业生产和运营模式，在未来的互联网乃至物联网的社会中，数据即服务的思想会更加深入地渗透进人们的日常生活中。

（3）平台即服务

平台即服务（Platform as a Service，PaaS）是云计算的重要组成部分，提供了面向开发者的于集成到他们应用中的平台服务。从业界对 PaaS 的定位来看，它解决的是业务应用和业务平台结构的问题，即业务平台能力的资源整合化。

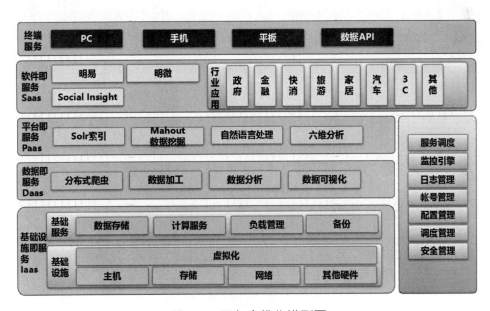

图 1-1　服务多维化模型图

目前，企业通过用户数据资产管理平台来实现个性化服务，满足消费者真正的个性化需求。用户在浏览或交往过程中，企业在业务处理、运营管理过程中，都产生了海量的数据，这些数据对企业的运营过程产生重要作用。数据可以转化为信息，企业各级业务、管理人员能够通过这些数据精准分析消费者的个性化需求，了解企业运营状况。此外，通过一定的分析、挖掘手段，可以从海量的数据中提取隐含的知识和规律，使企业管理人员更深入地认识和把握企业、市场发展的规律。将这些知识反馈并运用于业务运营过程中，有助于制定合理的营销策略，优化企业运营流程、改进企业管理流程，促进企业运营效率、营销针对性和市场应变能力的提升。

3.硬件设备的智能化（VR/AR）

根据易观智库发布的《2017年中国智能硬件创新产业发展分析》的报告显示，随着硬件产品种类和数量的增加、智能硬件平台的兴起、人工智能技术带来的语音交互和计算机视觉等更多样化的交互模式，以及智能扬声器、服务机器人等产品向物联网的入口水平发展，中国智能硬件产业生态日渐完善。智能硬件是继智能手机之后出现的概念，利用智能化技术，通过软硬件结合的方式，对传统硬件设备进行改造，使其拥有智能化的功能，更加具有"人性化"魅力，例如手表、电视等都可以进行改造。智能硬件产业正通过整合"终端＋数据＋内容＋服务"等产业间资源，不断突破信息孤岛的局限性。此外，各种移动智能手机、iPad、Kindle等智能化终端更新速度迅猛，个人定制色彩明显，打通了人与人之间的隔阂，使得信息传播逐渐具备平台化、智能化等特点，避免了资源的分散和浪费。目前，随着近年来人工智能等新技术革命的跨越式发展，智能硬件已经从传统的可穿戴式设备进一步延伸至家居、健身、医疗等更加广泛的领域，智能硬件的"人格化特征"更加明显，硬件设备智能化浪潮日益凸显。

在移动互联网时代，硬件设备智能化成为必然趋势，智能化硬件设备能够与人即时对话，为人机交互创造了条件。尤其在VR和AR技术的带动下，其创新性和前瞻性为消费者的购物方式和产品运营方式带来了颠覆性的变革。之前的人机交互模式是一种平面图形式的交互方式，通过键盘和鼠标进行指令输入，机器也是以2D图像变化为主要形式进行反馈，整个过程中人处于被动的地位，人理解机器的行为，并配合机器，很少在视觉、触觉和听觉等层面与机器进行交互。而VR与AR技术的特点为沉浸性和交互性。

VR 的交互则是机器理解人的行为，通过特定的装备，创造出虚拟环境与人进行交流，模拟真实世界的反馈。在整个过程中，人通过包括视觉在内的知觉管理系统与机器交互，形成可感知的虚拟现实世界，并可以获得视觉、嗅觉、听觉、味觉多种感官刺激，这种虚拟现实沉浸式体验模式极大提升了消费者的使用体验。

4. 资源的平台化

资源的平台化主要是指资源聚集的平台化。移动互联网时代，网络资源的优化配置塑造了全新的产业格局，从而形成了产业化平台聚合。同时，数字技术、网络技术日益兴盛，社会化媒体平台崛起，它们不仅仅是社交的场所，还是资源整合的平台，包括广告、流量以及文化在内的各种资源在互联网的加持中聚集起来，从而实现了资源的共享和共创。社会化媒体通过充分整合各行业上下游资源，使其成为一个多元化的资源整合平台，从而成为社会资源的整合者和调配者，导入了大量用户和流量。

随着复杂性网络工具的不断成熟，从硬件到软件等众多细分领域形成了通过资源整合带动产业平台化和通过资源聚集打造电商聚集平台的趋势，出现了以 Amazon、Apple、Google 为代表的新商业模式。各行业通过资源的优化配置，实现资源动态化、扩散化发展，塑造了全新的产业格局。随之，社会计算向平台化靠拢。随着资源平台化的发展，如何运用社会计算实现不同平台的跨界整合传播，成为企业应该考虑的问题。

5. 技术的融合化

社交媒体的诞生彻底改变了大众传播的形式。裂变式发展的网络和数字技术打破了传统媒体和新兴媒体的边界，新技术消解了媒体的边界，技术与媒介的相融让不同媒介之间的界限越来越模糊。目前，信息传播逐渐呈现出整合和社会化的特点。通信技术的各种特点充分交织了大众通信、群体通信、组织通信和人际通信。各种新兴技术蓬勃发展、相互交叉，实现了技术的跨界、融合甚至是无边界聚合，因此被称为"一场极度聚合的革命"。O2O 打破了时空界限，让虚拟与现实深度交融，让不同行业走向融合；微信、微博等社交媒体聚合碎片化信息；技术的融合让不同组织拥有了扩张的外驱力与外骨骼。

四、社会计算与计算广告

（一）社会计算为计算广告提供新思维

互联网技术的发展、计算资源的增长、移动设备可获取的便捷性以及富媒体内容的普及推动人类社会进入了以数据为基础的高度计算化时代。社会计算技术的发展和进步对整个社会产生了深刻影响，为广告内容和形式的变化带来推动力，计算广告就是在这种背景下诞生的。随着大数据时代的到来，社会计算的思维模式也发生了变化，传统以计算为中心的理念逐渐转变为以数据为中心，数据思维也随之发生相应变化。而所谓数据思维，就是在运营处理数据时所运用的思维方法。在大数据时代，社会计算的思维模式实现了从采样分析到全量分析、从精准洞察到宏观洞察、从因果分析到相关性探寻的转变。因此，社会计算思维模式的变化为计算广告的出现和发展提供了新的思考方向。

伴随着大数据的广泛应用，社会计算能够分析的数据越来越多，且更为精准，数据的可获得性不断提高，这就改变了传统依靠抽样才能获得数据信息的采样分析法。在大数据时代，海量的数据获取不再是难事，追求绝对的精准并非必要，宏观层面更好的洞察力成为重点，为人们更深入地认识社会和解决社会问题提供了方法。在计算思维的渗透下，人类日趋复杂的社会经济活动或其他活动都可以得到合理解释，因此传统的精准分析向宏观洞察转变。处理数据过程中，发生的另一个转变是分析者不再热衷于寻找事物间的因果关系，而倾向于寻找和分析事物之间的相关关系。因此，从数据思维层面来说，社会计算的数据思维实现了从采样分析到全量分析、从精准分析到宏观洞察的转变，也为计算广告的运作提供了新的思维模式。

计算广告涉及大规模搜索、文本分析、信息获取、统计模型、机器学习、分类、优化以及微观经济学，旨在实现特定用户与相应广告之间的"最佳匹配"，进而实现广告的精准传播。广告，从本质上来讲，是一种市场信息的传播活动。这种传播活动本身就包含着极为鲜明的计算观念，只是传统的广告所建立的数据基础是一种小范围、有限的数据，而随着"大数据"概念的迅速普及，大数据将消费者行为数据进行统一的搜集、分析和处理，计算广告呈现出复杂的数据思维特性。

总的来说，社会计算建立在丰富的数据基础上，运用计算技术和信息通讯技术对社会行为提供解决方法和理论，社会计算的多学科交叉性和复杂性造就了计算广告新特点的同时，数据＋技术＋互动的思潮也为计算广告注入了新的思维模式。

（二）社会计算实现计算广告研究范式的变革

社会计算所涉及的计算技术，为计算广告的研究带来了新的方向，实现了计算广告研究范式的变革。人类社会进入了前所未有的快速变化时期。技术的发展使新的交流渠道得以打开，从而产生了从根本上影响组织原则的各种新型行为。信息与通讯技术产生的大量数据记录了人类的活动轨迹，能够大大提升人们理解社会规律的能力，可以研究社会复杂性和解决更多问题。同时，计算机计算能力的发展使人类有能力去处理数据，创造新的模型，最终反映出社会复杂性与多样性。社会计算使得执行异质化的社会研究成为可能。

物联网、云计算、社交网络、社交媒体和获取信息的技术发展迅速，数据以巨大的速度增长和积累，大数据时代已经到来。社会计算作为一门数据密集型科学，对数据采集与分析的广度、深度和规模都有着巨大的影响。社会计算作为一种新的计算范式，产生了一个跨学科研究和应用的新领域。

如今，社会计算主要运用于交互式的新型信息服务方面，这方面的应用主要有计算广告。可以说，计算广告就是社会计算思维在广告领域的新运用。计算广告可以通过有效的算法，根据特定用户和特定情况来确定最合适的广告，并对想法进行提炼、制作、推出、传播和互动，其核心是实现广告与用户需求匹配的最大化。计算广告结合了传统广告学与新型计算机的计算能力，从算法的角度来思考新的挑战。因此，技术尤其是计算技术和数据，是这一业态产生和演进的两大关键驱动因素。计算广告涉及的技术主要包括广告检索、用户数据分析和广告投放算法等。从技术基础角度来看，近年来不断发展的信息检索、机器学习和数据分析等计算技术为计算广告的发展提供了技术支持，这些技术不仅能进一步帮助广告实现精准投放，还能够帮助广告主解决在线广告投放的问题。由此可知，社会计算的出现和发展，标志着一场社会研究范式的变革，为计算广告的研究提供了理论基础和技术条件。

社会计算技术在计算广告中的应用还体现在情感计算方面。情感计算是将计算科学与心理学、认知学等社会学科相融合，通过社会媒体累积的用户海量数据，利用计算技术以及大数据技术，分析得出人在特定时间段情绪随时间变化的趋势。情感计算通过从心理动因出发，深入人类心理世界，使计算机具有更高更全面的智能，提升人机交互能力，从而据此推测用户的心理需求，对计算广告的精准投放和不断优化有着重要意义。心理学、生理学以及计算机科学为情感计算提供了理论基础和实验工具。

计算广告是近几年广告领域中出现的一项新的研究领域，计算广告在社会计算技术的基础上，实现了对广告的精准投放和优化。社会计算技术开辟了一种新的社会研究范式，为计算广告提供了新的思维方向。相较于传统广告而言，社会计算助力计算广告实现了研究范式的变革，对广告的发展和广告学的创新产生了深刻影响。

✦ 案　例 ✦

Twitter 如何利用计算广告进行品牌推广?

Twitter 是全世界人们分享观点、兴趣和见闻的重要平台,同时也是品牌主做海外推广的关键渠道之一。那么,Twitter 的计算广告系统是如何运行的?其背后又有哪些套路?

如果你是品牌主,那么在 Twitter 投放广告之前,首先需要开设一个用于广告投放的账户,通过个人资料页的设置可以准确地展示产品和业务信息,从而打造产品形象。

在设置好账户之后,下一步就是准备广告活动的投放。Twitter 提供了一整套的营销工具,在用户界面,品牌主可以看到几种不同的广告活动类型,包括网站点击或转化、推文互动、App 安装或互动和视频观看等不同类型,而它们各自有着不同的营销目标。

选择其中一个目标类型进入后,首先要设置广告活动的起始及结束时间。默认设定中,广告活动会自动开始并持续投放直到你手动停止或是预算用完后自动停止;另外还有自定义设定,如果品牌主的广告活动是为某个特定节日、促销季、短期会议或是季节性销售计划做推广时,就可以使用这一方案。

Twitter 的计算广告运作同样表现在受众定位上。Twitter 的定位功能可帮助品牌主在适当的时间覆盖适当的人群。品牌活动可实时将讯息关联到对消费者而言最有意义的事情上。这些受众的指标包括地理位置、语言、设备定位、关注者、兴趣定位、关键词、行为受众定位、自定义受众等,能够较为全面地覆盖品牌受众群体。

品牌主可以设置自己对每个广告活动的每日预算。一旦达到最大预算,Twitter 将自动停止显示品牌广告。因此品牌主可以设置一个最大出价,这样广告投放不会超额,也可随时调节广告出价。广告活动的定位目标决定了哪些用户有资格接收品牌广告,在出现向符合条件的用户投放广告的机会时,Twitter 系统会瞬间自动计算,以决定所有竞争的广告商中要显示谁家的广告。

如果本品牌主的广告在竞价中胜出，那么支付的金额只需高于第二顺位广告商一个货币单位（例如：0.01元），即可进行投放。同时，是否能成功赢得竞价不仅取决于品牌主的出价，也取决于广告是否能带来与目标相符的互动，即广告质量。

Twitter也拥有完善的衡量结果和转化追踪系统。Twitter的受众洞察（Audience insights）控制面板能够实时查看品牌活动状态，包括关于品牌的粉丝和品牌的潜在受众的洞察。品牌还可以为即将到来的活动目标预判新的相关受众，它甚至提供用户在人口统计、兴趣、生活方式和购买行为等的分析。在Campaign Dashboard（广告活动）面板，可以从多个维度来衡量品牌的广告效果，并为优化花费和内容策略方面获取有价值的洞察分析。同时，品牌的Tweet activity（推文活动）面板则显示了每条推文的互动指标，可以直观地看到它们的展示、转发、喜欢、回复情况。通过此分析报告来调整品牌内容策略，包括付费推广和普通的推文。在转化跟踪方面，品牌可以通过跟踪用户在查看或与Twitter广告互动后采取的操作来测量ROI，也可通过放置"网站标签"来轻松测量特定的推文如何实现网站转化；或者通过Twitter的第三方移动数据追踪合作伙伴去设App应用转化跟踪。

本章习题思考

1. 如果让你实际执行在Twitter中的广告投放，你会分为几个步骤进行策划？
2. 请搜集品牌运用计算广告进行实际操作的案例并加以阐述。

第二章　大数据与社会研究范式的变革

一、大数据的内涵

（一）大数据的定义

"大数据"的概念由来已久，但目前国内外的专家学者对大数据尚未形成一个统一、准确的定义。维克托·迈尔—舍恩伯格是国外进行大数据研究的领先学者之一，他在《大数据时代》一书中指出，大数据并非是一个确切的概念，最初是指因需要处理的信息量过大、已经超出一般电脑在数据处理时所能使用的内存量，工程师们必须改进处理数据的一种工具。在舍恩伯格提出大数据的概念之后，关于大数据概念的相关研究日益增多，国内外学界、业界的专家学者都对大数据表达了一定的见解。维基百科对大数据的定义简单明了："大数据是指利用常用软件工具捕获、管理和处理数据所耗时间超过可容忍时间的数据集。就其本质，它仍然属于数据库或数据集合。"2012年Gartner机构更新了大数据的定义："大数据是需要新处理模式才能具有更强决策力、洞察发现力和流程优化能力的一种海量、高增长率和多样化的信息资产。"

大数据技术引入国内之后，我国学者对大数据的理解也呈现多样。国内最早进行大数据研究的学者涂子沛认为，大数据是指"那些大小已经超出传统意义上的尺度，一般软件工具难以认知的、具有更大挑战的数据"①。从国内外学者对大数据定义的界定来看，虽然目前学界对大数据仍未形成统一的定义，但基本上从以下三个方面来定义，即数据大小、处理工具和利用价值：（1）大数据属于数据集合，其规模巨大；（2）通用数据工具难以处理大数据，因此必须引入新的数据挖掘工具；（3）大数据具有重要的经济和社会价值。从这些角度来看，大数据可以首先理解为海量的传统小数据加上现代性的记录方式，大数据的价值则是通过对于数据的整合、分析和运用而获得。

我国学者王岑岚和尤建新将现在国内外已有的大数据定义分为四类，基本涵盖了国内外学者以及机构对大数据概念的论述，分别是：（1）从大数据特征的角度来解释大数据概念的属性定义；（2）从人、机、物三个维度来理解大数据的来源定义；（3）通过与传统数据对比来解析大数据的比较定义；（4）把大数据分为大数据科学和大数据构架进行阐释的构架定义。② 这也是目前较为全面而有影响力的定义。

此外，数据的存储推动了云存储的诞生，数据的处理需求催生了云计算的发展，数据的传输促进了网络化的实现。由于云存储、云计算、网络化的发展，所有数据都从原来的静态数据变为动态数据，从离线数据变为在线数据。系统可以通过快速的数据采集、传输和计算，作出快速反馈和及时响应，从而达到即时性的要求。

综上，本书认为，大数据是指人类通过数据挖掘工具而获取的完整的、动态的、实时的数据流，它具有大容量、多种类、高速处理、结构复杂等特点。从具有海量内容和变量类型的数据中快速获取有价值信息的能力即是大数据技术。如果进一步发想，"大数据"通过新的处理模型，可以实现更高的决策洞察力和流程优化能力，从而形成高增长率的多元化信息资产。

---

① 李德毅：《聚类成大数据认知的突破口》，《中国信息化周报》2015 年 4 月 20 日。

② 参见王岑岚、尤建新：《大数据定义及其产品特征：基于文献的研究》，《上海管理科学》2016 年第 3 期。

（二）大数据的分类

1. 按照形式分类

大数据技术在进行存储和管理时呈现出三种形式：结构化、半结构化和非结构化。结构化数据是在方便人类和计算机存储、处理、查询的基础上抽象事物的结果。抽象过程中的结构化数据将忽略某些特定应用程序中可忽略的细节，仅提取有用信息。非结构化数据因缺乏统一的结构属性，很难用统一的数据模型表示。除此之外，它还需要在记录数据值的同时存储数据结构，这增加了数据存储和处理的难度。半结构化数据包括邮件、报告、资源库、HTML 等，应用程序的典型场景包括邮件系统、数据挖掘系统、文件系统、教学资源库和 WEB 群集等。

2. 按照来源分类

与传统数据的来源不同，大数据的来源不再仅仅局限于 ERP、CRM 等业务数据，还包括机器生成数据和社交数据。

传统的企业数据：伴随着数字技术和数据库系统的广泛应用，许多企业的组织管理体系内存储着大量数据，如购物记录、银行交易数据、政府部门存档数据等。这些结构化的数据集可通过基于数据库的存储管理系统进行分析。这些数据同时包括传统的 ERP 数据、CRM 的消费者数据、账目数据、库存数据等。

机器生成 / 传感器数据：20 世纪 90 年代末期，以电子商务和搜索引擎为代表的 Web1.0 系统的发展，使互联网产生了大量的半结构化和非结构化数据，如网页数据和事务日志等。

社交数据：2000 年初，以 Facebook 和 Twitter 为代表的社会化媒体平台产生了大量包括用户行为记录、反馈数据等在内的用户创建内容。如今移动互联网络的普及，也将会产生大量高度移动、位置感知、以个人为中心和与上下文相关的数据。

3.按照应用领域分类

大数据产生并可应用于多个行业领域，所应用的数据大体可分为三类：商业数据、网络数据及科学研究数据。

首先，大数据和商业活动紧密联系在一处。在过去，商业领域的繁荣发展离不开信息技术和数字数据的利用，许多大数据工具已经被开发并应用到商业领域当中。伴随着如今全球所有公司业务数据量的增加，不断增长的业务数据需要使用实时、高效的分析工具来释放其价值。例如，阿里的大数据营销平台拥有5亿真实用户的统一消费者身份系统，其中包括移动互联网用户在内的95%的中国互联网。

其次，大多数数据都是在PC互联网、移动互联网和物联网中生成的。搜索、社交网络服务SNS、网站和点击流等网络应用是典型的大数据源。由于这些数据源不断高速生成数据，因此亟须先进的处理技术对其进行实时分析。

最后，科学研究会产生大量数据，这些数据包括天文地理数据、生物遗传信息、医疗记录等，高效的数据分析技术有利于帮助科学家发现基本原理、促进科学发展。

数据是对人类生活和客观世界的测量和记录。综合前文，本书将大数据分为：物理环境数据、商务交易数据和人的行为数据。其中，人类的行为数据又可以再细分为内容生产数据、线上社交数据和线下数据交互，这其中75%—80%属于非结构化数据。具体来说，它们来自搜索索引、网页文本、通话记录以及大规模的电子商务数据等。根据国际数据公司（IDC）2011年的调查指出，非结构化数据占未来十年新生成数据的90%。

（三）大数据的本质特征

2001年，IT分析公司META集团（现已被Gartner并购）分析师Doug Laney在研究报告中指出，数据的增长是三维的，即增长的数量（Volume）、数据进出的速度（Velocity）、数据种类和数据源的多样性（Variety）①。3V 定义得到了学界和业界的广泛认可和采用。随着大数据不断被应用于各个领域，3V 的特点也得到扩展。国际数据公司（IDC）认为大数据还应当具有价值性（Value），大数据的价值往往具有稀疏性的特点；而 IBM 认为大数据必然具有真实性（Veracity）。此外，还有业界人士将"3V"特点延伸至"11V"，包括可视性（Visualization）、有效性（Validity）等多种特性。

当前，容量（Volume）、多样性（Variety）、速度（Velocity）已然得到了普遍认可，而在关于大数据特征的第四"V"上仍然存在争议，第四"V"到底是价值（Value）还是真实性（Veracity）？本书将"5V"共同作为大数据的基本特征进行解读。

1. 海量数据（Volume）

大数据聚合的数据量十分巨大。从 B（Byte）、KB、MB、GB、TB 到 PB、EB、ZB、YB……数据量的庞大是大数据的基本特征。导致数据规模快速增长的原因有很多。第一，互联网的广泛使用增加了使用互联网的个人、企业和组织的数量，数据获取和共享更为容易。第二，随着各种传感器数据采集能力的大幅提升，人类获取的数据越来越接近原始事物本身，并且描述相同事物的数据量正在呈现爆炸式增长。第三，数据的海量性还反映在人们处理数据的方法、概念的根本变化——直接处理全体数据，而不仅仅是考虑采样数据。使用全体数据可以提高信息的精确度，从更多细节中解释事物属性将不可避免地导致待处理的数据量显著增加。

2. 数据来源多样性（Variety）

复杂多变、类型多样是大数据的重要特征。虽然过往的数据量庞大，

---

① 　Manyika J., Chui M., Brown B., et al., "Big data: the next frontier for innovation, competition, and productivity", *McKinsey Global Institute*, 2011.

但通常都是预先定义的结构化数据。这种对结构化信息的关注，强调普及和标准化的属性，使得处理传统数据的复杂程度呈线性增长，新增数据可以通过常规的技术手段进行处理。

而现如今，人们使用互联网不仅只限于查看新闻、发送邮件，还会发送大量非结构化的数据，如视频、照片、表达包等。同时，工作、生活各个角落中的传感器也在源源不断地产生各种半结构化和非结构化数据。这些结构复杂、种类繁多、规模巨大的半结构化和非结构化数据将逐渐取代结构化数据，成为主流数据。

3. 实时处理（Velocity）

大数据的第三个特征是数据的迅捷性，具体指数据采集、存储、处理和传输的高速度和及时性。小数据时代的数据主要依靠人工采集，例如天文观测数据、抽样调查数据以及日常测量数据等。由于这些数据是人工手动测量，因此测量速度、频次和数据量都在一定程度上受限。此外，这些数据的处理往往耗时长、成本高，比如人口普查数据的获取与处理等。

目前，由于智能芯片的广泛应用，数据采集已实现智能化和自动化，数据获取也从手动采集转向自动生成。例如上网自动产生的各种浏览记录、社交软件产生的各种聊天和视频等记录、商品交易平台所产生的交易记录等。自然界和人类社会的各种现象、思想和行为都被全程记录下来，形成了所谓的"全数据模式"，这也是大数据形成的重要原因。与此同时，数据处理设备正变得越来越智能和自动化。从收集各种数据到分类并完成处理，整个过程耗时均以毫秒为单位时间计算，具有实时处理和高速处理的特点。

4. 低密度高价值（Value）

低价值密度是大数据所关注的非结构化数据的重要属性。传统的结构化数据基于特定的数据模型抽象出事物，每一条数据都包含该应用需要考量的信息。而大数据为获取事物的全部细节，去除了采样和抽象的过程。如此，虽能够全面分析更多信息，但同时也不免引入了大量无意义甚至错误的信息。因此，大数据所关注的非结构化数据存在低价值密度的问题。然而，"大数据"背后也隐藏着较高的经济价值和社会价值，这既需要对来源多样的数据进行参照、关联、对比分析，也需要个人拥有独到的思维和利用高超的技术。有学者曾将挖掘大数据价值的过程比喻成沙里淘金，而大数据的巨大价值就来自于其超前的预测能力和真实性。正如阿里巴巴马云曾提到："海关是卖出货以后才获得数据，而我们提前半年从询盘上就推断出世界贸易发生变化了。"

5.真实（Veracity）

数据是事物及其状态的记录。但这种记录也存在能否真实反映事物及其状态的问题，即数据真实性问题。由于小数据时代都是先有目的，后有数据，因此这些数据难免被数据采集者污染，难以保持其客观真实性。

但在大数据时代，除了人是智能设备的设计和制造者之外，人类并没有全程参与到数据采集过程中，所有的数据都是由智能终端自动采集、记录下来的。也就是说，在大数据时代，数据先于目的诞生。由于数据采集、记录过程中没有数据采集者的主观意图，这些数据就不存在被主体污染的风险，因此确保了其客观真实性，能够真实地反映事物及其状态、行为。

（四）数据思维转型：从社会计算到大数据

1.采样分析到全量分析

大数据时代的到来使得社会计算的思维模式正在发生变化。传统的以计算为中心的概念逐渐演变成以数据为中心，数据思维也相应发生了变化。所谓的数据思维，是指处理数据操作中所使用的思维方法。伴随着数据技术的发展与应用，采集的数据越来越全面，大数据的分析与处理也得以实现并越来越精准化，这就改变了传统上依靠抽样才能获得数据信息的采样分析法。在社会计算时代，数据的复杂性和庞大性限制了数据分析处理的样本范围，只能使用采样分析来获取数据。但随着大数据技术以及信息技术的进步，使用大数据技术能够更精准地获取有效信息，还能帮助人们形成更全面的认识，更清楚地发现样本无法揭示出的细节信息，因此本阶段的数据思维就从采样分析转变到了全量分析。正如 Duncan J.Watts 在《自然》杂志上的文章 Atwenty-first century science 指出，借助于社交网络和计算机分析技术，21 世纪的社会科学有可能实现定量化的研究，从而成为一门真正的自然科学 ①。

2.精确分析到宏观洞察

过去，社会计算时代利用科学计算理论作为主要研究方法，如系统科学、人工智能和数据挖掘，将社会科学理论与计算理论相结合，对众多复杂性社会问题进行了准确性分析。进入大数据时代，获取海量数据已不再困难，同时绝对精度也不再是主要目标，数据思维应该由微观层面的精确性向宏观层面的社会动态洞察力升级。大数据成为人类更深入地认识社会、解决社会问题的方法和技术手段的工具。随着数据思维的转变，人类日趋复杂的社会经济活动和其他活动都可以通过大数据得出合理解释。

3.因果分析到相关性探寻

在处理数据时，人类发生的另一个转变就是不再热衷于寻找事物间的因果关系，而更倾向于寻找事物之间的相关关系。社会计算涉及的学科众多，计算社会学不仅与传统的系统科学、控制论和复杂性科学交叉，而且还涵盖社会科学的多个领域，如经济学、社会网络组织学、生态学、环境和城市规划学等。传统的因果分析不再适用于大数据时代，因果关系讲求的是概率性，只研究原因的结果，而不是寻求结果的原因。基于庞大的学科交叉性

---

① Duncan J.Watts，"A twenty-first century science"，*Nature*，2007，445（7127），p.489.

和大数据技术的基础支撑，相关性探索更具有可行性。尽管相关关系并不能准确解释所有社会现象发生的原因，但它可以揭示其发展过程并解释社会现象的多个方面。这将有助于人类探索社会问题的根源，对社会生产等其他活动作出更加准确的解释。

二、大数据方法：科学研究的第四范式

（一）第一范式到第三范式的演变

第一范式，是指以实验为基础的科学研究模式。这种方法自 17 世纪的科学家 Francise Bacon 阐明之后，一直被科学界广泛采用。他指出，科学必须是实验性的和归纳性的，所有真理必须基于大量确凿的事实材料，并提出一套实验科学的"三表法"，即寻找因果关系的科学归纳方法。其方法是先观察，然后提出假设，进而基于假设进行实验。如果实验结果与假设不匹配，则重新测试该假设。"实验科学"，也称为"经验科学"，是"理论科学"的对称。它指的是强调经验事实描述并阐明具体实用性的科学，较少采用抽象的理论概括。在研究方法上，经验科学以归纳为主，带有较多盲目性的观测和实验。

第二范式，是指以理论研究为基础的科学研究模式。当第一范式的实验条件无法满足时，为了研究更为精确的自然现象，这种研究范式随之生成。理论是指人类通过概括和演绎推理，根据现有的经验知识、事实、规律、认知和经过验证的假说，对自然和社会现象进行合乎逻辑的推论性总结。人类借由观察实际存在的现象或逻辑推论得到某种学说，而这种学说如果未经社会实践或科学试验证明，则只能属于假说。但如果假说能借由大量可重现的观察与实验验证，并为众多科学家所认定，这项假说可被称为理论。"理论科学"是"经验科学"的对称，强调理论归纳和理性概括，强调更高的一般理论认识而不是直接的实践意义科学。

在这个阶段，科学家们将无法用实验模拟的科学原理模型简化，去掉一些复杂的因素，只留下关键因素，然后通过演算得到结论。例如，我们所熟知的牛顿第一定律"任何物体都应保持均匀的线性运动或静止状态，直到外力迫使它发生变化"，这个结论就是在假设没有摩擦力的情况下得出的，因此第二范式很快成为重要的科研范式。

第三范式，即以计算机仿真取代实验法的科学研究模式。随着验证理论的难度和经济投入的增加，在科学研究遭遇困境的 20 世纪中叶，冯·诺依曼提出了现代电子计算机架构。使用电子计算机来仿真模拟科学实验的模式得到普及，人们可以模拟更复杂的自然和社会现象，如模拟核试验和天气预报。

第三范式属于"计算科学"，也称为科学计算，其研究领域与数据模型构建、定量分析方法和使用计算机分析来解决相关科学问题。在实际应用中，计算科学主要用于对各种科学学科中的问题进行计算机模拟和其他形式的计算。

（二）第四范式：数据密集型科学

图灵奖得主吉姆·格雷在一次演讲"科学方法的革命"中说到，由于数据的爆炸性增长，数据密集范式理应并且已经从第三范式即计算范式中分离出来，成为一个独特的科学研究范式，即"第四范式"——由传统的假设驱动向基于科学数据进行探索的科学方法转变。数据通过工具获取或模拟产生，由计算机软件处理，依靠计算机存储，并使用数据管理和统计工具进行分析。

而同样是计算，第四范式与第三范式究竟有什么区别呢？

计算范式，是先提出可能的理论，再搜集数据，然后通过计算仿真进行理论验证的范式。数据密集型范式是在存在大量已知数据的前提下，通过计算得出之前未知且可信的理论。维克托·迈尔—舍恩伯格在《大数据时代：生活、工作与思维的大变革》一书中明确指出，大数据时代最大的转变，就是放弃对因果关系的渴求，取而代之的是更加关注相关关系。换言之，只要你知道"是什么"，而不需要知道"为什么"，这将会颠覆人类思维几千年来的思维惯性。

在大数据时代，数据的概念内涵扩大了，计算的内涵也相应地发生了变化，变化的核心就是大数据技术。大数据技术是指从各种类型的海量数据中快速获取有价值信息的技术。与传统的海量数据处理过程类似，大数据处理还包括大数据采集、大数据预处理、大数据存储和管理、大数据分析和挖掘、大数据展示和应用等模块。大数据的分析和挖掘是整个过程的核心，数据可视化是数据分析的最终目标。可视化直观地展示了数据与潜在趋势之间的内在联系，让数据说话。在这种情况下，让观众看到更形象的结果，决策才能更有信服力，目标才能更接近成功。

数据挖掘是指通过特定的计算机算法自动分析大数据，揭示数据价值、发展趋势和数据之间的关系，为决策者提供新的依据。海量数据的积累使得从中提取有用的数据成为巨大的挑战。由于大数据与传统数据相比具有 5V 特性，因此无法使用传统工具来满足用户的需求。数据挖掘可以将传统的数据分析方法与复杂的算法相结合，解决因海量数据而引起的数据处理问题。数据挖掘不仅要发现隐藏在数据内部的客观规律，而且要对相关领域的未来趋势进行预测。预测是大数据的核心，预测的技术支撑就是数据挖掘，包括挖掘数据的价值和内含规律。数据挖掘是大数据分析的核心技术，只有寻求到更合理的挖掘算法，才能准确有效地挖掘出大数据的真正价值，从而实现对动态发展数据的准确分析。

数据挖掘中较为重要的几类方法如下。

1.聚类分析

聚类分析是一种划分对象的统计方法，它指的是将具有某些相似特征的对象或事物分类至一处。其目的是识别在某些特征上相似但预先未知的事物，并根据这些特征将样本分为几类，使得处于同一类别中的事物具有高度同质性，而不同类别的事物间则具有高度异质性。聚类分析是一种没有使用训练数据的无监督式学习。

2.相关性分析

相关性分析方法是用于确定事物之间的相关性规律性并基于此进行预测和控制的分析方法。社会经济形象之间存在大量相互关联、相互依存和相互制约的数量关系。这种关系可以分为两种：一种是函数关系，它反映了现象之间的严格依赖关系，也称为确定性依存关系。在这种关系中，变量中的每个值都有一个或几个与之对应的确定值。另一种是相关关系。在这种关系中，变量之间存在不确定和非严格的依赖关系，对于变量的某个值，可以有另一变量的若干数值与之相对应，这若干个数值围绕它们的平均数呈现出有规律的波动。

3.预测分析

作为统计或数据挖掘的解决方法，预测分析包括可用于结构化和非结构化数据的算法和技术，以确定未知结果，并可部署用于预测、优化、预报和模拟等多种用途。它也可为流程规划提供各种信息，并对企业未来提供关键的洞察能力。

在大数据时代，人和社会、物理环境这两大领域的计算都在蓬勃发展，物理环境的计算历史悠久，因此大数据时代的亮点是人与社会的计算，许多社会问题都可以通过计算得以解决。

社会领域的计算，也被很多学者称为"社会计算"，这个概念已经有了20年的历史。与大数据一样，在2004年社交媒体出现后，一些学者进一步提倡将基于社交媒体的行为分析称为"社会计算"。近年来，随着大数据的兴起，人与社会的数据正在迅速增长。所有未来的社会现象、过程和问题都可以而且应该通过以计算为特征的定量方法来分析解决。

三、大数据与计算广告

科技的快速发展推动了我国迈入"大数据"时代，互联网络上以及社会生活中积累的大量结构化和非结构化数据，不仅对大众的生活方式、工作方式和思维方式产生影响，而且对整个广告市场也产生了巨大的影响。2008年，雅虎研究院的资深研究员兼副总裁 Andrei Broder 在第十九届 ACM-SI-AM 离散算法学术讨论会上，提出了计算广告（Computational Advertising）的概念：计算广告是一种根据目标用户和网页内容，通过计算得到与之最匹配的广告，并进行精准定向投放的广告投放机制。在大数据技术、程序化技术的推动之下，计算广告作为一种全新的广告生态应运而生，引发了定制化推荐、融合化传播、智能化调整、程序化购买等众多与传统广告传播业态截然不同的新模式，实现了对整个传统广告产业的颠覆与革命。

（一）大数据提供广告传播新思维

互联网时代出现之前，广告就是大众传媒产业产生收入和利润的主要来源。从根本上而言，广告仅仅是媒体产业实现盈利的一种手段或者工具。大众媒介将具备一定读者、观众流量的广告版面售卖给第三方广告公司，第三方广告公司为投放广告的品牌主制造广告内容，然后将大众媒介上的广告版面资源匹配给品牌主。因此，广告最初就是为广告主、品牌主服务的营利工具。广告公司在制定广告主题、制作广告内容、寻找版面资源的过程中都以广告主为本位，最大的要求是满足广告主，帮助广告主进行产品信息的灌输和传递，采取广撒网的手段提高品牌曝光度。

进入 PC 互联网时代之后，广告自然而然地成为互联网产业的变现途径之一。传播媒介的属性发生了变化，广告版面的售卖定价不断降低，庞大的互联网资源拓展了广告传播的途径和形式，但原理上依旧是互联网媒介将浏览网页的用户流量和注意力资源贩卖给广告公司，这种变现的思维模式与早期"二次售卖理论"的内涵别无二致。PC 互联网时期的广告传播思维依然还是"获得用户—分析用户—变现用户"[①] 模式，将网站页面积聚的用户资源作为产品实现变现，目的是增加品牌曝光量，满足市场集合性需求。

关于广告，19 世纪广告大师约翰·沃纳梅克曾经说过："我知道我的广告费有一半是浪费的，但很遗憾，我不知道被浪费的是哪一半。"传统的广告传播思维是广告主思维、产品思维和流量思维。这种以广告主为本位、单一灌输产品信息、广撒网式的广告传播思维，一方面可能会将有效信息传播给无效人群，或者向有效人群传播次相关信息，造成品牌主传播资源的浪费，最终无法达到广告传播价值的最大化。另一方面，在这种传播面广、目标群体画像同质化的广告传播之中，每个消费者看到的都是相同的广告内容，用户体验较差，并且广告效果难以进行量化评定。

大数据的诞生为广告传播思维的转型提供了新机遇。在大数据时代，每个网民都被赋予数字身份，在互联网上以各种各样的数据和信息行为痕迹记录着生活，成为一个个自我属性强烈、标签身份明确的个体。这些数据的记录让每个网民的兴趣、爱好、消费行为变得可追踪、可分析、可预测，广告投放变得更加精准。同时，海量数据和大数据技术的发展催生了越来越多的自动化工具，使得千人千面、自动创意成为可能。

大数据时代中，广告传播思维发生了极大变化。从过去的面向大众媒介平台、以广告主为本位、同质化传播内容的整合营销传播思维转向精准定向消费人群、以用户为本位、融合个性化传播内容、双向互动的计算广告传播思维。精准化，是指新的广告传播思维善于利于大数据等信息技术工具进

---

① 刘庆振：《"互联网 +"时代的计算广告学：产生过程、概念界定与关键问题》，《新闻知识》2016 年第 6 期。

行用户导航，将主相关信息传达给有效人群，实现传播资源的价值最大化。个性化，是指根据用户标签、用户兴趣数据，利用自动化工具为消费者定制创意，让每个用户看到喜闻乐见的广告内容，提升用户体验。过去的广告是单向的、一对多的传播模式；而大数据时代的广告传播思维从单向传播转向双向传播，甚至是多向传播，实现品牌与消费者、消费者与消费者之间的信息交流与情感互动，通过多点触达消费者，满足消费者的互动情境需求。

（二）大数据奠定计算广告实现基础

大数据在改变广告传播思维的同时，也为计算广告的核心即实现用户匹配提供了技术基础。要实现精准化、个性化、互动性的广告传播，首先要先找到目标用户，大数据能做到的正是将广告带到用户身边。在传统大众媒介时代，广告的精准传播并非易事，但在大数据技术的帮助下，广告已经在一步步向用户精准传播个性化定制内容的方向迈进。大数据改变了人工定位用户的传统服务模式，生产出具备低成本、高效率属性的数据分析和智能算法，实现了广告内容与用户需求的精准匹配。

计算广告的本质特征，是实现用户、广告与场景的匹配，即基于用户洞察的身份匹配、基于内容分析的意义匹配、基于场景建构的情境匹配[①]，从而构建多样的广告场景吸引用户，使用户积极参与互动、主动分享信息，参与到品牌价值共创中，最终实现由特定用户、特定时间、特定空间所组成的场景画面的和谐统一。大数据时代的广告，通过对海量用户行为数据的分析与处理，联系各种各样的人，解决了形形色色的场景需求。

计算广告要实现用户与场景的匹配不能仅仅依靠用户标签进行简单匹配，而是要通过数据对用户以及用户所处的场景进行深刻洞察。除了相似性

---

① 参见高丽华、吕清远：《数字场景时代的匹配营销策略探析》，《新闻界》2016年第24期。

计算和主题分析等匹配方法之外，大数据技术的应用，还可以使计算广告聚合线上和线下数据，将在线行为与离线轨迹相结合并对用户进行多维分析，以此了解用户来源和用户需求。同时，大数据时代的营销传播精确性更强，能精准判断用户所处的语义环境和生活场景，让对的广告找到对的人，最终提高广告转化率。

❖ 案 例 ❖

亚马逊优质服务背后的大数据玄机

如果问世界上哪家公司从大数据中发掘出了最大的价值，到目前为止，答案非亚马逊莫属。作为"信息公司"，亚马逊不仅从每个用户的购买行为中获取信息，还记录每个用户在其网站上的各种行为轨迹：搜索关键词、具体浏览商品、页面停留时间、评论查看情况……这种高灵敏度及对数据价值的关注，以及强大的数据挖掘能力，使亚马逊早已远远超出其传统的运作模式。

"数据就是力量"，这是亚马逊的成功座右铭。EKN研究报告曾显示，世界上80%的电子商务巨头都认为亚马逊的数据分析成熟度远远高于同行。亚马逊利用其20亿用户账户中的大数据，通过预测和分析140万台服务器上的10亿GB数据来推动销售增长。亚马逊跟踪电子商务网站和应用程序上的所有消费者行为，并收集尽可能多的信息。用户通过查阅亚马逊的"账户"部分，就能发现其强大的账户管理能力，这也是为收集用户数据服务的。例如"愿望清单""为你""浏览历史""与你浏览过的相关商品""购买此商品的用户也买了"，亚马逊始终重视对用户行为的追踪，并为其提供个性化的购物体验。

亚马逊推荐：亚马逊通过向用户提供建议并使用其高级数据处理技术向用户提供个性化推荐，从而获得10%至30%的额外利润。毫无疑问，亚马逊是开发大数据个性化服务的先驱，这促使用户可以通过有计划的购物体验来购买商品。亚马逊的个性推荐算法包含多种因素。在向用户推荐产品之前，亚马逊会综合分析诸如用户购买历史、浏览历史、朋友影响、特定产品趋势、社交媒体上的热门产品广告、具有相似购买历史的其他用户，等等。为了向用户提供更好的服务，亚马逊一直在不断改进推荐算法。

亚马逊预测：随着时代和技术的发展，亚马逊正试图将传统的个性化推荐提升到另一个层次。2014 年，亚马逊成功申请了一项名为"预判发货"的新专利，可在客户下订单之前预先发货。通过该专利，亚马逊将根据消费者的购物喜好将他们可能购买的商品预先交付到最近的快递仓库。一旦购买者下订单，亚马逊员工就能即刻将货物送到门口。这将大大减少货物的运输时间，对实体店的生存也是一个沉重的打击。该专利意味着预测分析系统将变得十分精确，以至于它能够预测客户何时会购买产品以及他们将购买哪些产品。

亚马逊测试：也许用户会认为亚马逊网站上的某个文本页面、图片布局只是恰巧出现，但事实上，亚马逊通常会在网站上不断测试设计方式，以找到转化率最高的解决方案。用户在亚马逊网站上看到的页面布局、字体大小、配色及其他所有设计，实际上都是经过平台多次谨慎测试后的最佳结果。

亚马逊记录：亚马逊将顾客在网站内的所有行为都通过系统记录下来，根据数据的特点进行分类处理，按照商品类别形成不同的推荐栏目。例如"今日推荐"就是根据当天顾客浏览的信息记录，推出一些点击率最高或者购买率最高的产品。而"新产品推荐"则是根据顾客搜索的内容为顾客提供了大量新产品的信息。"用户浏览商品推荐"则是将顾客曾经浏览过的商品信息再一次推向顾客，让顾客考虑购买或者进行二次购买。这同样适用于亚马逊的移动应用程序，它不仅提供给用户一个流畅的、无处不在的体验，同时也通过用户手机的数据收集洞察了解每个用户的喜好信息。例如 Kindle Fire，其中嵌入的 Silk 浏览器可以一一记录下每个用户的行为数据。

本章习题思考

1. 大数据的本质特征是什么？

2. 通过本章的学习，你觉得大数据的价值体现在哪些方面？

产 业 篇

　　大数据时代的计算广告为广告行业带来了全新的变革，大数据已经逐步在对传统广告产业进行了深刻的改造，并且就此为计算广告学的快速发展奠定相应的理论和实践基础。它改变了广告业的核心要素，再造了广告产业流程，实现了广告业市场主体及生产关系变革，也对广告产业链中的角色进行了重构。本篇从计算广告带给广告行业的变革谈起，也对广告行业未来的发展进行展望。

第三章　数据驱动与广告产业链重构

一、传统广告面临三大挑战

大数据和"互联网+"迅速发展，广告，尤其是数字广告的运作流程（如广告策划、广告创意和广告创意等部分）都与传统媒体环境下的广告运作有了很大的差异。受到了数字媒体巨大的冲击，2019年电视广告下滑22.9%，传统媒体广告同比减少22.8%。报纸、杂志、广播以及电视机传统广告媒介的影响力逐渐被崛起的智能手机、智能平板等新型媒介所削弱。想要在众多新型广告当中实现广告生命力的再造，转型升级、重塑优势是传统广告面临的重要挑战。其中精准识别用户、与用户深入互动、准确衡量投放效果是传统广告无法解决的三大困境。

（一）精准识别用户与匹配投放

百货商店之父约翰·沃纳梅克（John Wanamaker）曾提出广告营销界著名的"哥德巴赫猜想"："我知道在广告上的投资有一半是无用的，但问题是我不知道是哪一半。"实际上，如何对目标用户进行精准匹配投放一直是困扰着整个广告界的难题。

在传统媒体的广告时代，虽然媒体的受众数量可观，但往往只能通过CTR等市场调研公司用抽样调查的方法了解受众的整体数据和概貌。至于对每一个消费者的消费行为、搜索行为、交流行为、交易行为等深层次数据，尤其是对每一个用户的真实需求、潜在需求和兴趣偏好等高价值数据，则无从所知。因此，传统广告只能算是一种简单的用户定向，其传播类型也是一种单向的聚众传播。一方面是由于技术手段无法对用户实现聚焦与细分，也无法跟踪和分析受众的偏好和需求；另一方面则是因为通过市场调研的方式去获取和分析消费者有关数据，会受到成本过高和数据频率太低的制约。

从广告主体来看，由于技术与能力所限，传统的广告主和广告公司往往只能依靠粗放的小数据手段和拍脑袋的创意策划将企业的产品、服务、渠道和广告营销聚焦于一个大范围的、看上去需求基本相同的标准化的客户群体。[①] 因为在传统媒体的市场环境之下，即便只是聚焦于标准化的客户群体，消费者的需求相对而言也处于较低的层次，所以这种粗犷式的客户识别与投放也能获得良好效果。

但是伴随着人们物质生活水平的不断提升，消费者的需求也逐渐向更加多样化与个性化方向发展，购物需求和喜好变化速度也在加快。这种碎片化、微分化、细分化甚至粉尘化的需求特征使得想要划分出大范围相似需求的客户群体并同时满足其所有需求成为一项几乎不可能达成的目标。

除此之外，依据传播目的，可以将广告都分为两个大类：品牌广告和效果广告。其中品牌广告设计的出发点是为了引起消费者的注意和兴趣并形成记忆，进而树立企业或产品的品牌形象。广告主采用品牌广告的目的更多是希望借助媒体的影响力和覆盖面广泛快速地触达大量的消费者，扩大品牌知名度和影响力。而效果广告设计的出发点则是为了引起消费者当下的购买欲望，并促使这种欲望转化成购买行为，其侧重点在于借助广告迅速产生实际的销售增加和利润增长效果。出于这种对短期效果的追求，效果广告尽量能够实现以最低的成本和最精准的程度触达目标消费者，这就要求广告主或传

---

① 参见刘庆振：《计算广告学》，厦门大学出版社 2001 年版，第 42 页。

播媒介能够精准地找到目标消费者。① 传统广告时代，大众媒体庞大的受众群可以满足其品牌树立的需求，但是在如今消费者细分化、碎片化，甚至是粉尘化的数字媒体时代，注意力高度分散，仅仅依靠一种传播媒介完成广告的大面积触达已经变得不再现实，对目标群体进行精准传播也几乎不可能实现。

对用户的精准识别和匹配投放，需要目标消费者的精准定位、消费需求的精准分析和预测、投放过程的精准可控、广告效果的精确评估等方面的相互匹配。而如何才能做到锁定目标用户、预测消费需求、以恰当的方式与渠道投放并精准测量传播效果，则是传统广告不得不面对的重大挑战与困境之一。

（二）品牌 SCRM 价值的挖掘

CRM（客户关系管理）是企业进行客户管理的重要内容之一，其特征为主要以客户为中心，信息技术为手段；可建立与客户相关的营销、销售、服务以及支持信息的数据库，帮助企业实时掌控和跟进商机信息；优化营销模式、销售流程、协作策略、服务支持和呼叫中心；可对客户数据进行深度挖掘分析，发现价值客户、潜在市场、需求特征以及行为模式；可以维护和强化客户忠诚度，快速提升服务与支持响应速度。然而面对市场的快速变化，传统的 CRM 凸显出企业对客户关系管理中的局限性。2009 年，美国学者在 CRM 概念的基础之上，提出了一种新的客户关系管理理念，即社会化客户关系管理（Social CRM，SCRM）。这种全新的客户关系管理理念也相应地对传统广告提出了新的要求，具体表现为以下几个方面：一是越来越多的消费者聚集在不断发展的社会化媒体中，消费者与企业之间、消费者与消

---

① 参见刘庆振：《计算广告："互联网 +"时代的广告业务流程重构》，《中国广告》2017年第 6 期。

费者之间的关系也变得更加复杂，企业想要保持传统简单的一对一交互模式已经不再现实。二是基于大数据的社会化媒体使得企业在社交媒体中找到目标用户的需求与意见至关重要。三是社会化协作的趋势。传统的 CRM 无法很好地适应用户之间、用户与企业之间、企业员工之间社交化发展。正是基于以上因素的影响，CRM 的社会化趋势迫使传统广告必须聚焦到品牌 SCRM 价值的挖掘上。

与传统的 CRM 不同，SCRM 是一种双向的互动沟通方式。CRM 中企业更关注简单的售后服务和信息反馈；而 SCRM 将整个管理对象延伸到了更大的社会关系网，其特点主要有以下三个方面。

第一，SCRM 注重用户的全流程参与和企业与用户的双向交流。销售后的关系管理不再是唯一的重点，SCRM 鼓励消费者参与生产甚至是设计环节的前端，目的是通过用户参与来构建与消费者之间的长期沟通关系。SCRM 要求企业不仅要做到对消费者信息的分析与管理，还要积极回复消费者关于产品和服务的疑问。此外，SCRM 还赋予了消费者在产品沟通、使用和售后保障等多个方面的发言权。基于这种互动的双向关系，SCRM 让消费者成为品牌的共同建设者，从而使品牌在个性化互动中与消费者真正融为一体。

第二，SCRM 注重消费者之间网状沟通的管理。社会化媒体的兴起带动了消费者与消费者之间交流和互动的发展，形成了网状的多对多交流与互动，并且这种消费者之间的网状沟通对于其他消费者的消费购买行为产生的影响越来越大。在社会化交流中，消费者关于企业、品牌及产品的相关内容评论成为品牌口碑的建立过程，如果企业忽视了消费者的社交交流，特别是有关品牌的负面信息时，会给品牌造成致命的打击，众多网络品牌危机事件的出现，正说明了这一点。

第三，SCRM 强调规则透明。用户的高度参与和相互之间的网状沟通决定了规则透明的重要性。因为只有规则透明才能让消费者产生信任，信任则是构建长期稳定关系的基础，所以可以说没有规则透明就没有 SCRM。

SCRM 的价值在于鉴别和评估社会化网络中的个体消费者的价值和需求。挖掘品牌 SCRM 价值不仅能够满足个体对信息及时性和实效性的需求，同时还可以帮助广告主提高品牌传播的灵敏度和有效性，强化品牌与客户间的联系，构建强大的社会化客户关系管理库，从而实现精准化传播，实现企业和客户间社会关系的转变，建立忠诚度。当然，这也是传统广告想要继续生存所必须顺应的趋势与转型过程中所必然面临的挑战。

（三）广告传播效果可测量

美国福特汽车公司创始人亨利·福特（Henry Ford）曾表达过这样一个困惑："我只生产一种汽车，就广告的批量化生产和广播属性，再借助问卷调查、小组深度访谈等小数据手段，通过诸如年龄、性别、收入、媒介接触习惯等几个维度的组合，定义了产品的细分市场和广告的目标受众。但是，无论是广告主还是广告公司都没有办法确切地告诉我们，最终有多少人看到了这则广告，看到广告的人都分别是什么情况。"工业时代的媒体思维造成了同一媒体的不同受众面对的是同样的广告信息，即千人一面的广告，这种传播模式之下的广告投放不仅容易让受众产生厌烦心理，也为广告主对广告效果的评估带来了难度。

在传统大众广告模式之下，广告主对一则广告效果的评估往往只会也只能依据覆盖率、到达率及收视率等单一而表面的指标。这些指标虽然可以测量出广告的达到率，却很难对广告传播的转化率和销售量等效果进行准确测量与评估。而仅仅是这些单一而静态的数据，也存在着样本被污染、收视率造假等问题。

实际上，一则广告的影响往往在广告作品的创作阶段就已经产生，并在媒介发布时得以体现。消费者在视听广告时，会发生广告认知效果；对广告商品逐渐理解并产生好感时，会发生心理变化效果；决定购买广告商品，会导致直接购买效果。① 因此，广告流程中的每一个环节都会产生不同的广告效果，单单从广告发布后的静态效果去判断一则广告的所有传播效果，是有失偏颇的。

广告传播效果以广告的接触、认知、态度、记忆等间接促进销售的效果为衡量依据，包括消费者忠诚度、复购率等"深度"指标，具备以下特征：

1. 时间推移性。有些消费者看到广告会产生购买需求，但是这种需求与购买行为的实施并非是同步的，因此广告效果的体现时间有时是非连续的，需要经过一段时间的推移才能得以体现。

2. 积累效果性。美国广告学家纳普勒斯（Naples）认为：在一定时期内只对广告目标对象进行一次广告几乎毫无价值。在一个购买周期内，至少要有三次以上的有效广告到达，才能产生足够的作用。同一消费者在采取购买行为之前，也许已经接受过了多种媒介所发布的同一商品广告的影响，在心智上已积累起对该商品的广告印象。广告效果往往是各种媒介反复广告传播的综合效果，因此很难测定某一次广告的单独效果②。

3. 间接效果性。即使是已经有购买行为的消费者，其行为的产生并非来源于对广告的直接接触，也可能是受到口碑因素的影响。这部分消费者虽并未直接接触到该商品广告，但受到了直接接触过广告消费者的间接影响，由此产生了购买行为。这种间接产生的广告效果往往很难测定。

由于具有延时性，广告传播效果往往无法在广告投放的当下能立刻体现出来。同时因为涉及认知、忠诚等更加深层的情感因素，往往也很难简单地通过购买行为对广告传播效果加以衡量。但是了解消费者心理和态度的变化对于广告主预测目标用户需求变化、提升广告主从创意生产到投放的运作效率、实现广告投放决策的优化至关重要。

---

① 参见周妍：《广告诉求与电视节目风格的相关性对广告效果的影响研究》，硕士学位论文，南京财经大学，2008 年，第 72 页。

② 参见隋振杰：《基于销售量的广告效果评估方法研究》，硕士学位论文，大连理工大学，2004 年，第 59 页。

二、数据驱动的广告产业链角色重构

广告产业经过上百年漫长的发展，从传统大众传播走向如今的数字传播，技术的突破与对数据的挖掘和使用，使得整个广告产业链都因此发生改变。无论是广告主、广告代理公司还是媒介和用户，每个广告产业链中的角色都正在经历颠覆式的革命及产业链的重构。

（一）广告主：从媒体购买到用户购买

在传统广告产业价值链中，由于传播技术条件所限，传播资源的单一性和有限性导致了大众媒体对传播资源垄断性占有，此时的传播呈现出自上而下的大众传播、单向度、缺乏互动性等特点。由于信息与资源占有的不对称性，在大众传播时代，大众媒体及广告主无疑占据强势地位，拥有着对信息传播的绝对主动权。

随着互联网与数字技术的逐渐发展，信息能够以"数字信号"的方式在网络中储存、流动，使得信息传播的储存和传递能力获得了极大的解放，由此带来"大众传播"模式下的资源垄断局面被打破。在数字媒介时代，P2P（Peer-to-Peer，即对等网络）的出现颠覆了一点向多点的传播格局，如今的传播方式更多是呈现出网络多节点、去中心化传播分布式结构的特点。也就是说，个人成为传播过程中的中心，每个人既是传者，同时又是受众。传统的"接收者"获得了与"传播者"同样利用传播渠道的能力和接口，信息流动的方式从单向的自上而下，变成了双向或多向的平等循环。除了由数字传播方式导致的消费者身份转变之外，移动互联网技术的发展也使得消费者的媒介使用时间与媒介使用行为呈现出碎片化的特点。消费者的时间和行为都不再像以前一样，按月、日、小时来计算，更多的是如同碎片一般，以分、秒来衡量。人们很少会如过去一般，连续花费几小时阅读一篇文章或是登录一个网站，而是更多的将每件事情切割成带有不同关键字的碎片化信息，然后在不同的、零散的时间内去接收分析，这很大程度上也使得消费者对信息的理解维度更加多样化，但可能很难去达到一个足够的深度。消费者"碎片化"和媒介"数字化"使得受众接受信息的模式发生革命性的转变，广告主不仅需要更加精准地把握消费者的需求，更为重要的是能够有效触达受众，与其进行"面对面"的沟通，即千人千面的互动与交流。①

一直以来，广告主都在不断寻找可行性的技术手段，以实现个人层面上传播效果的突破。但在传统广告产业链中，由于数据可获得性、成本以及分析手段的限制，一方面很难精确地描述营销信息应该传达给"who"；另一方面，由于大众媒介和分众媒介的限制，也很难准确地将"who"与媒介完美匹配。因此广告主在定位其目标用户之后只能对相应的媒体资源进行购买，使广告信息得到传播，但这种目标用户锁定仍然是粗略和相对的，其本质上仍然是对媒体而非用户进行购买②。

然而在数据驱动的数字媒体时代，大数据体积量大（Volume）、数据多元非结构化（Variety）、数据处理速度快（Velocity）、低密度高价值（Value）的这四个特点强化了数字营销传播"精准"特征，大大提升了传播"精准"的可能性。其中遍布在人类虚拟空间和现实空间的数据采集端提供了海量数据来源，互联网实现了多元主体的即时互动，云计算拓展了人类数据处理的能力。大数据技术应用在营销传播领域极大地提升了传播决策的效能，互联网普及，解决了用户市场调研和消费者洞察过程中有限数据获取的渠道障碍；大数据挖掘技术突破了过去只能分析少量结构化数据的技术障碍，冗杂的非结构化数据获得了价值的极大释放；基于互联网技术的寻址媒介的发展，使得广告主的信息传递从大众、分众、窄众更加精确到个体层面；而基

---

① 参见段淳林、李梦：《移动互联网时代的广告产业链角色重构与平台化转型》，《华南理工大学学报（社会科学版）》2015年第17期。

② 段淳林、李梦：《移动互联网时代的广告产业链角色重构与平台化转型》，《华南理工大学学报（社会科学版）》2015年第17期。

于语义分析的大数据挖掘技术则可以通过处理文本、图像等非结构数据，精确匹配个体的需求与爱好，再通过信息流数据处理技术，实现数字广告传播精确的即时互动。

可以说，"精确"和"互动"本身就是大数据支持下的广告传播的本质特征。技术与数据的突破允许广告主通过对用户进行数据分析准确找到目标用户，然后购买这些用户浏览的广告位实现精准的媒介匹配与投放，使其整个过程变为更加精确的用户购买（如图 3-1 所示）。在这种情况下，广告主在意的不再是广告投放的媒介，而是能否精准找到其目标用户。

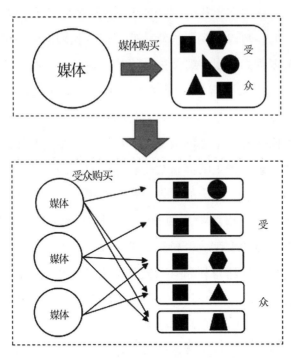

图 3-1　从媒体购买到受众购买示意图

对于广告主而言，用户购买一方面可以精准地触达目标用户，避免预算的浪费以及获得较高转化率；另一方面可以对用户的网络行为进行动态追踪而实现重复曝光，来加深用户的记忆及品牌认知度，同时可以灵活设置在同一用户身上的最高曝光次数，避免资源的浪费。

(二) 广告公司：从创意代理到信息服务

广告代理制即广告公司向广告主收取购买媒介版面的实际费用，另按一定的比例收取一笔代理佣金，这一收费方式正式建立了广告公司与客户的代理与被代理关系。其存在的意义在于，广告主需要专业的广告代理服务和媒介代理服务，而广告主或者媒介都无法在较低成本下做到。

在传媒环境与市场环境竞争尚不激烈的早期，广告公司的主要盈利来源是媒体代理佣金，广告主为了获得较好的传播效果，只需选择在受众基数大的全国性或地区性媒体上投放广告即可。然而，进入移动互联网时代，广告主和广告媒介的强势以及同行的竞争使得广告代理业的利润空间被进一步压缩，尤其在策划创意和媒介购买这两大核心业务上，有些广告公司甚至需要依靠免收代理费来吸引客户。同时，借助于 DSP 平台，网络媒体巨头可以实现与广告主的直接联系与沟通，并且这些互联网媒体巨头可以凭借自身的平台优势，不仅拥有大量媒体资源，还掌握着技术以及数据资源，使得媒体平台能够更加了解广告主的需求与受众的动向，甚至为广告主解决广告及数字营销方面的需求[①]。今天的广告公司会发现，自己曾经的服务对象也成为竞争的对手，甚至是市场中的领导者，广告公司进入"混合竞争"阶段，这些都使得广告公司的生存变得异常艰难。

市场竞争的日益激烈与利润空间的急剧压缩，推动了广告公司开始由传统简单的广告创意代理向提供全方位的信息服务转型。"创意"虽然仍然是广告业中最重要的客户价值主张，但今天大创意（big idea）原点不再仅仅是传统的经验创意，还包括来自大数据的程序化创意。数字营销传播时代，广告公司对数据的获取和使用能力成为与创意能力同等重要的核心资源和核心能力。广告业形成了由大数据为核心驱动力，以创意为导向的多元业务内容。

---

① 段淳林、李梦：《移动互联网时代的广告产业链角色重构与平台化转型》，《华南理工大学学报（社会科学版）》2015 年第 17 期。

1.消费者洞察

广告公司业务的核心价值是在广告主与消费者之间架起一座桥梁，因此广告公司一切工作的出发点也都来源于对消费者的洞察。传统的消费者洞察由于成本和操作性的限制，只能选取在特定时间内的一部分代表性的群体和地点做抽样调查，因此只能完成对消费者真实生活状态的模糊变形描摹。而基于大数据的消费者洞察依赖于多平台的整合数据，几乎可以覆盖全部研究对象；借由来源于多元场景数据进行的数据交叉分析，可以更立体化、多角度解读消费者的行为和态度。并且，基于大数据的消费者行为模式分析都是在消费者的真实生活中留下的痕迹，而非在特定的实验环境以及调查语境下的表现，因此这种数据对消费者的解读真实性更高，更能代表消费者的现实状态。大数据以全面性、即时性和真实性给广告公司的消费者洞察带来了颠覆性的变化。可以说在大数据驱动下，广告公司提供的消费者洞察服务不是简单地描述"消费者画像"或是特定类型化的"生活者"，而是全面、实时还原用户的真实面貌，并基于这种更精准更真实的消费者信息来实现下一阶段的创意生产与制作决策。

此外，大数据还极大节约了广告公司的消费者洞察业务成本。传统的消费者洞察方式需要广告公司投入大量的人力、物力、财力。比如 WPP 集团自 1998 年开始在中国进行每年 35000 个样本的消费者研究项目，其耗资庞大。而在大数据驱动的新的业务内容中，消费者研究的数据可以通过即时更新的多数据平台外部采购的方式获取，而构建的数据挖掘分析工具可以供多业务使用，其边际成本低廉。这一方式在人、财、物的投入上都要远远小于传统的消费者洞察方式，更可以大大节约营销传播决策所需要花费的时间成本和财务成本。

2.创意生产与制作

传统的广告公司由于数据获取的困难以及消费者需求的相对单一，创意的生产多来自创意人员的经验范畴，创意也大多通过创意小组的头脑风暴而诞生。但是，如今数字化营销传播的对象是"窄众"甚至是"个人"，信息内容必须针对每个特殊群体和个体的态度、情感、需要而进行定制化的创意。另外，今天的消费者需要比以往更加具有深度的卷入和共鸣，这就需要更加生动的、基于消费者生活场景和内心共鸣的创意内容。因此，数字营销传播时代要求广告公司提供的创意服务必须具有针对性与互动性，创意需要实时预测和把握消费者的变化，但这些要求是传统的"头脑风暴"根本无法满足的。而基于大数据的分析预测技术，广告公司能够准确挖掘出消费者的情感与需求，获得打动每一个消费者的创意原点。并且，大数据具有预测性，它能够实时地反馈并预测社会行为的变化，可以帮助创意团队实时调整创意策略。因此，以数据挖掘为消费者洞察必然取代传统的创意小组的头脑风暴，成为创意生产来源。

此外，不仅大创意的原点来自大数据的分析，大创意的实现过程也必须依赖大数据技术的支持。传统广告公司的营销传播方式仅仅通过视频制作和平面制作就可以满足，但是数字化时代的泛媒体化使得数字营销传播的制作和实现模式面临更多挑战，如可穿戴设备、虚拟现实技术（Virtual Reality）、增强现实技术（Augmented Reality）等新技术在数字营销传播中已经获得了广泛应用。以目前运用最广泛的增强现实技术为例，腾讯在 2018 年打造的"AR 濒危动物园"活动就是数字营销的成功案例。现代广告很大程度上是依靠技术而存在的，不再是单纯"以创意为核心"，纵观近年国内外获得瞩目的广告大奖，无一例外都是以技术加创意为核心的广告案例。创意依旧为王，但是必须辅以技术才能在纷繁复杂的广告信息中获得关注[①]。不仅仅是完成广告创意，还应切入到营销链条的前端，从产品的开发和设计阶段就开始参与，例如 2018 年腾讯视频联手宜家举办"Wow Moment"主题的

---

① 段淳林、李梦：《移动互联网时代的广告产业链角色重构与平台化转型》，《华南理工大学学报（社会科学版）》2015 年第 17 期。

体验营销。顾客在宜家门店，利用智能设备扫描脸部后，走进样板间，便会发现客厅、卧室、厨房和儿童房墙上的相框，正在展出他们"未来北鼻"的相片。此次的体验营销活动主要运用了人工智能技术将父母的照片合成转化为孩子的样子。这种黑科技的操作吸引了不少人前来宜家门店拍照打卡。2017 年伊利打造了一批"健康巴士"，这些巴士配备带有感应装置及 LED 显示屏的特殊健康拉环，当乘客手握拉环时，感应装置就能自动检测使用者的心率、体脂、平衡等多项健康指标，并显示在 LED 显示屏上。乘客可以通过下载手机 App 随即建立自己的健康档案，随时随地监测、比较自己的健康状况。通过 App 乘客还可以与微信好友分享互动，并且还能获取产品优惠券。可以预见，在未来的广告公司业务内容中的制作中，大数据技术将作为基础资源参与到数字营销传播制作过程中。

3. 媒介投放与优化

媒介购买向来是广告公司重要的业务，然而如何用媒体匹配目标消费者却一直是传统广告公司在媒介购买环节面临的困境。大数据技术支持下的数字传播带来了媒介投放规则和标准的改变，也在媒介购买流程实现精准运作。以目前流行的 RTB（实时竞价）模式为例，它颠覆了根据用户数量或浏览、点击数量计费的传统模式，是一种把消费者的每次点击和浏览，通过拍卖的方式卖给广告主，价高者得到展示和曝光机会的全新计价模式。RTB广告的平台出售的不是模糊的不确定的"曝光"机会，而是与广告主需求高度匹配的具体用户的互动机会。RTB 的双边平台和数据分析应用能力都极大地提高了广告媒介投放的指向性和精准度，使需求方的效益最大化。通过 RTB 实时竞价，广告主可以在极短的时间内把广告内容定制化传递给目标用户，并且实时根据目标用户与广告内容的互动和卷入度水平判断并调整广告投放策略。大数据支持下的数字广告与营销传播中，媒介购买和投放业务模式改变了传统的媒介购买中模糊匹配的运作流程，采用的是精准匹配、一对一追踪的方式。并且其数据来源是多样化的，既包括消费者在现实世界中的消费行为，也包括虚拟世界中的行为轨迹。这种多元数据经过整合，将散落的消费者生活情景碎片拼凑成完整的镜像图画，并利用大数据的分析能力对消费者进行精确细分，为实现实时的个性化传播创造了条件，从而完美解决了广告媒介投放的资源浪费问题，实现了广告业一直在追寻的精确投放的理想状态，而准确的广告投放也提高了消费者对数字广告与营销传播信息内容的参与度、反馈，使广告主与消费者更有效地实现互动。此外，在媒介投放的预算分配环节，通过对以往数据的分析建立预算分配预测模型，能够更好地对投放进行优化，对媒介预算的投资回报率（ROI）进行多层次精准预测，以较低成本更好地实现数字广告与营销传播目标。

　　如今的消费者生活在数字化技术的包围中，他们同样把自己的生活进行了数字化的改造，而广告公司也必须要进行数字化转型与升级，以适应消费者数字化的生活方式。现在的广告公司既不是单纯做创意的公司，也不会是单纯强调技术的公司，而是提供程序化创意与全方位信息服务，实现技术、创意、数字媒体平台一体化的转型 [1]。

（三）广告媒介：从售卖注意力到承载用户的渠道

　　广告费是传媒产业收入和利润的主要来源之一，传播媒介除了通过将专门的媒体人生产出来的内容售卖给受众获取利润之外，售卖所获取的受众的广泛注意力同样是媒介与广告主进行交易时的重要利润来源。特别是自互联网产生之后，广告更是快速成为网络媒体最直接、最容易、最典型的变现方式。不同的是，互联网环境下的网络媒介在售卖用户注意力之外，大量用户浏览网站所形成的流量和数据也成为互联网可以用来变现的资源，虽然互联网多免费向用户提供服务，但其变现手法从本质上来说仍是将广告主作为

---

[1]　段淳林、李梦：《移动互联网时代的广告产业链角色重构与平台化转型》，《华南理工大学学报（社会科学版）》2015 年第 17 期。

主体交易对象和服务对象。在传统广告产业链中，由于广告主的优势地位，处于产业链下游的广告媒介更多是广告主的"发声筒"，用户也只是媒介内容的消费者。

然而，在移动互联网时代，消费者和广告主同样获得了利用传播渠道的能力和接口，广告媒介也不仅仅是广告主向用户单向传播的通道，而是同样具有了为消费者发声的功能。社会化媒体的出现允许大量的普通用户和专业的媒体人一样产生传播内容，他们既能生产各种形式的媒介内容以供他人消费，同时也在消费其他用户生产出来的媒介内容。

如今广告媒介的内容生产早已从过去集中化的、专业化的和组织化的生产模式向分散化的、随意化的、个人化的用户生成（UGC）模式转变。从传媒产业的生产方式来看，以用户为中心、借助全新的数据和技术手段而展开的内容产品的个性化、自动化、智能化生产将成为未来内容生产的主力。实际上，今天人们日常接触的很大一部分免费内容，都是由用户而非专业媒介机构生产出来的。例如淘宝网有 50 亿条有关产品的用户评论；网易云音乐每月产生 500 万条乐评；维基百科的 2500 万注册用户，13 万活跃用户在十年时间内创造了 500 万个词条；YouTube 每月有 10 亿活跃用户，并且用户每一分钟都会上传 300 个小时长度的视频内容。不得不承认，如今用户生成内容的比重、质量与口碑正在呈现爆发式的增长，并且在不断侵占传统媒介生产内容的生存空间，虽然这些专业媒介生产的专业内容并不会消失，但其所创造的价值与商业潜力是不能被忽视的。

正是由于用户对媒介参与的需求日趋强烈，使得媒介产业的生存方式发生转变。越来越多的媒介正在逐渐将目光聚焦于用户本身，并致力于为用户提供更加快捷与多样的内容生成服务。例如微信从早期的仅能发布图片与文字评论，到可以发布小视频与微信内直接进行图片处理，都是为了更好地鼓励与协助用户产生更多优质内容。广泛的用户参与与强势的用户内容生产，使得用户之于媒介不再只是作为被交易的"资源"，而成为媒介内容本身的来源。而广告媒介扮演的角色也早已不是单纯的用户注意力的售卖者，而是转型为承载用户的渠道，并且通过不断地优化升级以更好地服务于用户本身。

（四）用户：从被动接受到互动体验

在大众传播时代，由于广告主的绝对优势地位与媒介资源的垄断局面，使得用户在广告营销传播环节中大多处于弱势，往往只能接受广告信息的"轰炸"，是被动的信息接受者。尽管广告主在极力追求消费者洞察，以及更深入地了解用户的消费行为与心理，但是这种探索往往仍以产品为中心，将消费者看作是静态的、被动的，广告主与消费者之间进行的沟通也是单向的。

然而伴随着我国经济进入转型发展时期，消费者逐渐成为传播的中心。特别是自媒体的出现和发展，使得用户对信息的处理和接受拥有了更强的自主权。自社会化媒体成为广告营销的主要平台之后，消费者在广告营销传播过程中也从被动接受信息转变为主动参与，上升到与企业同等重要的位置。消费者不再是单纯的广告传播与营销内容的受众，而是成为从创意生产到信息传播的组成部分，成为与广告主一起实现价值共创的互动参与者和体验者。

在创意生成环节，数字营销传播环境下的广告作品，不再是单向传播的静态广告作品，而是与用户互动完成的协同创意广告。其制作过程是伴随着用户的参与、体验共同完成的，其作品的最后形态是围绕着广告主题，向多元定制化的方向发展。换句话说，消费者对于广告的需求偏好本身也是多元化的，数字营销传播的广告作品应该是围绕着特定主题的多种答案，不同的消费者在与作品本身互动过程中，会引导作品向不同方向发展，最终满足消费者对于广告作品的期待和使用需求。如获得 2010 戛纳数字类全场大奖的品牌活动，便是在大众汽车品牌的核心价值"Think Blue"的基础上提出"乐趣的理论"主题，活动的核心理念是"娱乐可以让人改善行为方式"，主要通过"空瓶回收银行""音乐楼梯"和"世界上最深的垃圾桶"等简单有趣的互动装置艺术来改变人们的一些习惯。

通过大数据的分析和模型预测，数字传播制作团队可以准确预测出消费者的广告需求偏好，并通过素材仓库的扫描匹配，寻找出最佳的广告制作素材，针对不同消费者在互动过程中展现出的需求意愿进行程序化编辑，利用人工智能完成广告作品的制作环节。

在信息传播环节，消费者取代广告主成为推动信息传播的主力。消费者行为模式中的互动参与行为有两种：一是通过社会化网络与其他消费者进行互动，产生信息传播行为；二是通过终端参与广告主或广告情境的互动体验。消费者分享的信息内容不仅与品牌相关，还包括基于品牌价值观的分享和扩散，信息形式既包括直接转载的信息，也包括用户自创的内容，最简单的例子就是网络"自来水"现象，这是消费者主动参与信息传播、实现信息价值的二轮创造的体现。

除了虚拟网络中的互动信息传播，数字营销传播环境下的用户还能通过 O2O 线上线下应用与广告主进行双向互动与现实体验，从而产生消费行为和价值共创行为。其中最典型的就是 SoLoMo 媒体，其实质是 LBS 技术在社会化媒体上的应用。借助移动互联网技术和 LBS 技术，SoLoMo 媒体不仅使得消费者能够在虚拟空间中与广告主进行互动，并与其他消费者进行信息分享；还能够利用 AR 技术进行现实增强，实现现实空间中的体验强化。这些互动过程与体验内容也将被纳入传播信息中被消费者分享，成为广告主价值创造的组成部分之一。总之，数字营销传播时代，消费者的行为遵循着 AIVSA 模式的特点（如图 3-2），体现出极强的互动性与体验性。

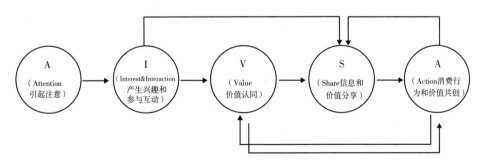

图 3-2　AIVSA 消费者行为模式

（五）投放效果：从粗放型评估到精确可测量

广告效果评估是一个多层次的评估体系，既包括量的效果，也包括质的效果；既涉及媒体效果评估，也包括创意效果评估；不但要考虑短期效果，同时也必须兼顾中长期效果，以形成事前、事中、事后一体化的评估机制。[①]

1.数字广告效果质与量的评估。传统广告传播体系下的消费者调查评估指标比较单一，属于一种粗放型的评估模式，只能测量广告传播结果中收视率、覆盖率及销售量等直观的效果数据，对于消费者在广告传播营销过程中的接触点、营销后消费者的态度转变等隐性效果的测量实际上是缺失的。即使广告主想要测量这类数据，但是由于技术水平有限以及数据收集的制约，所实现的评估也是较为模糊和短期的。传统的 ROI 是其主要评估方式，这与其调查方式的单一性和反馈信息的收集难度有关。但是在大数据的技术背景下，通过各种大数据管理平台，随时随地监测、优化媒介载体以及传播内容成为可能，一方面可以提高消费者的使用体验，另一方面也可以对媒介成本进行精确控制。

从量的效果评估体系来看，数字广告与营销传播改变了传统抽样调查的效果检验模式，实现了广告数据全方位的采集，从而使得广告效果的测量更加精准化。广告与消费者的每一次曝光、互动记录都通过网络系统传递到数据库以供分析，由此逐渐缩小广告效果的量化评估死角，使广告效果的量化评估更加精准。在广告价值评估方面，大数据平台通过结合历史数据的价值研究模型，可以对多种跨种类媒体进行价值估算。目前国内的社会化网络评估工具也逐渐成熟，如 Ad Master 就给广告主和代理公司提供针对广告曝光次数、广告点击次数、推广的产品与网站偏好、目标用户覆盖率、人群属性、品牌喜好度、购买倾向等方面的数据评估服务。其提出的"可见曝光"的概念，其原理就是通过算法和模型，结合历史数据帮助广告主评估广告的

---

① 吴哲：《基于漏斗模型的原生广告效果评估探究》，《视听》2016 年第 3 期。

可见比例。

2.数字广告的媒介效果与创意效果的评估。对广告创意的评估一直是传统广告效果研究的难点，传统的研究方法成本高昂，并很难精确评估每一个创意元素。而大数据技术可以支持多种非结构数据的分析，广告创意评估可以在用户评价的基础上，加入语义检索、影视听检索技术，从消费者角度评估创意的传播效果。

3.数字广告短期效果与长期效果的评估。营销传播本身是一个循环往复的过程，营销传播效果还存在短期效果和长期效果。在传统的广告效果评估中，往往只关注单次营销传播活动的短期效果，而忽略了中长期效果的衡量。大数据技术通过全渠道数据管理的平台，把分散的多方数据进行连接，全面记录、分析数字营销传播内容与消费者产品行为的联系，准确将数字营销传播效果分解，记录和分析消费者曝光与购买转化的实时变化。在此基础上通过"再锁定精准营销"让曾经访问过某网站但没有购买或有效行为的网民产生二次访问或实际购买，从而实现广告效果的叠加，提升广告曝光的购买转化率[①]。通过这种模式，既可以提高营销传播长期效果，又可以通过消费者行为数据的分析结果帮助广告主和广告公司调整、监测营销传播决策。

可以说，大数据技术不仅从量上扩大了营销效果的评估范围，更是从质上提升了营销效果的精准性。因为大数据技术的发展，许多隐藏在营销过程中、非直观的、长期的传播效果评估才获得了被准确测量的可能性。

此外，传统的广告效果评估，主要是基于事后评价的模式即在广告营销传播活动结束后，对其效果进行评价。这种模式虽然可以在事后发现营销传播中的问题，但却无法及时补救。大数据技术，可以实现广告效果的全时反馈、实时动态反馈。广告效果的评估模式可以采用事前基于历史数据的模拟预测、事中实时的动态反馈和预测、事后的整体营销传播效果评估为一体的评价机制。随时针对广告营销传播效果，改进创意策划方案和媒介投放方

---

① 杨景越：《广告传播中的"互联网思维"应用》，《新闻与写作》2014 年第 12 期。

式，实现传播效果与营销传播目标精准匹配。

三、数据驱动的广告产业链平台化发展

从单纯的信息传播开始，广告业经历了漫长的历史发展过程并不断走向产业化。我国的广告产业伴随 20 世纪 80 年代的改革开放开始全面复苏，而广告业作为国家经济的传感器，也随着我国经济的腾飞开始迅速成长①。据统计，中国广告收入规模从 2010 年的 1700 亿元增长到 2015 年的 3600 亿元，五年之内复合增长率达到 16%；2018 年市场规模超过 7000 亿元，预计到 2020 年市场规模将突破 10000 亿元。总体来看，广告行业的发展呈现高速发展的繁荣景象，而这种繁荣景象的背后，不仅包含着进入移动互联网带来的市场环境的急速变化，还包含着广告产业链的革新与重构。

（一）萌芽期的互联网广告产业链：线性广告交易模式

根据迈克尔·波特的产业价值链理论，广告产业链是将广告服务作为核心，凭借广告的供需关系而围绕在广告产业及其衍生出的产业周围的各企业，以某种特定方式联结起来的链式组织。

在大众传播时代，广告活动从作为"买方"的广告主发起广告需求、寻找代理公司开始，到广告公司制定传播策略、发展创意理念、执行创意，再到媒介平台的广告发布并最终到达目标消费者，都是遵循一个线性传播过程（如图 3-3 所示）②。

---

① 段淳林、李梦：《移动互联网时代的广告产业链角色重构与平台化转型》，《华南理工大学学报（社会科学版）》2015 年第 17 期。
② 段淳林、李梦：《移动互联网时代的广告产业链角色重构与平台化转型》，《华南理工大学学报（社会科学版）》2015 年第 17 期。

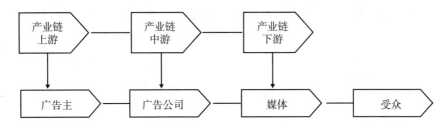

图 3-3　传统广告产业链结构图

这个阶段，整个互联网广告产业仍处于发展的萌芽时期，类似于雅虎、新浪、搜狐这类门户网站虽然成立时间不长，但是数量稀少，因此拥有着较好的网络流量。整个产业链的构成相对而言比较简单，仅仅包括广告主、广告公司、互联网媒体与受众四方角色。其中，广告主占据着绝对的强势地位，广告主提出需求，在定位其目标用户之后会购买相应的媒体广告位（横幅式、弹出式、浮动式等），即 CPD 模式，使广告信息得到传播。广告公司是连接广告主与媒体的中介，帮助广告主制定恰当的传播策略。而互联网媒体则是传播资源的出售方，通常的做法是将自身的资源打包销售给媒介代理公司，由媒介代理公司与广告主或是广告代理公司进行交易[①]。这样做的好处是，媒体不需要自己出面去与广告主或广告代理公司打交道，从而能够避免很多麻烦，同时借助媒介代理公司的专业能力，能够尽可能多地出售自己的广告位资源。

综合来看，处于萌芽阶段的互联网广告交易模式仍然延续了传统媒体的广告交易思路，对广告的创建、定价、包装和交易的形式也同样照搬了传统媒体广告的思维方式和操作逻辑，除了广告位从线下传统媒体转移到了线上互联网之外，几乎没有发生本质上的变化。此时的广告产业链主要呈现出两个特征：第一，链状结构具有严格的结构性，前一个环节的完成是后一个

---

① 段淳林、李梦：《移动互联网时代的广告产业链角色重构与平台化转型》，《华南理工大学学报（社会科学版）》2015 年第 17 期。

环节的开始，也是后一环节实施的基础和保障；第二，整个流程链条也是价值实现和价值传递的价值链，它能够完成基本相似的"整合营销传播服务"，并能满足大众传播时代广告主的基本营销传播需求。从本质上来说，这个阶段广告主是对媒体进行购买而非受众，同时整个广告业务流程的起点也是企业的营销需求而非消费者需求，业务流程一般遵循着"市场调查—消费者分析—媒介计划—广告创意—广告投放"的线性流程，缺少完备的数据支撑，决策主观性强，投放机制的灵活性较差。因此，处于萌芽时期的互联网广告并未从根本上产生对计算的强烈需求。

（二）成长期的互联网广告产业链：半线性广告交易模式

至 2000 年左右，互联网中网络媒体的数量急剧增长，伴随着门户网站的不断涌现，人们的购买行为也变得更加复杂。但是，由于多数广告主实际上并不熟悉互联网广告市场的交易操作模式，加上其中一部分网络媒体没有自己的广告投放平台，传统交易模式已经无法很好地满足当时市场交易的需求。为了帮助广告主们在日渐丰富与愈加繁杂的信息中找到适合的平台投放广告，此时作为互联网广告资源交易中介的广告网络（Ad Network）应运而生，将许多媒体资源进行分类整理，并向广告主售卖广告位。

广告网络主要有两种类型：一类是连接广告主和网络媒体的广告中介。作为广告中介的广告网络本身并不拥有媒体广告位，而是通过租用网络媒体的广告位为广告主投放广告，利润来源于中间的差价；另一类则是拥有大量广告"存量"的网络媒体，如搜索引擎等。这类广告网络本身就是网络媒体，拥有着丰富的广告位资源，利润则来源于通过有效投放广告，不断提升广告位的价值，从而增加广告收益。

总体上来说，广告网络的出现使得大量互联网媒体能够被托管，通过批量经营这些被托管的广告资源，为它们实现流量变现的目的，从而提高了互联网广告资源的利用效率。此外，广告网络的存在还降低了广告主和互联网媒体双方的交易成本，通过定向投放和竞价策略实现了资源的优化配置。同时，此时为主流的按点击量计费的方式能够大幅度地提高广告的投放效果，降低小广告主的风险，进一步扩展广告主的效用。当然，广告网络的弊端也很明显：首先，互联网媒体资源数量众多，广告网络并没有办法完全整合所有的互联网站；其次，此时的广告投放在精准度方面仍显不足，广告主并无法决定谁会看到广告，非目标顾客的误点击很容易会造成无效的曝光；最后，广告主需要在用户点击广告之前出价（合约或者竞拍），但准确估计用户点击的转换率（Conversion Rate）却有一定难度。同时，对于网络媒体来说，因为广告合约会在广告投放之前签署，这就需要网络媒体对未来一段时间内该网站特定用户的流量进行预先估计，如果低估了相关流量，就会造成广告位的浪费；而如果高估了相关流量，会导致网络媒体在约定的时间内无法完成广告展示合约，为此一些网络媒体和广告网络甚至伪造点击（Fraud Click），给广告主带来更多的损失。

综合来看，广告网络虽然能有效提高网络广告资源的利用效率，但是从本质上来说，此时广告运作的方式仍是以媒体为中心，通过对媒体属性的分析来判断受众特性，从而决定广告的投放，用户的需求并不是第一顺位，依然是一种低效的缺少弹性的广告投放形式。但是此时为广告主匹配更精准的、更高质量用户的需求日益强烈，由此也产生了对互联网广告交易模式中科学计算的需求。

（三）发展期的互联网广告产业链：平台聚合交易模式

2005 年以后，互联网广告行业中广告主与网络媒体的数量持续增长，由此促进了互联网广告市场的进一步扩张。然而广告网络只能覆盖并服务一小部分广告主与网络媒体，因此广告网络也伴随着网络媒体数量的增加而日渐增长。众多不同的广告网络之间迫切需要一个健全、完善的协调机制，否则很难在广告主和网络媒体之间实现广告、广告位资源的有效分配。一方面，广告主面对众多的广告网络，难以选择并购买到有效的广告资源；另一方面，互联网媒体因为无法匹配合适的广告主，造成大量有价值的广告资源被闲置和浪费，从而阻碍了广告定向投放的实现，并且降低了广告资源的变现效率。为了更好地帮助广告主与互联网媒体之间进行优化匹配，多家广告网络能够共同接入的互联网广告交易平台（Ad Exchange）由此产生，整个互联网广告产业链迈向了聚合平台的时代。

互联网广告交易平台（Ad Exchange）是一种大量聚合各类互联网媒体剩余资源或流量，并按照实时竞价方式实现流量变现的全新广告交易形态。这个平台通过连接广告主与广告位的拥有者来实现资源的优化配置。互联网广告交易平台（Ad Exchange）出现后，此时的广告产业链形成了全新的"广告网络（Ad Network）—广告交易平台（Ad Exchange）—广告网络（Ad Network）"的类证券交易所模式。此时互联网广告交易的一般流程是：首先，广告网络会收集、整理并分类存储在用户本地终端上的数据（cookies），例如年龄、性别、地理信息、兴趣爱好等；然后，广告网络会将这些分类好的用户信息传递至互联网广告交易平台；最后，再由互联网广告交易平台将这些分类信息传送给广告主，广告主可以对符合其目标的顾客进行自由竞价，并选择是否对其进行广告投放。广告交易平台的出现有助于在多个广告网络之间实现资源的有效分配。对于网络媒体来说，借助广告交易平台能够找到更合适的广告主，由此降低广告位闲置率并提高广告位售价；而对于广告主来说，更合适的广告位意味着更好的广告投放的效果与投资回报。

然而到了2010年前后，虽然广告交易平台的出现降低了广告位闲置率，提升广告的效果，但是因为广告主和网络媒体数量的进一步扩大，仅仅依靠广告交换平台的服务已经无法满足市场中这两方的需求，无论是广告主还是网络媒体都需要通过代理商来与广告交易平台跟进购买。于是为了减免繁琐的购买步骤，代表广告主利益的需求方平台（Demand Side Platform）与针对网络媒体的销售方平台（Sale Side Platform）在产业链中产生。需求方平台 DSP 主要负责消化理解广告主的需求，并通过实时竞价系统（Real Time Bidding）为广告主竞拍到投资回报率较高的广告位；而销售方平台 SSP 可以使本来廉价的库存广告获得价值。其主要功能包括对广告位的分配进行管理、对不同 Ad Exchange 的交易请求进行筛选以及对广告位价格进行管理，通过实时销售系统（Real Time Sale）来实现对网络媒体广告位库存的实时销售①。到 2011 年时，互联网广告的产业链中还出现了一个新的角色——数据交换（Data Exchange），通过整合大量的用户数据，为产业链中的各方提供相关的数据支持，以支持广告的精准投放。此外，还有媒介买卖平台（Media Buying Platform），它综合了 DSP 与 SSP，同时为广告主和网络媒体提供实时销售和实时竞价服务，在同一平台上实现广告实时销售与投放。

　　这些角色的相继出现逐渐完善了互联网交易平台的生态系统，而除了分工的细化，广告交易平台的完善还体现在程序化购买（Programmatic Buying）的出现，这也是当前数字化广告交易模式与传统媒体广告交易模式之间的关键差异。程序化购买是指一种广告主通过数字化的广告交易平台自动执行广告媒体购买流程的在线广告购买方式②。这种广告采购方式类似于股票市场的程序自动化交易，由计算机程序在 100 毫秒甚至更短的时间内，自动完成从广告请求到最终的广告呈现过程。程序化购买由不断提升的对投放精准性的需求催生，因为完全依赖计算机程序的自动采购，所以其对数据技术和高效算法也有着强烈的需求。程序化购买的出现推动了我国的互联网广告向由数据与技术驱动的计算广告时代过渡，当前我国绝大部分的互联网广告都可以被称为计算广告。此时整个互联网广告产业已经形成了一个深度细分的产业链，所提供的广告服务也日臻完善。

---

① 段淳林、李梦：《移动互联网时代的广告产业链角色重构与平台化转型》，《华南理工大学学报（社会科学版）》2015 年第 17 期。

② 刘庆振：《计算广告学：大数据时代的广告传播变革——以"互联网 +"技术经济范式的视角》，《现代经济探讨》2016 年第 2 期。

从整体上看，基于大数据技术的数字营销传播方式的核心客户价值主张，已经变成利用对海量数据的挖掘和分析能力以及卓越的创意能力，提供对广告主营销传播的分析、规划和预测，并帮助广告主实现精准化、互动化的创意数字营销传播方案。数字传播时代的广告业务内容间不再呈现链状结构，而是变革为大数据管理平台驱动的各业务内容协同作业的网络状结构分布。大数据管理分析平台成为所有业务内容模块执行其业务功能的前提条件与中心，为每一个业务内容模块提供决策依据：为"消费者洞察"提供完整的、实时互动的精准分析；为"创意"提供准确的、个性化的创意原点；为创意传播的制作和实现提供更加精准、新颖、互动的实现方式；为媒介投放提供多平台、精确匹配的投放选择；为效果评估提供准确、全面的多维评估方式。同时，大数据管理分析平台也是业务服务流程中各个业务板块内容模块互动的中介平台，各个业务内容模块通过与大数据平台的全时互动，来实现与其他业务内容的精准互动、协同作业模式[①]。整个业务流程变成以客户需求为中心、以大数据为驱动的多业务内容同时响应交叉互动的过程。这种业务流程模式能够根据不同客户的特定需求快速、弹性化组合业务内容，不仅增加了业务作业过程中的弹性，更节约了整体的作业时间。

可以肯定的是，平台聚合的交易模式以更优化的形式为供需双方高效地实现了广告资源与目标用户的精准匹配。网络状结构分布的业务流程凭其全时互动、弹性组合的业务作业方式，使得广告业务执行过程更具灵活性也更加个性化。而聚合平台中实时竞价模式以及程序化购买的出现，则在根本上放弃了传统媒体合约广告的交易方式，使得互联网广告沿着更符合数字化媒体特征的计算广告的方向进一步演进，并使计算广告的概念在产业应用层面得以最终成立。

---

① 姚曦、李斐飞：《精准·互动——数字传播时代广告公司业务模式的重构》，《新闻大学》2017 年第 1 期。

（四）创新期的互联网广告产业链：智能化推荐交易模式

人工智能技术对传统广告的"创造性破坏"，深刻改变着广告运作流程，重构整个广告产业结构和业态。基于对用户需求、算法推荐与场景匹配完美融合为一体的智能广告个性化应用逐渐常态化，极大丰富了广告的内涵与外延。随着人工智能技术与广告行业的融合渐趋深入，智能广告应运而生。

目前学术界关于智能广告还没有一个比较明确统一的定义。2005年《广告大观（综合版）》刊登的《上下文广告：智能广告的前奏》一文，认为上下文广告是智能技术应用在广告业的初步探索，代表了广告行业的未来智能化方向[①]。随着移动互联网、大数据和人工智能等新技术应用推动广告发展朝着精准化、场景化、融合化[②]方向不断迈进，智能广告的概念逐渐浮出水面。学者易龙从智能广告的核心特征入手将智能广告定义为"具有近乎人类思考和行动的简单推理判断能力的广告形态"。学者曾静平和姜敏等从广告业务流程的角度认为智能广告是"以 Web3.0 为技术应用平台，是人工智能思维、人工智能技术与广告创意、广告创作、广告制作、广告合成、广告发布和公告后期管理等紧密结合而成的新兴广告形态"[③]。本书认为，智能广告从早期以谷歌为代表的搜索引擎广告、定向广告、合约广告到程序化购买广告的出现中就早已初见端倪，其发展并非一蹴而就的，而是经历了一个不断演进的过程，尤其是 Web3.0 时代以人工智能技术为代表的新兴技术集群发展极大地推动了智能广告的发展。智能广告与人工智能的发展密不可分，有学者将人工智能划分为计算智能、感知智能和认知智能发展三阶段[④]。以此

[①] 《上下文广告：智能广告的前奏》，《广告大观（综合版）》2005 年第 4 期。

[②] 易红发：《广告业发展趋势：精准化场景化融合化》，《新闻战线》2018 年第 5 期。

[③] 曾静平、刘爽：《智能广告的潜进、阵痛与嬗变》，《浙江传媒学院学报》2018 年第 30 期。

[④] 陈鑫胤、吴甘沙：《大数据的六大人工智能变现方式》，《中国传媒科技》2015 年第 12 期。

为观照，智能广告的实现以及在不同发展阶段的内涵和发展形态大致可以概括如下。

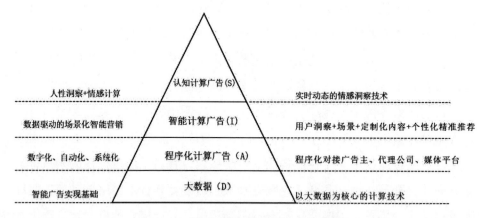

图 3-4　智能广告发展的 DAIS 模型

1. 智能广告的实现基础：大数据

"在数字时代，广告业最大的变化是依托大数据而不是媒体进行信息的交流沟通。大数据是未来广告业的核心与基础。"[①] 以大数据为核心的计算技术贯穿到智能广告的内容生产、接触点和媒介洞察、用户画像与互动参与、技术场景设计和广告效果监测等全流程环节。它打破了传统营销环节之间的壁垒，以动态数据为基础，使营销过程实现紧密串联，并整合内部资源实现高效配置，这是其一。但更为重要的是，大数据是实现机器智能的关键所在。机器智能主要工作原理是"深度学习"，基于算法的深度学习是人工智能的核心技术模块，被广泛应用在图像、语音、自然语言处理等领域。不可忽视的是深度学习的前提是数据驱动，需要大量的结构化和非结构化的完备数据供机器进行学习、训练才能达到智能。因此，数据主义和计算能力是驱动智能广告不断进化的核心动力，也将成为未来智能媒体的核心竞争力，以

---

① 陈刚：《智能化广告时代正在全面来临》，《中国工商报》2017 年 1 月 10 日。

大数据和计算能力为核心的人工智能技术的发展推动广告从程序化计算广告、智能计算广告到认知计算广告不断演进。

2.程序化计算广告：数字化、自动化、系统化

程序化计算广告是智能广告的初级形态，从程序化购买模式中发展而来。程序化计算广告是通过数据化、自动化、系统化的方式，实现广告主、代理公司、网络媒体之间的程序化对接，帮助广告主准确找到与广告信息相匹配的目标用户，使程序化投放贯穿从广告主到媒体的全过程，实现整个数字广告产业链的自动化。与常规的人工购买广告相比，程序化计算广告极大地改善了广告效率、规模和投放策略，实现了从购买媒体到购买用户的转变。但程序化精准广告关注的重点是在合适的时间对合适的人传递合适的品牌及产品信息，① 而用户产生购买意愿到最终消费中间的影响因素非常多，仅靠数字化、自动化、系统化的广告投放并不能满足广告主对效果的追求。移动互联网时代的消费行为和媒介接触点极度碎片化，场景成为广告信息传播的核心入口，由此程序化计算广告向以场景匹配为核心的智能计算广告形态进阶。

3.智能计算广告：数据驱动场景智能营销

"场景"一词来源于影视摄影的基本术语，主要指在特定的时间、空间发生的行动，或者因人物关系构成的具体画面，也指通过人物行动来表现剧情的过程。罗伯特·斯考伯和谢尔·伊斯雷尔在《即将到来的场景时代》一书中指出了与场景时代相关的五个要素：大数据、移动设备、社交媒体、传感器、定位系统。② 移动互联网时代，信息流动模式的改变带来了媒体、信

---

① 刘伯年：《大数据时代广告产业变革研究》，硕士学位论文，新疆大学，2017 年，第 64 页。

② 参见［美］罗伯特·斯考伯、谢尔·伊斯雷尔：《即将到来的场景时代》，北京联合出版公司 2014 年版，第 2 页。

息与用户的关系重构，精准性的内涵不再只是局限于对用户画像的精准描绘，更为重要的是让用户特定场景下的需求能够得到及时的满足。

智能计算广告是智能广告的进阶形态，核心是数据驱动的场景智能营销。智能计算广告是根据特定用户和特定情境，通过高效算法确定与之最匹配的广告并进行精准化创意、制作、投放、传播和互动的广告业态。其本质是要解决广告信息、用户、场景三者的匹配问题。个性化精准推荐是智能计算广告的最大的特点，它通过大数据分析和机器算法的优化对用户行为特征数据进行获取、存储和分析，将合适的内容在用户合适的时间、地点等场景下推送给用户，满足用户的个性化信息需求，以持续吸引用户参与信息互动。智能计算广告能够即时发现用户在特定场景下的需要，动态预测用户需求，黏合用户以创造服务，实现了从程序化计算广告的人群匹配到数据驱动的场景匹配的转变。

4.认知计算广告：人性洞察 + 情感计算

营销圣经《定位》中曾指出，"营销的竞争是一场关于心智的竞争，营销竞争的终极战场不是工厂、不是市场而是心智"。广告主追求广告效果最大化的最终目的是要占领用户心智。考虑到不同用户对信息的加工处理模式不同，其心理机制也会直接影响到广告的说服效果，进而决定了广告创意、制作、传播的成功与否，因此对用户深层次的人性洞察也更为重要。认知计算（Cognitive Computing）源自模拟人脑的计算机系统的人工智能，不同于传统的定量的、着重于精度和序列等级的计算技术，认知计算试图解决生物系统中的不精确、不确定和部分真实的问题，以实现不同程度的感知、记忆、学习、语言、思维和问题解决等过程。[1]

认知计算广告是智能广告的高级形态。将认知计算运用到品牌传播中，能够有效提高广告的转化行为，而取得广告效果的最大化。这是因为：第

---

[1] 参见董超、毕晓君：《认知计算的发展综述》，《电子世界》2014 年第 5 期。

一，社会化媒体上除了海量的数据信息，还有非结构化的文本信息，如网络上海量的评论以及用户行为活动，包括购物、聊天、社区、资讯、生活等信息，它们都能成为情感计算的数据来源。借助情感计算技术的情感识别和抓取技术，可以对文本情感进行分析、处理和归纳，使得针对目标用户的广告投放具有更好匹配性和精准性。第二，通过各种传感器获取由人的情感所引起的生理及行为特征信号，进行用户的实时情绪识别收集消费者对广告的真实反应和对产品的态度，从而对广告进行实时优化和调整。第三，基于数据洞察和算法训练，可以建立"情感模型"进行情感分析，从而赋予计算机像人一样的观察、理解和生成各种情感特征的能力，通过人机交互为用户提供智能化的信息服务。

移动互联网时代，一方面，品牌接触点不断泛化，广告主面临着新技术更新快，流量推广成本高，投放分散化、碎片化，难以取得实效的难题；另一方面，海量信息在互联网上留存和呈现，用传统方式根本无法进行有效的处理和价值适配，"信息过载"下传统信息处理范式失灵，用户需要更加个性化、智能化的信息获取模式。智能广告的个性化推荐系统将广告主对营销效果的追求和用户对个性化信息的需求统合起来，依靠算法决策在一定程度上解决了用户信息过剩的问题，也帮助广告主实现更加精准、高效的广告效果。

❖　案　例　❖

1号店玩个性化推荐上瘾，用机器打"价格战"

在电商领域，企业通过对商品的关联性分析向客户推荐其可能感兴趣的其他商品，带来可观的业绩增长。目前，1号店根据用户特性，在商品关联性推荐的基础上，正尝试通过用户画像系统，为每位用户打造一个完全个性化的全站推荐体系。

未来用户进入1号店，将看到完全符合他个人需求的个性化页面，而对于1号店来说,推荐无处不在,这就是1号店正在通过用户画像打造的全站式推荐系统蓝图。

1.价格战的神器:不同时间不同地点快速调价

电商企业都遵循以用户为中心的原则,从2016年开始,1号店便开始构思一套智能定价系统,以使1号店获得在不同时间、不同地点根据客户需求快速调价的能力。系统一方面可以应对电商行业日渐频繁的促销价格战,另一方面可以在改进客户体验的基础上保证企业利润。

经过几年的不断磨炼和改进,如今1号店里已有80%品类的商品都通过智能定价系统自动定价,目前能每小时完成100万SKU的调价,尽管系统仍在继续完善中,但这已成为让1号店的IT部门非常引以为豪的一个系统。

这种快速调价的能力在各大电商通过促销活动打价格战的时候非常有用。目前1号店设置调价规则的有效命中率是40% SKU,也就是将15万商品同时调整至合适的价格。在"双11"或是"双12"促销期间,1号店通过智能定价系统对竞争对手和自身的历史价格和销量、商品的进价、库存、采购折扣、毛利率、不同商品的价格弹性指数等做对比计算,把计算结果反馈给系统,系统则不断根据这些价格变化和计算结果去调整价格。

调价并不意味着一定降价。1号店所定义的智能定价,其概念更多在智能,而价格实际上有升有降,其基本原则在于客户体验最优化和商业价值最大化。有些商品的价格低到一定程度的时候,其销售就不再具有弹性,这种降价对于企业来说并无太大意义。

1号店的智能定价系统包含了非常多的数据模型,以适应不同状况不同品类的产品调价。而整个系统也由不同的几个系统组成,包括商品定义系统、跟踪分类系统、品类分析系统、单品分析系统、价格策略管理系统、销售预测系统等,还包括了一些捆绑销售的方法和业务逻辑,所有这些组成了一个完整的定价体系。定价也分为自动和半自动两种模式,目前1号店有80%以上的商品采用自动定价,其驱动力一是时间,一是事件。现在1号店参与调价的商品销售获得了2.93%的增长,占比增幅达38%。

2. 针对不同用户因时因地的个性化推荐

智能定价系统继续往前发展的下一步，即个性化推荐系统。目前1号店已有20%的收入来自推荐系统实现购买。从2017年开始，1号店的IT部门开始发展用户画像系统，以求在原本通过关联度算法来作个性化推荐的基础上，进一步通过用户画像来获得更全面的个性化推荐。

基于商品关联度的个性化推荐最早是亚马逊推出的。在刚推出这种业务时，其逻辑是比较合理的。但当这种关联度推荐法被引入1号店的经营时，却发现很多品类并不太适合这种模式，因为很多用户其实是根据自身的品味在买东西，而不是仅看商品的关联度。举例来说，对于有小孩的客户推荐婴儿用品这种关联度算法还可以奏效，但如果用户喜欢特斯拉汽车，那他可能在1号店会买星巴克的产品或是名贵品牌的包，这种就是完全基于品味的选择，针对这种情况，通过商品关联度所做的个性化推荐命中率很低。

而个性化推荐不仅涉及用户特征分析，也涉及商品特征分析，最终形成推荐结果还要涉及对内容优化、销售额分析、毛利和常规的商品销售等多种因素的分析。1号店把用户画像和商品基因关联起来，利用专门的数据平台和算法平台，融入不同的商业规则做引擎，最终得出千人千面的个性化推荐结果。

基于这些不同的维度，1号店与很多外部的数据供应商进行紧密的合作，争取获得尽可能多的全路径的用户数据，然后这些数据被纳入系统的不同场景和不同算法中。目前1号店的IT部门已经为用户画像系统梳理出400个标签，远高于一般CRM的20—30个标签，这将客户品味的人性化细分到很高的程度。

个性化推荐正在向更为精细准确的方向发展，为此，1号店正在打造私有云系统，并逐渐升级为电商云系统。未来，1号店会将完善后的系统分享给整个生态链上的企业使用，以技术提升整个生态系统的商业价值。

技 术 篇

　　技术是计算广告发展的根基，由于技术的赋能，新兴的网络广告投放模式实现了更精准的用户洞察，因此通过学习计算广告的基础技术能够为理解与运用计算广告带来更大的便利。本篇从计算广告本身出发，探究计算广告的本质特征，并从不同的维度和不同的实现途径对计算广告进行研究。

第四章　计算广告的定义及本质特征

一、计算广告的定义

（一）计算广告的产生

在移动互联网时代，网络广告市场规模逐年扩增。《2018 中国互联网广告发展报告》数据显示，2018 年互联网广告总收入 3694 亿元，年增长率为24.2%，其中移动端广告收入占比进一步增大至 68%，较去年上升 6 个百分点。① 广告市场的变化对广告技术提出了更高层次的要求，随着网络广告市场的规模化发展，广告技术也不断升级，对广告行业的认知正在重新建构。

其中，信息流广告、O2O 广告、AR 沉浸式广告及智能广告等各种广告形式层出不穷，实时竞价（RTB）、供应方平台（SSP）、需求方平台（DSP）、数据管理平台（DMP）、程序化购买、智能推荐等新的广告投放形式也在不断推出。与传统的广告投放方式不同，由于技术的赋能，新兴的网络广告投放模式实现了更精准的用户洞察。基于此，广告投放策略也发生了变化。在流媒体时代，数据和技术成为广告业发展的主要推动力，包括算法、机器学习、深度学习在内的技术，在一定程度上取代了以往的人工投放与服务，产生了数据和技术驱动的计算广告形态。随着技术的不断迭代优化，未来计算

---

① 数据来源：《2018 中国互联网广告发展报告》。

广告的产业生态业将形成。而利用大数据技术、语义分析技术完成对用户与广告匹配的计算广告成为广告行业发展新趋势。计算广告体现了广告业精准化的显著优势，它不仅关注为广告匹配合适的用户，还为用户实时匹配广告需求，优化广告效果，提升广告的投放效率，对整个广告行业产生了深刻影响。

（二）计算广告的定义

2008 年，Andrei Broder 提出计算广告的概念。他指出，计算广告主要是为给定情景 C 下的用户 U 找到一个合适的广告 A，以实现广告的"最优"匹配。① 此后，以 Andrei Broder 为代表的西方学者对计算广告的研究不断深化，并衍生出不同的学术领域。但从定义来看，计算广告在西方学者的研究中仅仅停留在功能目的性层面，并没有给出清晰的内涵和外延阐述。

随着大数据技术给广告行业带来的颠覆性变革不断深化，国内学者也逐渐将视野投向计算广告的研究。2011 年周傲英等在《计算机学报》发表了一篇题为《计算广告：以数据为核心的 Web 综合应用》的论文，提出计算广告是一种广告的精准投放机制，它在计算基础上找到最优匹配的广告内容并定向投放给目标人群，从而实现广告收益最大化。同时，他指出市场发生的许多转变"使互联网广告行业成为一个与传统广告行业不同的新兴市场领域，在这个领域中，能够实现广告精准定向投放的计算广告技术占据着不可替代的核心位置"②。另有学者柴林麟认为计算广告就是在提升广告收益的

---

① Andrei Z. Broder, "Computational advertising and recommender systems", Proceedings of the 2008 ACM Conference on Recommender Systems（2008）:pp.1–2.

② 周傲英、周敏奇、宫学庆:《计算广告：以数据为核心的 Web 综合应用》,《计算机学报》2011 年第 34 期。

基础上所形成的一种新型广告形式。① 这一时期，学者们对计算广告的认知
还停留在广告投放或广告形式层面，还未普遍意识到计算广告对广告产业链
产生的全局性变革。刘鹏和王超则从业内视角审视了计算广告，认为"计算
广告的核心问题，是为一系列用户与环境的组合找到最合适的广告投放策略
以优化整体广告活动的利润"②。学者刘庆振认为计算广告的范畴早已不局限
于网络广告或仅适用于广告的投放环节，而是对广告的全产业链实现了颠覆
性变革。它将应用到今后所有的媒体，不论线上线下；将牵涉到广告操作的
全业务链，而不单是投放机制。他认为"计算广告是根据特定用户和特定情
境，通过高效算法确定与之最匹配的广告并进行精准化创意、制作、投放、
传播和互动的广告业态"③，从计算广告引发的定制、融合、智能、程序化等
视角，探讨了计算广告带来的广告产业链变革，这也是目前国内对计算广告
在新闻传播方向研究较为匹配、前瞻的研究。

　　通过对各个学者观点的总结，笔者发现当前学术界对计算广告的定义
较为模糊、将计算广告与计算广告学的概念混用等问题普遍存在。因此，
笔者认为在本书中，有必要对"计算广告"这一概念进行重新界定。广义
的计算广告包括了所有的前 PC 时代、PC 互联网时代、移动互联网时代
以及即将到来的智能化时代中，所有的以数据和算法为底层技术的广告模
式。而计算广告的核心内涵，本书将其重新定义为：计算广告是以数据为
基础、以算法为手段、以用户为中心的智能营销方式，它在数据的实时高
效计算下，进行用户场景画像，并快速投放、精准匹配及优化用户一系列
需求。

---

　　① 　参见柴林麟：《大数据时代下互联网广告及计算广告学的应用研究》，《信息与电脑（理
论版）》2015 年第 16 期。

　　② 　刘鹏、王超：《计算广告：互联网商业变现的市场与技术》，人民邮电出版社 2015
年版。

　　③ 　刘庆振：《"互联网 +"背景下计算广告技术体系的创新与应用》，《新闻界》2016 年第
2 期。

二、计算广告的本质特征

（一）实时优化性

"实时"是始终贯穿计算广告的特征之一。计算广告 1.0 阶段，广告主对广告位的竞价排名是实时生成的；计算广告 2.0 阶段，程序化购买广告基于实时优化的匹配和竞价实现；计算广告 3.0 阶段，不仅投放前的所有操作具有实时优化性，投放后的监测和广告创意的调整也具有实时优化性。计算实时优化性使在线广告投放的效率远高于传统大众媒体广告，成为大数据时代广告主首选的广告投放策略，例如基于 CPC 发展而来的 OCPC。

百度搜索广告、信息流广告、今日头条智能推荐广告等都是一种新的智能广告投放模式。这类智能平台系统在对消费者数据进行深度挖掘之后，智能实时预估每一次点击的转化率，并在用户场景匹配和竞争环境下智能出价（RTB），强化高转化率流量的获取，弱化低转化率流量的展现，以帮助广告主控制转化成本，提升转化率和投放效率。在这种情况下，动态化的实时优化广告营销策略更能够为不同消费者在不同场景下提供合适的内容、形式和渠道的广告。

（二）智能创意性

刘庆振认为，计算广告概念的出现，提出了广告要实现语境、用户和广告三者精准匹配的核心问题。要解决这个核心问题，需要媒介形式和广告内容以及广告创意的完美配合。①

---

① 参见刘庆振：《计算广告："互联网 +"时代的广告业务流程重构》，《中国广告》2017 年第 6 期。

在广告内容和广告创意方面，计算广告实际上实现了精准营销，符合广告主将广告精准投放给理想的客户的需求，以节约广告预算。随着技术的迭代优化，广告主希望可以针对高度细分的用户投放个性化的、合适的广告创意内容，也就是所谓的程序化创意。① 广告主在线投放广告不仅是希望广告在消费者面前显示出来，更希望消费者能够喜欢自己的广告内容并转化成点击率进而产生购买行为。针对目前追求个性、自我的消费者群体，不仅产品要走向个性化发展的方向，广告创意也需要个性化。程序化创意能够在一定程度上解决计算广告在程序化购买过程中出现的创意枯竭的问题。所谓程序化创意，是指能够将大量的诸如广告大小、尺寸、颜色、字体等广告元素进行动态优化，与用户的需求进行动态匹配而生产的创意内容。程序化创意融合了较多的创意元素，将不同的创意元素进行动态重组，体现了计算广告的智能创意性特征。计算广告的内容不再走大众化的统一路线，而是针对个体用户的画像生产与用户需求高度相关的个性化内容，从而达到广告创意与程序化技术的理想状态。

（三）匹配互动性

计算广告与传统广告的一大区别是计算广告能够高效投放广告。程序化购买利用的是 App 媒体资源中的长尾流量，RTB 平台把闲置的媒体资源提供给各个不同的需求方平台（DSP）进行匹配与竞价，从而将用户参与行为、广告主流量需求、投放媒介三者进行匹配，实现了以用户为中心的互动传播。需求方平台（DSP）在人群定向技术、特定算法技术的帮助下，利用大数据绘制受众的个性化图谱，在相同的广告位为不同受众提供不同的广告，在与用户的交互过程中实现需求与广告信息的精准匹配。

---

① 参见刘庆振:《计算广告:"互联网+"时代的广告业务流程重构》,《中国广告》2017年第6期。

计算广告不仅要根据用户需求和流量进行精准投放，还需要在投放的同时注意广告内容的匹配性。在计算广告的概念中，计算广告会将特定的广告内容投放给特定的目标群体和区域，主要以文字、图片、视频或动态网页几种形式，进行精准投放。这意味着提高广告的点击率、构建良好的广告产业链必须要增强对消费者的了解和提升对于"内容"的建设。只有用户与高相关度的内容进行匹配才能形成良好的互动，达成信息传达的目的。

（四）效果可测性

效果可测性是计算广告的又一个重要特征。传统的广告效果监测是事后的。广告主一般从广告代理公司或第三方调查公司那里，以抽样调查的方式获得广告效果的具体数据。但是这种方式缺乏实时的效果反馈，也受到各种因素的影响，难以获取真实的消费行为数据，只是停留于认知层面。广告主既难以准确地定位目标群体，也难以了解真实性的行为认知消费数据，无法为后续的精准广告决策提供实实在在的数据支撑。在这个阶段，收视率、到达率、千人成本、毛评点、收视点成本、暴露频次等是最主要的评估指标，很难实现品效合一。但以海量数据为基础的计算广告，使动态效果监测成为可能，广告主通过精准的数据分析进行智能决策，也可以利用动态数据进行实时监控，使广告效果的衡量方式更加精确化和精细化。互联网时代的"快"属性使得广告行业需要根据消费者需求转变快速反应，通过实时的效果数据对广告策略和内容进行调整，计算广告和大数据实现了这一点。各类广告效果监测工具收集用户的行为数据，为广告主提供实时的效果数据，使得广告决策更加透明、科学化。此外，从样本数据到整体数据的抓取也使效果数据的准确度有了显著提升。

计算广告的效果可测性基于测量指标而存在。互联网广告具有三类效果测量指标：流量指标、互动指标和转化指标。流量指标是描述广告展现情况和到达情况的一类指标，包括曝光、独立曝光、可见曝光、点击、点击率、页面浏览量、访问量、独立访客等。互动指标描述的是用户的参与深度，包括跳失率、二跳率、访问深度、访问时间、个性化互动指标等。不同转化指标在不同行业的定义差异较大，如销售类转化指标有销售线索、销售量等，而应用类转化指标有下载量、激活、注册、存留率等。

尽管计算广告在效果监测方面还存在流量注水、数据造假等行业问题，在一定程度上影响广告效果的真实性，但是计算广告将品牌与效果连接起来，以品效合一为最终追求对品牌广告和效果广告进一步融合，对于广告策略调整和广告效果最大化具有重要意义。同时，传统广告的效果评估逐渐减少，取而代之的是周期更短、指标更多元的效果监测体系，因此传统市场调研公司的地位也渐渐让位于第三方效果监测公司。

三、计算广告的研究维度

根据本书对计算广告"以数据为基础、以算法为手段、以用户为中心"的定义，本书认为，计算广告追随数字媒体平台变化的路径而变化，数据、算法模型、智能决策是计算广告的三个基本研究的维度，其中数据是计算广告的基础，算法模型是计算广告的工具，智能决策是计算广告的目的。[①]

（一）数据：计算广告的最大驱动力

计算广告以数据为基础，获取数据是计算广告的首要前提。对于数据的重要性，谷歌首席科学家诺维格（Peter Norvig）认为，谷歌没有更好的算法，谷歌有的，只是更多的数据。数据既是企业竞争的关键，亦是当前制

---

① 参见段淳林、杨恒：《数据、模型与决策：计算广告的发展与流变》，《新闻大学》2018年第1期。

约企业发展的瓶颈，数据的深加工和利用成为企业核心竞争力的重要方面。

从极少数据反馈的手工作坊式互联网广告阶段，到数据体量膨胀的社交广告阶段，再到拥有海量大数据的程序化购买阶段，数据获取技术的突破引发了计算广告的一次次流变。从数据来源看，最具价值的数据是企业自主拥有的第一方数据，如 CRM 数据、PC、移动端、线下门店、可穿戴设备等用户接触点直接反馈的数据，其他数据来源还有企业媒介购买与投放广告获得的第二方业务数据以及企业直接购买的第三方数据，计算广告能够获取到的数据途径越来越多样化。

数据是智能决策的基础，也是用户画像的依据。数据不仅是体量的爆发，同时也是数据价值的爆发。传统的广告实践因为缺少数据，广告从业者经验性的个人智慧主导了用户洞察、创意策划、广告投放渠道、广告优化等各个环节，也缺少广告效果数据的反馈，使广告浪费了大量资源。随着大数据技术的普及发展，"大数据 + 广告"逐渐改变了这一模式，广告步入智能化时代。从当前计算广告的实践来看，首先广泛收集用户的行为数据和广告反馈数据，运用云计算的基础设施将用户标签化并深入制作用户画像，在多个广告主竞争同一次广告展示机会时利用数据做出展示决策，再将广告的效果数据反馈给广告操作人员以调整投放策略，已经成为计算广告的基本投放逻辑。数据成为互联网广告组织运作的核心要素，贯穿于互联网广告的全流程，数据的来源、质量和算法决定了广告匹配的效率，也决定了计算广告的交易价值与价格，因此成为计算广告最大的驱动力。[1]

（二）算法模型：计算广告的主要工具

智能算法模型是计算广告的主要工具。计算广告的一切数据均由智能

---

[1] 参见马澈：《关于计算广告的反思——互联网广告产业、学理和公众层面的问题》，《新闻与写作》2017 年第 5 期。.

算法进行处理与优化，算法赋予了计算广告"智能"的基因，因此全链路均涉及广泛的算法工具的运用。智能算法可以寻找到用户兴趣与广告主需求的连接点，间接实现用户与场景的匹配。从文本分析到情感计算，从信息爬虫再到搜索引擎优化，统计模型、分布式系统、机器学习等大量操作型工具被反复利用。智能算法的目的是将符合用户个人特征及所处场景的广告推送给用户，提高广告曝光的准确性与营销效率。计算广告未来在人工智能环境下，提升深度学习能力后，会进行更多的相关性营销、预测性分析。

精准的用户推荐使计算广告实现了从媒体购买向用户购买的巨大转变，而基于算法优化的用户内容推荐需要强大的数据管理平台支持。作为计算广告的中枢神经系统，DMP平台为全产业链提供数据支持服务。DMP平台通过对人群数据进行分类标签整理，寻找相似人群，旨在用数据精准定位用户，使广告投放更具针对性。DMP平台不仅可以为品牌提供有效的用户人群画像、消费者洞察和品牌营销建议，更可以与品牌合作建立独有的品牌DMP平台，从数据处理层面上帮助企业、品牌实现更好的客户关系管理。未来，随着人工智能与机器学习的发展，每个产业都将成为数据驱动的智能产业，每个应用程序都将运用开源算法和机器学习成为智能应用。

（三）智能决策：计算广告的目的

智能决策是计算广告的目的。大众媒体时期，广告投放紧紧依附于大众媒体，广告主从广告市场洞察到广告效果反馈均依靠广告代理公司。囿于传播技术与传播手段的历史局限，这一时期的广告信息传播呈现出单向性、中心性、垄断性等特点，通过粗犷的全渠道传播最大化信息传播的覆盖面。这一时期以"市场调研"为名义的消费者洞察呈现出"千人一面"的局面，广告主既找不到自己的目标用户，也无法获取真实传播效果，无法进行真正精准的传播与广告决策。此时主要的广告效果评估指标是收视率、到达率、千人成本、毛评点、收视点成本、暴露频次等评估指标。[①] 这些数据往往由媒体或代理公司提供，数据采集过程中的主观性以及产业链中的利益博弈使这些广告效果数据的真实性无法保证，且无法再次定向到用户，从而无法实现广告的重复曝光。甚至可以说，大众媒体时期的任何传播路径都毫无差异，均不能准确评估传播路径的真实传播效果。由于在这一传播路径下的广告主无法准确找到目标用户，"精准营销"方面的成果乏善可陈，广告决策居于广告链的后端。

网络的发展改变了中国的整体生态环境，技术的进步重构了广告产业格局。从 PC 互联网时代以来，广告的效果衡量方式更为精细化，多样化的广告主需求使得 CPC（Cost Per Click，每点击成本）、CPM（Cost Per Mile，千人成本费）、CPA（Cost Per Action，每行动成本）、CPT（Cost Per Time，每时间段成本）、CPS（Cost Per Sales，按销售付费）等多种在线广告效果衡量指标出现。广告效果的渐趋精准也使广告主拥有了更为精准集约的广告投放选择，通过大规模的数据利用将广告决策前置，用数据驱动决策成为计算广告的常态。

四、计算广告的发展阶段

互联网技术的每一次变革都带来信息传播方式的变化，从单向线性传播的 Web1.0 到双向互动的 Web2.0 再到智能服务的 Web3.0，数字媒体平台属性不断发生变化。基于数字媒体平台的变化，互联网信息传播机制不断变化，广告作为承载独特使命的信息，与数字媒体平台的属性保持一致的流变路径。

---

① 参见马二伟：《大数据时代广告产业核心业态的变革与重塑》，《现代传播》2016 年第 11 期。

（一）基于人口统计学定向的计算广告

1994 年，美国《热线杂志》（Hotwired ）将 14 则广告图像信息发布到其官网，首开互联网广告的先河。由于这一时期仍处于互联网技术起步阶段，多数互联网广告完全是由传统媒体不加改动搬运至线上，尚不具备互联网广告的基本属性，但已是计算广告的雏形。在 Web1.0 时代，互联网广告有了固定的广告形态与运作机制。

基于人口统计学定向的早期计算广告存在于以 HTML 网页为标志的数字媒体平台。在这一平台上，传播者通过网页发布信息，接受者通过浏览器读取信息，企业通过数字媒体平台向消费者单向传播信息。在营销传播活动中，数字媒体主要是大众媒体的辅助媒体，品牌传播方式主要是网页广告。用户获取信息的主要途径是通过门户网站和搜索引擎获得网站地址或链接，进而通过网站地址或链接访问网页，获取信息。其获取信息的路径是"用户—门户网站 / 搜索引擎—网页—版块"，即使用户行为具有一定的主动性，但数字媒体平台的单向性、中心性、静止性使用户处于完全被动状态。

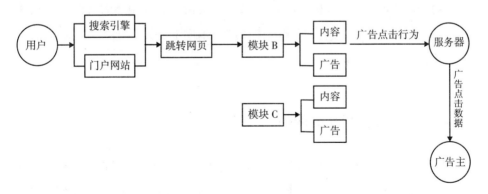

图 4-1　基于人口统计学定向的计算广告传播模型

尽管这一阶段已经出现了较为早期的 BBS 和博客等信息互动平台，但是在社会化网络还没有形成之前，这些平台并没有对这一模式产生太大的冲击。这种单向模式是一种内容导向模式，由于传播内容缺乏互动性，传播信息成为一种纯粹的信息内容，内容的分类和风格是传播者的思考重心，整合信息是主要的内容生产机制。这种模式催生了一大批综合门户网站与搜索引擎的诞生，如早期的新浪、百度、搜狐和网易等。这些门户网站与搜索引擎通过简单的用户人口统计学属性分类按需生产对应内容，进而填充不同版块以实现内容差异化，网站不同版块可以进行不同用户的导航，但在同一导航路径下所有用户收到的均为相同的资讯与广告，不具备精准属性。在这一模式下，广告根据自身分类定向投放到不同兴趣板块，点击相应板块内容的用户成为广告"精准"曝光的对象，导航网站成为广告最主要的流量入口。

这一时期互联网广告数据数量较小且多为用户基本属性数据，由于没有大数据技术的支持，数据的存储与处理困难，数据几无商业应用的价值。由于数据存量小且种类单一，这一时期的算法模型也相对简单，未应用到广告的全流程，仅在链路末端对用户点击行为进行数据搜集与反馈，无法通过算法优化广告内容与用户兴趣的匹配程度，用户与广告保持着相对隔绝状态而缺少互动。广告效果以广告响应即点击量作为单一指标衡量广告传播效果，CPC（Cost Per Click，按点击结算）与 CPM（Cost Per Mile，按展示收费）是广告传播效果的衡量指标，广告主的广告决策与大众媒体时代的盲目投放并无本质不同。因此，这一时期的计算广告本质上是差异化广告内容引起的聚众传播。

（二）基于用户标签定向的计算广告

Web2.0 时代开启了数字媒体传播平台的巨变，社交属性颠覆了单向中心线性传播的 Web1.0 数字媒体平台，以微博、SNS、Wiki、博客等社会化媒体为标志的数字媒体平台也使计算广告应运而变进入社交时代。在此类社交平台上，用户成为自媒体，既是信息接受者也是传播者，他们参与信息内容的生产环节，并对来自社会化媒体的信息（包括资讯新闻、视频、图像、音频）进行评价、转发，成为信息的产销者；企业通过娱乐为先、创意至上的策略与用户进行互动,促进用户分享扩散;网络媒体则整合用户生产和传播的信息。这种模式使用户主动参与到信息传播过程中,其与品牌信息接触的主要路径是"用户—社会化网络—用户",用户处于主动的地位。在营销传播活动中数字媒体发挥互动的优势,与大众媒体相辅相成。

用户在社会化媒体平台上,通过自身的关注、转发、评论、点赞、收藏等社交行为逐步建立起自身的兴趣标签,并以相同或趋近的兴趣标签建立起以兴趣或价值观为核心纽带的兴趣社群,如豆瓣小组、百度贴吧等。庞大的用户属性数据与用户社交行为数据使这一时期的计算广告拥有了定向分析用户喜好的能力,广告主可以运用特定标签实现特定用户群体的定向,并进行用户群体分析,社交媒体的价值逐渐凸显出来。

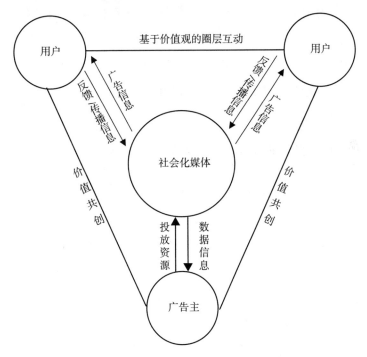

图 4-2 基于用户标签定向的计算广告传播模型

这一时期,广告的核心是智能算法推荐下的多维互动。这种互动不仅包括品牌与用户之间的互动,还包括不同用户群体间的互动,以形成用户互动体验的差异化。一方面，用户的转发评论等行为带有强烈的个性色彩，广告主可以从用户的社交行为中获取其主动的广告反馈；另一方面，在兴趣驱动的广场型社交媒体中，广告信息能够引发快速的聚合关注，用户主动的社交分享能够促成广告信息的二次传播，在用户所属兴趣圈层的推动下，广告信息的内涵越来越多样化，最终引起广告的裂变式病毒传播。

在广告效果上，社交时代的计算广告以用户行为和态度为评价重心，综合不同群体的互动效果，对广告效果进行谱系化衡量，最大化社交网络的营销力，实现从社交势能到商业价值的转化。点击率、转发量、评论量和用户黏度等成为计算广告传播效果的评估指标。但由于这些指标衡量的模糊性以及缺乏统一衡量标准，社交时代的计算广告难以准确计算其广告传播效果，也影响了广告主对社交网络广告投放的判断，使广告主更倾向于保守的投放策略。因此，此阶段的计算广告仅具有消费群体细分化的多维互动传播意义，还不足以支撑广告主实现广告计划的智能决策。

（三）基于数据导航定向的计算广告

随着互联网的全面移动化以及大数据、传感器、移动支付技术的迅速发展，计算广告迎来革命性变化，进入以大数据驱动的阶段。大数据对用户行为的准确分析，是智能服务的前提；传感器技术是物联网技术的基础，能够实现物品与物品、人与物品、人与人之间的互联互动；移动支付则使交易行为与信息传播过程结合在一起。信息传播平台向移动智能服务平台的转变，彻底颠覆了传统的信息传播模式，表现在广告信息传播之中，程序化购买成为当前计算广告的典型应用与表现形式。

程序化购买由数据驱动，以数据支撑。移动互联网时代，各类手机应用的用户规模不断上升，场景更加丰富，移动端汇集了大量形形色色的用户数据。在程序化购买四大主要平台 DSP、SSP、DMP、ADX 中，DMP 作为计算广告的中枢神经系统，对人群数据进行分类标签整理及相似人群寻找等，旨在通过数据处理精准定位用户，使广告投放更具针对性。通过对用户基本属性、地理位置、终端属性、渠道属性、行为属性、价值属性、兴趣属性等多维度属性的聚焦，目标用户的形象被清晰勾勒和抽象集成概括，复原用户在真实生活场景中的生活轨迹，为用户贴标签，实现用户信息与用户需求的可视化。通过海量的用户结构化与非结构化数据的获取，计算广告可以依据数据标签导航追踪用户行为。

移动互联网的本质，即与用户的情境关联和生活贴近，一切需求都来自对人的需求的开发与满足，而一切需求的满足都有赖于智能算法的智能匹配与优化。[1] 除相似性计算、主题分析等算法工具的广泛运用外，计算广告还通过聚合用户线上与线下数据，将用户的线上行为与线下轨迹相结合，对用户进行多维度的分析，深度了解用户来源与用户需求。随着人工智能技术的发展，计算广告的算法系统也不断升级，情感转化模型成为重要的算法模型。情感转化模型以人工智能技术捕捉用户情绪并通过智能算法将适合用户当前情绪的广告匹配至用户，与用户形成情感层面的互动转化。

大数据时代的计算广告也改变了广告决策路径，带动了广告产业链的全链路变革。数据驱动着广告的各个环节，包括从前端确定广告运动的对象、广告创意的洞察、广告内容的制作，及后端广告的精准投放、广告效果的实时监测、广告投放的即时优化等，大数据彻底颠覆了传统经验性的广告实践，数据贯穿于广告运动的全过程。[2] 广告效果分析从广告活动的后端前置，不仅能做到广告效果数据的即时反馈，而且能利用历史数据进行广告投放前的效果预测。即时的数据反馈使广告投放有了实时调整的能力，广告计

---

① 参见倪宁、董俊祺：《重新定义广告——从戛纳国际创意节主题的演变说起》，《国际新闻界》2015 年第 8 期。

② 参见姚曦、李斐飞：《精准·互动——数字传播时代广告公司业务模式的重构》，《新闻大学》2017 年第 1 期。

划在不断优化中获得点击率与转发率的持续提升，进入下一轮广告活动中，形成完整的营销闭环，实现了广告产业链的自动化。广告主摆脱了对广告代理公司的依赖，直接面对目标消费者，从广告开始投放到广告效果监测评估都拥有绝对的自主权，形成了从需求到效果的营销闭环，广告进入智能决策新阶段。

五、计算广告的实现路径

技术应用的逻辑在解决问题的过程中不断向前发展。因此，技术的实现与普及是一个逐渐商业化的过程。由于计算广告的技术色彩浓厚，因此在现阶段应用过程中面临着"神秘化"的问题，部分广告主对技术驱动的广告产业变革接受程度不高。其实，作为计算广告典型应用的程序化购买，DSP、SSP、DMP、ADX 四大平台只是广告竞价流程的内部架构，广告主并不直接参与平台间的信息流通与拍卖过程，只需利用 DSP 平台自主地进行广告投放，亦可以在 DSP 平台直观地获取广告效果反馈报表。计算广告时代的广告主通过 DSP 平台直接面对用户，按需选择交易模式后，按照定向用户、匹配用户、效果监测与实时优化的路径，实现广告需求与广告效果的直接匹配。

（一）竞价类型的选择：RTB 与 Non-RTB

1. RTB 与 Non-RTB 的区分

RTB（Real Time Bidding）实时竞价，是一种利用第三方技术在数以百万计的网站上针对每一个用户展示行为进行评估以及出价的竞价技术。与大量购买投放频次不同，实时竞价规避了无效的受众到达，针对有意义的用户进行购买。它的核心是 DSP 平台（需求方平台），RTB 对于媒体来说，可以带来更多的广告销量、实现销售过程自动化及减低各项费用的支出。而对于广告商和代理公司来说，最直接的好处就是提高了效果与投资回报率。

所谓的 Non-RTB 是相对于 RTB 这种实时的广告交易方式的概念，即广告产品的远期交割。这样的交易方式类似于期货市场，交易双方不必在买卖发生的初期就交收实货，而是共同约定在未来的某一时候完成交收，只不过这里的"实货"指的是未来的广告位或者流量。①

2. 计算广告竞价类型的选择

广告主的广告需求复杂多样，除了短期直接的效果提升，长远的品牌形象的提升也是广告主所期待的。计算广告多种媒介策略的灵活运用能最大化满足广告主的广告需求，既能实现品牌广告或效果广告的不同侧重，也能实现品效合一的融合连接。品牌广告与效果广告是广告行业根据广告主不同的活动目标而区分业务类型的方式。品牌广告的投放重心是品牌宣传，提升用户对品牌的认知度，树立品牌形象，增强用户对品牌的好感度，维系品牌与消费者之间的良好关系。效果广告的投放重心是直接效果，实现价值转化，如注册、下载、购买等行为，以追求短期效益最大化为直接目标，通过精准的用户定向实现销售增长与利润提升。虽有概念上的分野，但在计算广告时代，两种广告形式间的界限逐步打通，品牌广告与效果广告构成新常态下驱动品牌健康发展的合力，同一广告既可以优化效果又可以提升品牌。在计算广告中，广告主的广告需求是广告活动的出发点，广告主根据不同的投放目的，如品牌广告、效果广告、品效广告，选择相应的竞价类型与对应的不同 DSP 平台。

---

① 参见纪佳鹏：《广告"期货市场"雏形初现技术和机制待完善》，见 http://www.adex-changer.cn/tech-company/adexchange/8007.html。

表 4-1　计算广告竞价类型

	完全智能化程序化购买	优选程序化购买	半智能化程序化购买
投放目的	效果类广告	品牌类广告	品效类广告
交易形成	RTB	Non-RTB	PMP/PDB
准入机制	公开	授权	授权
媒体资源	长尾流量公共资源池	特定媒体特定资源	集中高质量媒体
资源量保证	保证	不保证	保证
成交价格	低	高	较高
核心竞争力	高投资回报比	保证媒体品质	凸显品牌影响力

（二）用户的定向与匹配

1.定向用户：DMP 用户数据标签化

在传统的广告活动中，广告主委托广告公司或第三方代理公司通过前期市场调查以确定自身的定位与目标用户，然后集中购买相应的媒体资源投放广告，本质上是对媒体位置的购买。传统广告投放的最大问题，便是广告主无法在大众媒体环境下准确找到自己的目标用户，因此也无法做到与目标用户的深入沟通以提升广告效果。而计算广告带来的最大改变，便是使广告主从传统粗犷的媒体资源购买转变为精细化购买目标用户，广告主的关注点不再聚焦于具体的广告曝光位置，而是广告是否能够精准曝光给目标用户。

计算广告在选择 DSP 平台之后，首先要在广告投放 DSP 平台选择 DMP 中的用户标签，确定广告活动目标用户的基本属性，提升广告投放的精准性与相关性。作为计算广告的中枢神经系统，DMP 对人群数据进行分类标签整理及相似人群寻找等旨在精准定位用户的数据处理，使广告投放更具针对性。通过对用户基本属性、地理位置、终端属性、渠道属性、行为属性、价值属性、兴趣属性等多维度属性的限制，目标用户的形象被清晰勾勒和抽象集成概括，从而复原用户在真实生活场景中的生活轨迹，为用户贴标签，实现用户信息与用户需求的可视化。

基于机器学习的个性化智能推荐算法根据用户兴趣实现千人千面的智能资讯分发，能够满足用户个性化阅读的需求。DMP 平台平均每日接受 60 亿次请求、200 亿条训练样本的用户大数据积累，DMP 平台已经产生了 220 万的兴趣标签来定义用户。如在人群定向上，其程序化购买的常用标签有用户属性（地域、商圈、性别、年龄）、用户行为（兴趣分类、关键词、App 行为定向、过滤已转化用户）、终端（网络、操作系统、运营商、手机品牌）等多个维度的标签。精准的目标用户定向大幅削减了广告主的广告预算，同时也能获得较高的转化率，灵活设置广告曝光于同一用户的次数，降低了广告成本的同时提高了广告投放效率。

2. 匹配用户：DSP 确定参与竞价

在 DMP 平台进行用户流量数据的匹配识别后，广告主通过 DSP 平台将自身广告投放需求（投放媒体、投放形式、投放价格、投放起止点、投放素材等）与用户流量进行匹配，以确定是否参与本次广告竞价。当用户流量属性满足广告主广告需求，即该用户流量符合事先预设的所有用户定向标签且出价最高时，DSP 需求方广告主与 SSP 供给方在 ADX 交易平台完成此次竞价，广告主即获得此次广告展示机会，广告主的广告素材将在用户打开此标签页时实时曝光给目标用户，看似繁琐的流程全部自动完成于用户打开标签页的 30 毫秒以内，竞价效率相比传统的人力采买大大提高。

移动互联网的本质即与用户的生活情境关联，一切需求都来自对人的需求的开发与满足。计算广告的本质特征，就是实现用户、广告与场景的匹配，即基于用户洞察的身份匹配、基于内容分析的意义匹配、基于场景建构的情境匹配，从而构建多样的广告场景吸引用户，使用户积极参与互动、主动分享信息，参与到品牌的价值共创中，实现由特定用户、特定时间与特定空间所组成的场景画面的和谐统一。移动互联网时代的广告，解决形形色色的场景需求，联系形形色色的人。

用户与场景的匹配并不是简单的基于用户标签的匹配，而是对用户与用户所处环境的深刻洞察。除相似性计算、主题分析等匹配手段外，计算广告聚合用户线上与线下数据，将用户的线上行为与线下轨迹相结合，对用户进行多维度的分析，深度了解用户来源与用户需求。同时移动互联网时代的营销传播具备了提升精确性的更大可能空间，精准判断用户所处的语义环境和生活场景，让对的广告找到对的人，提高广告转化率。

（三）效果监测：广告效果持续优化

1.传统广告效果监测：事后监测

好的广告效果是广告的终极目标，也是广告主永恒的价值主张，但同时又是传统广告最难以衡量的环节。传统的广告效果监测是一种事后监测，广告主一般从广告代理公司或委托第三方调查公司获取广告效果，缺乏即时的效果反馈与灵活的应对措施，广告效果具有延迟性、间接性、累积性，使这一时期的效果监测有亡羊补牢之感。

2.计算广告效果监测：持续优化

在计算广告的路径下，广告效果分析从广告活动的后端前置，不仅能做到即时的广告效果数据反馈，而且能利用历史数据进行广告投放前的效果预测。设置一条广告计划的投放人群、投放时间、投放价格范围后，DMP平台实时将曝光情况通过报表等形式反馈给广告主，广告主根据广告的点击、转化等情况获取用户与广告互动卷入度水平，随时调整广告投放策略，不断优化反馈效果好的广告计划，如进行定向人群的调整、广告曝光时段调整、词包调整、文案调整等；而将效果不佳的广告计划暂停，进行分析后决定是调整广告内容再继续投放或是删除广告计划。实时的数据反馈使广告投放有了实时调整的能力，广告计划在不断优化中获得点击率与转化率的不断提升，进入下一轮广告活动中，形成完整的营销闭环。

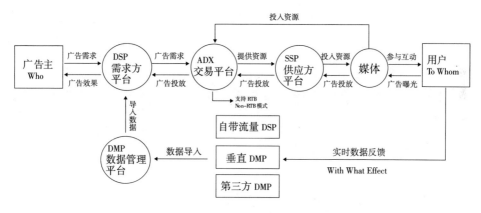

图4-3　计算广告实现路径

　　广告作为传播活动的一种，其传播主体、传播对象、广告内容、传播效果以及曝光渠道始终深受媒介环境的影响。从以上路径图可以看出，移动互联网时代的广告交易与信息传播的最大特点便是颠覆了大众媒体时代的单向传播的"5W"模式，计算广告的所有环节都基于数据的分析与获取，从单向线性结构转变成了系统循环结构。在DMP数据管理平台的驱动下，"5W"的各环节均被智能化，即智能化选择广告主（who）、智能化调整广告内容（says what）、智能化媒介投放（in which channel）、智能化的消费者细分与精准营销（to whom）、智能化监测与反馈（with what effect）。在此智能化变革背景下，广告传播被提升到新的层次，传播天然地被赋予了精准的基因，广告成本控制与广告优化提升并行不悖地合二为一，广告需求与广告效果实现了一定程度上的匹配与平衡。

◆ 案 例 ◆

Michael Kors 案例

【营销背景】

Michael Kors 是美国的知名轻奢品牌，在世界各地的各大知名购物商城中都有门店。但是，直到 2016 年，Michael Kors 的电商和电子营销范围都只局限于美国地区。因此，Michael Kors 决定在大西洋彼岸的欧洲发布当地的一系列电商网站。

【营销目标】

1. 通过计算广告达到当地的用户转化。广告的创意要契合并突出品牌形象，并展示多个版本的广告创意内容。

2. 在 6 个核心市场的电商网站投放广告，旨在欧洲建立明确的品牌形象。Michael Kors 决定在 6 个市场投放不间断的重定向营销。与此同时，配合几大销售旺季（黑色星期五、疯狂星期一等）。

3. Michael Kors 不仅要保留其鲜明的品牌形象，并且要达到高效的营销成效。

【营销执行】

2016 年末，Michael Kors 开展了与 iProspect 和 Sociomantic Labs 的合作，对其欧洲的电子商务网站进行营销推广，涉及国家包括：英国、意大利、西班牙和德国。

1. 实时竞价和直接购买

Michael Kors 与德国程序化展示广告技术公司 Sociomantic Labs 合作，采用实时竞价和程序化直接购买的方法结合，进行广告投放。Sociomantic 的自有实时竞价工具，能通过分析用户信息来决定投放广告最佳位置和最佳竞价，因此，Michael Kors 可以达到每一个广告位的付费都经过了优化和效益最大化。这些数据帮助 Michael Kors 了解哪些人群是易于转化，以及他们的网络活跃范围。Sociomantic 的引擎能根据信息来决定给怎样的人群在什么时候进行什么竞价。

同时，Sociomantic 的直接购买交易使得 Michael Kors 能拥有优质的广告展示资源。这些都使得 Michael Kors 能在优质网站上得到高效曝光，这对于新网站投放十分重要。

2.动态创意优化

动态创意优化（Dynamic Creative Optimisation），也称 DCO。

对于实时竞价每一个拍卖成功的广告位，Sociomantic 都会使用 DCO 针对相应的用户进行个性化横幅的设计，完成时间仅仅几毫秒。因为时尚的选择往往非常主观和个性化，因此这种动态横幅设计 DCO 有效地结合了 Michael Kors 自身的数据和 Sociomantic 机器学习的能力，来制作私人化的符合用户品味和购买需求的产品信息，从而也大大提高了转化可能性。DCO 确保了售完的商品不会出现。在年末几大购物季中，如黑色星期五（欧洲），DOC 对于商品促销的优化展示起了很大作用。

3.个性化的广告频率上限

Sociomantic 采用了广告频率上限，来保护 Michael Kors 的品牌形象，有效地限定每个用户在一段时间内看到的广告频率。Sociomantic 能采用追踪技术在整体的广告资源中找到用户的网络痕迹，以计算最佳的投放广告次数。广告上限除了能够减轻用户的广告疲劳，建立良好的用户体验之外，还能高效的将品牌的预算用到触及最高价值的用户上。与 Sociomantic 建立独家合作关系之后，没有其他的代理机构的广告，Michael Kors 能更有效地管理品牌形象和投放效率。

4.HTML5 广告投放于多种设备

HTML5 制作的个性化动态广告同时适用于 PC 以及移动端的广告库存。Michael Kors 投资了大量金钱与时间在建立当地电商网站上。因此，从商业角度来说，Michael Kors 了解其营销策略必须产生高效的 ROI，达到实际的效果，即转化率。使用计算广告方式，Michael Kors 能够使用相对硬性的 KPI 准确的评估广告效果。

总体而言，这次 Michael Kors 与 Sociomantic 的合作，不论是在形式上还是在内容创意上，都使用了计算广告。在 2017 年，该营销案例还入选了 PMA 最高效程序化营销大奖。

本章习题思考

1. 计算广告与程序化广告有什么区别？

2. 计算广告的本质特征是什么？

3. 计算广告的研究维度有哪些？

第五章　计算广告的基础：DMP 数据平台

一、计算广告的 DMP 数据平台

（一）大数据与 DMP 数据平台

计算广告以数据为基础，获取数据是计算广告的首要前提。[①] 大数据时代，数据的"大"体现在其样本容量层面。当广告主面临海量用户数据时，如何锁定更精准的用户群使广告投放更具针对性、如何利用大数据支持跨媒体投放、如何有效挖掘品牌 CRM（客户关系管理）的数据价值，成为广告主亟须解决的问题。可以说，大样本容量为挖掘数据带来更大参考价值，但同时也成为计算广告的一大挑战。因此，DMP（Data Management Platform）数据管理平台的发展正是顺应了计算广告的挖掘需求，它通过整合不同的数据来源，帮助广告与用户的需求进行更加精准的对接。

DMP 数据管理平台，是将分散的多方数据进行整合，集成到统一的技术平台，并对这些数据进行标准化和细分，以便用户将这些细分结果推向现有的交互式营销环境的平台中。随着计算广告对数据管理的要求越来越高，由此出现的专门为广告的需求方、供给方服务的数据管理平台，通过海量、

---

① 参见段淳林、杨恒：《数据、模型与决策：计算广告的发展与流变》，《新闻大学》2018年第 1 期。

精准、灵活的数据采集和分析，为企业决策带来了完整的战略支持。一方面，它引导广告商以更智能的方式做有效决策；另一方面，它为计算广告的程序化购买提供了数据支撑，使内容与用户相匹配。在程序化购买系统中，DMP 在接收到数据需求侧消息后，根据用户的历史画像和即时画像数据为 DSP（广告需求方平台）决策提供参考。

（二）DMP 数据管理平台的功能

权威调研机构 Forrester Research 对 DMP 功能的描述是：通过构建标准化的技术平台并整合第一、二、三方数据，将细分化数据与现有渠道进行交互，从而帮助每个数据拥有者或者数据交易方进行内部数据管理、提供对外数据接口和服务是 DMP 的主要任务。它是整个广告业的基石，也是广告交易系统中的关键部分。美国互联网广告局（IAB）和 Winterberry 集团曾对 DMP 的价值作用进行过调查，结果表明，DMP 的三大价值主要表现为为广告市场提供数据集成、市场细分和用户分析，其作用比重分别占到 85%、79%、73%。从产业应用层面看，DMP 通过与媒体合作分割网站的用户数据、为广告主提供数据服务、为广告定向人群定向标签，将其功能价值覆盖整个广告产业链。

在程序化购买四大主要平台 DSP、SSP、DMP、ADX 中，DMP 作为计算广告的中枢神经系统，为整个产业链提供数据支持服务。作为数据处理平台，DMP 通过整合管理各方数据，对人群数据进行分类标签整理，进行精准定位用户的数据处理，使广告投放更具针对性；在广告媒体组合投放方面，DMP 平台通过对用户 cookie 的记录形成 cookiemap，从而清楚了解用户交叉媒体使用行为有助于为不同媒体提供更准确和有效的组合；在客户关系管理方面，DMP 平台可以提供有效品牌用户的人群画像、消费者洞察以及品牌营销建议。此外，还可以与品牌合作建立独有的品牌 DMP，从数据处理上帮助企业与品牌实现更好的客户关系管理。

二、用户画像的定义与步骤

（一）用户画像的定义

在不同的应用场景，用户所呈现出的状态有所不同。作为当今地球生物中最为复杂的有机体，人类较难被进行描述与刻画。经过互联网行业的研究与总结，用户画像有了较为准确的定义：用户画像又称用户角色（Persona），作为一种勾画目标用户、联系用户诉求与设计方向的有效工具，用户画像在各领域得到了广泛的应用。[①] 其定义主要基于实际应用，体现了用户画像的实际用途，有着具象化的特点。

从另一个定义出发，用户画像（User Profile）完美地抽象出了一个用户的信息全貌，可以看作是企业应用大数据的基本。[②] 如若用一句话来描述，即：用户信息标签化。其定义从抽象角度出发，更好地解释了用户画像的定义即用户信息的全貌，具有广义性与抽象性。

对比以上两种定义可以得知，从广义与抽象的层面概括其概念，用户画像是反映了用户信息全貌的一个标签集合；从狭义与用途的层面来看，用户画像是勾画、连接、应用的一个实体，反映其在现实中的存在形式。而从统计学角度出发，并基于相关资料，本书对用户画像的定义表述为：用户画像是对现实世界中用户的数学建模，标签是某一种用户特征的符号表示，用户画像可以用标签的集合来表示。将用户画像推广到数学领域，则标签是特征空间中的维度，用户画像是特征空间中的稀疏向量。例如，如果标签全集为 {A，B，C，D，E，F}，用户画像为 {C，E，F}，则数学意义上的标签

---

① 参见王晓霞、刘静沙、许丹丹：《运营商大数据用户画像实践》，《电信科学》2018 年第 5 期。

② 参见崔琳：《基于客户画像的数据挖掘技术在 CRM 中的应用》，硕士学位论文，东华大学，2015 年，第 21 页。

全集等价于特征空间 {A×B×C×D×E×F}，用户画像等价于 {0，0，1，0，1，1} 的稀疏向量。

这一理论认为用户画像应包含如下的几个方面：目标、方式、标准与验证。目标，指的是描述人、认识人、了解人、理解人；方式，分为形式化手段与非形式化手段，其中形式化手段指使用数据的方式来刻画人物的画像，非形式化手段则指使用文字、语言、图像、视频等方式描述人；标准，指使用常识、共识、知识体系的渐进过程来刻画人物、认识了解用户；验证，指用户画像应该来源事实、经得起推理和检验。

（二）用户画像的标签体系

用户画像的定义表明，用户画像是由一个标签集合构成的，用户画像是标签体系所构成的特征空间中的向量特征。其中，标签体系是一个层级目录，每一级都是对空间的一个划分。比如，一级目录是对整个用户画像所构成的特征空间的一个划分，其从具体业务出发，将用户画像的特征空间划分为人口属性、资产特征、营销特征、兴趣爱好、购物偏好和需求特征。而每一个一级特征又具体细分为二级标签和三级标签、四级标签。

传统用户画像数据来源单一，仅仅来自业务系统、事件系统、关系信息等，多类信息缺失或不全，难以形成准确、全面的用户画像。而在大数据时代下，我们能获取到的数据维度更广、信息更全面，加之移动互联网、物联网的快速发展，更是拓宽了数据信息的获取渠道。基于此，我们可以对用户构建一个 360 度全方位的用户画像，包括用户的基本信息、用户产品信息、用户事件信息等维度。而且，不仅人可以成为用户，一个企业、一个事物也可以被刻画。因此，通过对一个个不同的事物进行用户信息刻画，再通过统计指标，我们可以很好地将其进行关联与匹配。从而，在用户画像的基础上衍生出推荐系统、物联系统、精准营销系统、广告推送系统等一系列系统，依照客户需求，形成提供完美服务的体系结构。此外，用户画像和由此衍生出的一系列系统可以做到互相补充，基于用户信息推荐以及推荐内容的用户反馈，进一步完善和丰富用户的信息。可以说，用户画像不仅是对用户的潜在研究，而且是对用户的持续性研究与实时研究。如果说用户是企业的生命线，那么用户画像研究就是企业整个经营路上贯穿始终、必不可少的部分。

随着业务的需求增长以及获取和挖掘数据的能力的提升，可以不断改进和纠正用户信息刻画的维度，并且也更为准确。用户画像主要来源于标签的描述与刻画，因此，构建合理准确的标签体系就显得十分重要。从原始数据到最终的业务标签，从数据清洗到数据挖掘与机器学习，在这个过程中，建模方法能做到理解人、了解人，并且从中得到归纳。

标签体系的建立，在某种程度上需要人工的汇总与概括，人们有必要将数据和业务信息结合，进行有目的性的总体概述。因此，完善标签体系的基本构成，使标签体系满足一定的制定规范，显得十分的重要。一般来说，大数据背景下的用户画像标签体系可以分为结构化、半结构化和非结构化三种，每一种标签体系的建构都有不同的逻辑方法和规则。

1.结构化标签体系

结构化标签体系，是将标签组织成比较规整的树或森林，有明确的层级划分和父子关系。结构化标签体系呈现效果清晰明了，便于解释，尤其是应用在用户画像标签体系搭建时，可以减少与品牌主及其他利益相关者沟通上的障碍，提高工作效率，优化工作流程。性别、年龄、学历等这类人口属性标签，是最典型的结构化体系。

当然，除了人口属性标签，实践过程中还会设计很多非人口属性标签，然而这类标签数据的获取和验证存在很大困难，同时这些标签从原理上来说是无法监测的，如个人爱好、心理偏好等。虽然如今的机器算法能在一定程度上对此进行识别甚至预测，但终究还是无法通过机器学习和计算完全模仿人类思维。

2.半结构化标签体系

在实施效果广告时，标签设计的灵活性大大提高，标签体系的规则性有所降低，但这并不意味着要抛弃规则性，而是要在规则性与灵活性平衡统一的基础上，构建更加符合品牌主价值追求和广告效果最优以及匹配用户情感和利益需求的用户画像标签体系，我们将之称为半结构化标签体系。在这种思路下，用户标签往往在行业上呈现出一定的并列体系，而各行业内的标签设计则以实际利益为最高指导原则，且不可拘泥于形式。

当然，如果半结构化标签体系太过混乱，在实际使用和运作阶段将变得困难重重。因此，实践中往往还需要对一定程度的结构化作出妥协，规则性优于灵活性，因为广告投放逻辑是由广告主决策、由机器执行的。

3.非结构化标签体系

通过对前两个标签体系的解读，非结构化标签体系的含义便显而易见，设计者选取的标签可以是根据其想要达到的联系逻辑所选择的，也可以是选择一些之间毫无联系的标签。这些标签可以反映各自的用户兴趣，彼此之间可以并无层级关系，也就没有必要组织成规整的树状结构。非结构化标签的典型例子，是搜索广告中推荐使用的关键词。

半结构化标签体系在实际操作上较为困难，而非结构化标签体系却能够盛行。这主要是因为搜索广告占据了重要的市场地位，围绕这一广告营销模式的关键词选择和优化，已经形成了一套成熟的认识论和方法论。深入研究某个具体行业的用户决策过程，把目光聚焦到当前研究的具体行业上来，探索垂直领域用户的决策行为和其背后的逻辑，这种务实而精准的思维是非结构化标签体系受到欢迎的重要原因。

（三）用户画像标签层级结构

1.基本层级结构

一个完整且逻辑严谨、具有真正效用价值的用户画像标签体系应该具有如下的逻辑结构，这是一种层级结构。

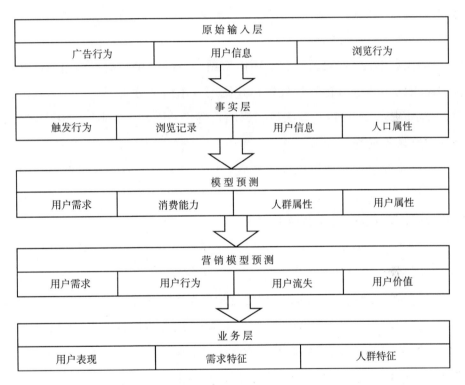

图 5-1　具有真正效用价值的用户画像标签体系的逻辑结构

（1）原始输入层。主要指用户的历史数据信息，如个人信息、位置信息、浏览行为信息、广告点击行为信息等。在获取原始数据后，对结构化数据进行处理、清洗、匹配，从而到达描述用户信息的事实层。

（2）事实层。事实层是对用户信息的准确描述层，其最重要的特点是可以从用户身上得到确实与肯定的验证，比如用户人口属性，包括性别、年龄、籍贯等；用户个人信息，如婚姻、学历等。这些信息都是具体的，是可以得到验证与检验的信息。

（3）模型预测。通过统计建模、数据挖掘、机器学习的思想，分析事实层的数据，从而获得描述用户更为深层与能体现特征的信息。例如，通过建模分析，可以预测用户的性别偏好，从而测算没有收集到的新用户性别，或者发现一个人的性别倾向，从而发现其潜在的商业价值；还可以通过建模与数据挖掘，使用聚类、关联的思想，来发现人群的聚集特征，并探索其用户基本需求与当前的需求。

（4）营销模型预测。通过利用模型预测层的结果，对不同用户群体中相同需求的客户进行标签化处理，并使用营销模型分析影响用户需求的因素，如活跃度、忠诚度、流失度、影响力等，从而利于企业开发用户产品，提升用户服务质量。

（5）业务层。业务层也可以是展现层，或者反馈层，这是业务逻辑的直接体现，本书认为可以将其放到现实或业务中进行检验，最终又可以作为原始数据，开展进一步的提炼和挖掘。

2. 层级模型建构方法

用户画像标签建立的各个阶段的使用模型和算法如下：

原始数据层。对原始数据，我们主要使用文本挖掘的算法进行分析，如常见的 TF-IDF、Topic Model 主题模型、LDA 等算法，主要是对原始数据进行预处理和清洗，对用户数据进行匹配和标识。

事实标签层。通过文本挖掘的方法，我们从数据中尽可能多地提取事实数据信息，如人口属性信息、用户行为信息、消费信息等。其主要使用的算法是分类和聚类。其中，分类主要用于预测新用户和信息不全的用户信息，对用户进行预测分类。聚类主要用于分析挖掘出具有相同特征的群体信息，进行受众细分、市场细分等。对于文本的特征数据，其主要使用相似度计算，如余弦夹角、欧式距离等。

模型标签层。将机器学习方法与推荐算法结合使用。模型标签层完成对用户的标签建模与用户标识，其主要可以采用的算法有回归、决策树、支持向量机等。通过建模分析，我们可以进一步挖掘出用户的群体特征和个性权重特征，从而完善用户的价值衡量、服务满意度衡量等。

预测层。也是标签体系中的营销模型预测层。该层级利用预测算法，例如机器学习中的监督学习、计量经济学中的回归预测以及数学中的线性规划等方法，完成对用户的流失预测、忠实度预测、兴趣程度预测等，从而实现精准营销，提供个性化和定制化服务。

业务层。相对于用户标签层的逻辑构成，业务层没有涉及过多的建模方法。该层级主要是展示数据和反馈数据给我们的历史数据，从而建立大数据背景下的标签，不仅适应海量数据，还能适应动态数据和实时数据。

（四）用户画像的构建步骤

构建用户画像主要分为四个步骤：数据收集解读、数据目标分析、数据建模、数据应用。通过四个步骤对大量数据进行相应的处理，得到清晰的数据轮廓，即用户画像。

数据收集是将收集到的大量基础数据包括网络行为数据、服务内行为数据、用户内容偏好数据、用户交易数据等进行分类，当确立了画像的方向，即确定了需要的数据信息和力度，比如客户的详细消费信息，客户下单的时间、客单价、商品信息、商品促销信息等，客户画像的数据要做真实，可关联应用；存在一定的周期可供偏好类模型构建。

数据目标分析是企业希望通过数据分析达到什么样的效果，在明确目标和用户行为的前提下，根据数据中反映的用户比例、资产状况、行业占比、年龄趋势等信息，进行数据解读，得出一些关键性结论，最终为每个用户打上标签。

数据建模是在数据收集和分析的基础上实现的，将有用的数据编入一定的算法程序，对用户画像进行数据建模，结合客户实际需求，找出相关的数据实体，以数据实体为中心规约数据维度类型和关联关系，形成符合客户实际情况的建模体系。

数据应用应针对不同角色人员的需求设计各角色人员在用户画像工具中的使用功能和应用、操作流程，如市场、销售、研发等。

三、计算广告的算法模型介绍

随着互联网时代的发展，网络信息量巨大，如何在网络中进行精准的广告投放，实现网络广告的高回报率，已成为信息技术领域的技术难题。计算广告就是在这种条件下兴起的一个子学科，它所要解决的问题是，如何在特定环境中，找出最佳匹配的网络广告。到目前为止，网络广告流行的收益计价模型主要是 CPM、CPC 和 CPA 这三种。在不同的计价模型下，计算广告的匹配算法主要源于三个领域：（1）基于关键词匹配的信息检索，如 Cosine 算法、Okapi BM25 算法和 Multinomial 统计语言模型；（2）基于用户点击反馈的机器学习算法，如特征学习模型、分层学习模型等；（3）在线学习算法，如 Multi-armed bandit、UCB1 算法等。

技术是计算广告的重要部分，而数据是计算广告真正实现的第二基点，将算法模型和用户画像结合，可以实现技术与数据的匹配链接，从而使计算广告效果达到最大化。

（一）计算广告的主要算法模型

1.基于信息检索

有学者指出，将用户检索信息当作关键字，广告文本作为已索引的待检索文档，那么，广告的匹配计算问题即转化为信息检索问题。

Cosine 相似度算法在文本挖掘中用来比较 2 个 N 维向量的相似程度。

定义用户检索词或网页内容关键词向量 Q={q1，q2，...，qn} 以及广告关键词向量 D={d1，d2，...，dn}，则可以利用通过计算 Q、D 这两个向量之间的空间相似度来计算用户与广告之间的匹配程度。公式如下：

$$\cos(Q, D) = \frac{Q \cdot D}{\|Q\| \cdot \|D\|}$$

该算法的优点在于实现相对简单，并且在面对不同长度的检索词和广告词时易于规范化。但同时，缺点也很明显，即向量中的关键词并不能区分权重，当向量维数不断增长时，计算性能也会遭遇瓶颈。

Okapi BM25 算法，可以对广告匹配进行分值计算。该算法中使用 TF-IDF 值用于加权不同的关键词，并且突出信息区分度较高的关键词，从而提高了检索匹配的精度。

自 1998 年以来，基于统计的语言模型已应用于信息检索领域，Ponte 和 Croft 是最早的倡导者。Multinomial 语言模型是基于 Claude Shannon 在信息论研究中所提出的字母序列可能的概率分布。其基本原理是，用户检索以及广告文本能够通过某个统计语言模型根据自然语言在现实中的使用场景所生

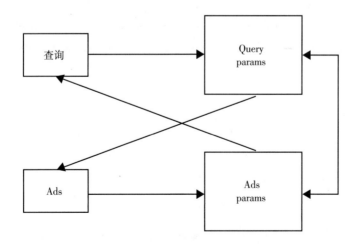

图 5-2 基于 Multinomial 模型的广告匹配

成。那么接下来的问题就变成如何通过语言模型生成，去判断用户与广告之间的相关度。①

利用 Multinomial 模型计算广告匹配程度算法过程如下：

（1）计算出用户检索和广告文本中概率最高的短语，Query params 和 Ads params。

（2）根据 Multinomial 语言模型，计算出使用 Query params 能够生成 Ads 的概率，或者相反，使用 Ads params 能够生成 Query 的概率。

（3）排序并找出概率最大的一对（Query，Ad）。对于算法的第（2）步，还可以通过计算 Query params 和 Ads params 之间的 KL-divergence 值，该值越低证明两者相关度越高。

2.基于机器学习

与信息检索方式不同，基于机器学习的广告匹配计算是通过收集用户点击的反馈（click feedback）进行的。因为大多数情况下，只有确实吸引了用户点击的广告才能真正为发布商和广告商带来收益。对于机器学习来说，点击反馈是一种低成本、自动化的学习机制，通常大型的广告网络总是能产生大量的点击数据。②

在基于特征的学习模型中，可以定义 q 表示检索词特征向量，a 表示广告词特征向量，Q 表示某次用户检索，A 表示某个广告文本。给出如下基本模型：

$$\Pr（\text{Click}|Q，A）=f（q，a；\theta）$$

其中，Pr 条件概率表示在（Q，A）匹配的条件下发生实际用户点击的概率；模型参数 θ 则是需要通过大量特征数据学习得到。

对于内容匹配（content match）来说，基于特征的学习模型容易遇到性

① 参见郭庆涛、郑滔：《计算广告的匹配算法综述》，《计算机工程》2011 年第 7 期。

② 参见郭庆涛、郑滔：《计算广告的匹配算法综述》，《计算机工程》2011 年第 7 期。

能瓶颈，因为页面内容的特征抽取比用户检索更加繁冗。针对页面的内容匹配，可以通过页面聚类的分层学习模型对 CTR 直接作出预测估值。基本思想是将页面、广告文本分别聚簇到某个分级模型的叶子节点，并且其中所有兄弟节点的 CTR 估值是正相关。整个算法分为 2 个阶段：（1）使用 IPF 算法对页面、广告作基于 CTR 值的聚类；（2）对 CTR 稀少事件建模。

3. 在线学习模型

上述算法均具有一个共同的特点，即仅基于现有的历史数据提取固有模式并进行预测匹配。这类算法都属于离线模型。然而问题在于，网络检索、广告数量增长极快，并产生的许多新的模式，离线算法无法快速反应，这种矛盾催生了基于在线学习模型的新算法。

在线学习模型的基本思想是，不仅能够根据现有模型挑选出检索词与广告进行最佳匹配，并且能够不断更新已有的广告文本库，学习新的模式，从而实现在线广告的精准投放。[①]

Multi-armed bandits 源于赌场里的老虎机（one-armed bandit），不同之处在于，这个老虎机有多个扳手。将 Multi-armed bandits 问题与在线广告投放的计算类比，每次投放一个广告相当于拉一次扳手，用户的点击率相当于老虎机的回报奖金，至于说每次拉哪几个扳手，则是由当前检索词来决定。通过不断的学习反馈，最终找出最优的 bandit policy，以实现最佳的 CTR。

Gittins 等人在 1979 年提出一种最优的 bandit policy，基本过程如下：

（1）为每个扳手赋予优先级；

（2）根据优先级的大小依次拉扳手，并且观察回报；

（3）根据具体的回报，调整扳手的优先级。

该模型永远也不会绝对地偏向某个扳手，表现出客观的合理性，该策略学习最终的结果会根据扳手的优先级高低作出广告投放的最佳选择。

---

① 参见郭庆涛、郑滔：《计算广告的匹配算法综述》，《计算机工程》2011 年第 7 期。

（二）用户画像在计算广告中的主要应用价值

1.公司战略层面

从品牌长期发展的宏观角度出发，用户画像的作用主要体现在它可以帮助企业进行精准营销，为企业提供效果评估的重要参考，对提升品牌服务质量有很好的帮助，以及在业务经营分析以及市场竞争分析方面发挥重要影响力，影响品牌发展战略的规划与实施。

在这其中，精准营销是一个品牌最基本的需求，也最能直观体现用户画像作用。精准营销具有极强的针对性，是企业和用户之间点对点的交互。它不但可以让营销变得更加高效，也能为品牌节约营销传播成本。如果一个品牌舍弃其自有的精准种子用户而选择了对其品牌一无所知的营销传播对象，那么结果将是以巨大的成本获取到新用户，而传播效果如何也将不得而知。

而要做到精准营销，数据是最不可缺的存在。以数据为基础，建立用户画像，利用标签让系统进行智能分组，获得不同类型的目标用户群，针对每一个群体策划并推送针对性的营销信息，是实现精准营销最基本的方法，而用户画像是这个流程的基点。

2.产品本身层面

对于企业产品来说，用户画像的重要价值体现在某一产品从市场调研到成熟期的产品生命周期的所有阶段，包括市场调研、产品研发、产品测试、产品试运营和产品成熟期，每个阶段对用户画像的需求和价值点都不尽相同。

第一阶段，市场调研阶段。在打造一款产品前，品牌可以通过目标用户画像分析来了解目标用户，包括用户行为特征、用户心理需求等，通过开放的第三方数据或者自有的第一方数据，将用户标签化，建立用户分级模型，从多维度了解目标用户在生理与心理等多方面的需求，以此作为产品设计的重要指导，力求产品可以准确触达用户痛点，满足用户对产品赋予的期待，从而满足用户的主要需求。

第二阶段，产品研发阶段。厘清品牌产品目标用户的需求和制定规划品牌产品的目标定位后，产品生命周期便将进入到实际研发阶段，在这个阶段中用户画像的重要价值不仅体现在理论和需求层面，更体现在帮助品牌产品顺利研发的过程中，通过分析目标用户信息，对产品功能设计、视觉展示设计、交互系统设计等提供重要参考，对产品研发提供更加实际的作用。

第三阶段，产品测试阶段。产品测试阶段是种子用户培养的起点，是一个产品走向市场的起步阶段。用户画像的意义在于可以帮助品牌选择合适的测试用户，选择合适的测试渠道，帮助品牌维护产品形象和准确定位，也便于品牌对测试用户的维护和建设。精准的用户画像，会在用户筛选、渠道选择、关联关系、用户维护、产品优化等过程中为产品测试带来帮助，提高产品测试的效率，同时优化用户体验，对产品来说也是一种维护和提升。

第四阶段，产品试运营阶段。用户和市场是检验一个品牌产品的最严格和最规范的标准，当一个产品正式投入市场运营后，用户画像的作用将达到一个新的高度。成熟的用户画像可以帮助品牌方不断完善和修正产品定位、优化推广策略和渠道，以及在形成稳定运营规模积累了可观的流量和数据后，帮助品牌方制定合适的广告投放策略，这些对产品来说很重要，关系到产品完整系统的发展。而用户画像的不断扩充完善，又能进行不断地数据积累和筛选，对用户画像形成自优化循环，帮助产品构建更加精准、更加有效的用户画像体系，对产品体验和产品功能的提升是有很大帮助的。

第五阶段，产品成熟期。一个处于成熟期的产品，需要不断转化它的商业价值和用户价值，用户画像体系的构建能帮助产品实现商业变现，促进目标用户留存促活，有助于产品的提升。

3.数据管理层面

数据的不断积累，一方面可以帮助用户画像体系不断优化升级；另一方面，在用户画像数据的基础上，通过关联规则计算，可以实现更优的商业价值转化。

沃尔玛"啤酒和尿布"的故事就是用户画像关联规则分析的典型案例。在一家超市里有一个有趣的现象：尿布和啤酒竟然摆在一起出售。但是这个奇怪的现象却使尿布和啤酒的销量均增加了。这是发生在美国沃尔玛连锁超市的真实案例，并一直为商家所津津乐道。沃尔玛拥有世界上最大的数据仓库系统，为了能够准确了解顾客在其门店的购买习惯，沃尔玛对其顾客的购物行为进行购物篮分析，以获取消费者行为偏好信息。沃尔玛数据仓库里集中了其各门店的详细原始交易数据，沃尔玛对这些原始交易数据进行分析和挖掘。一个意外的发现是："跟尿布一起购买最多的商品竟是啤酒！"经过大量实际调查和分析，揭示了一个隐藏在"尿布和啤酒"现象背后，美国人的一种行为模式：在美国，一些年轻的父亲下班后经常要到超市去买婴儿尿布，而他们中有30%—40%的人同时也为自己买一些啤酒。产生这一现象的原因是：美国的太太们常叮嘱她们的丈夫下班后为小孩买尿布，而丈夫们在买尿布后又随手带回了他们喜欢的啤酒。从这一案例里，我们可以看到用户数据的积累和分析对品牌影响传播的作用之大。

积累数据和利用数据相比，后者其实更加困难。品牌所需要的用户画像数据可以从多种渠道获得，包括品牌自有数据、中间方提供数据以及第三方监测平台数据等。尤其在大数据时代，获取数据的成本和过程都变得更加低廉和便利，这时候往往更需要品牌方有更扎实和高效的数据分析、挖掘、计算的能力。在建立完善的用户画像体系后，针对这一体系进行针对性的品牌传播，在此过程中再不断积累新的用户数据，不断进行数据清洗和筛选，实现数据更新和提升。数据管理能力和体系对品牌长远的发展规划来说，是最核心的要素，也是品牌方最应该也最需要具备的。

◆ 案　例 ◆

用户画像应用——广点通

从 20 世纪 90 年代开始，电脑、互联网逐渐进入人们的生活。随着网络化的深入，人类之间开始变得高度互联，信息不再是稀缺资源，消费者的消息变得异常灵通，同时也极大地促进了口碑传播，因此营销 3.0 时代正在来临。

营销 3.0 的时代，是针对"人"的社交营销时代。eMarketer 预测全球社交网络广告收入将继续保持强劲增长态势。

当产品进入一定生命周期时，人际传播是大于大众传播的，而社会化精准营销的核心能力取决于企业对于数据处理的能力。10%的人影响 90%他人的购买行为，这就是口碑传播和社会化营销的力量，其核心在于好友关系链产生的裂变效应。

腾讯社交广告是由腾讯公司推出的效果广告系统。作为国内领先的效果广告营销平台，它依托于腾讯海量优质流量资源，为广告主提供跨平台、跨

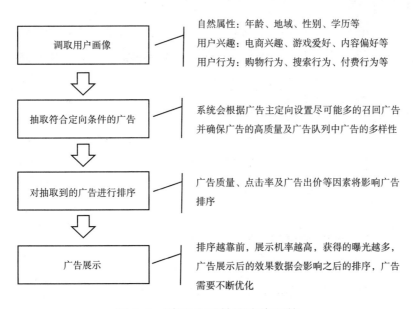

图 5-3　腾讯公司效果广告系统

终端的网络推广方案，并利用腾讯大数据处理算法实现成本可控、效果客观与智能投放。广点通是腾讯社交广告的核心数据和技术系统，它支持多种类型的广告投放，服务腾讯内外部流量，通过对 QQ、微信用户所产生的数据进行深入分析，为广告主提供众多的标签类目，以在广告投放中精确锁定目标人群。与此同时，不断精进的跨屏定向、人群拓展和智能出价等技术，也在帮助广告主不断提升投放效率与效果。

腾讯社交广告致力于"让广告在对的时间以对的形式出现在对的人眼前"，让广告不再是一种骚扰，而是成为符合用户需求的有价值的信息。对于广告主而言可以节省广告费用，对于消费者来讲可以看到自己想要看到的信息，实现利益共赢。腾讯社交广告能够提供 20 多种定向方式，可以分为以下六大类：基本属性、兴趣爱好、用户行为、用户状态、用户环境、自定义。其中包括 1000 多个用户标签，并且可以实现跨屏追踪，一级定向之间取交集，二级定向之间取并集，也就是说一级定向需要用户全部满足标签，广告才会展现给他，二级定向只要满足一条标签，广告即可展现。所以同一支广告中需避免一级定向设置过多交叉复用，从而导致定向范围过窄，广告曝光不足。

此外，高级定向能力 lookalike 通过开放丰富的数据能力，基于种子用户画像和社交关系链寻找相似的受众。即在大量用户群中选择一组特定的种子

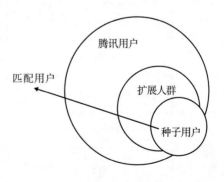

图 5-4　高级定向能力 lookalike 的用户匹配

（即有转化行为的）用户，包括但不局限于点击、下载、安装、激活行为，然后根据实际需求，筛选、识别、拓展更多相似受众，进一步引发更大客户量级的倍增。

数据监控是推广中一个很关键的环节，广告投放之后品牌方一定会关心自己广告的曝光量，最终曝光率以及曝光之后是否会有人点击，点击之后也没有转化，而这种转化指的是网民完成了一次品牌方期望的行动，比如下载、购买商品或者是咨询。

曝光、点击和转化是推广中三个重要阶段，在此期间，将为品牌判断产生大量数据从而从中找到薄弱点以及有利方面，从而帮助品牌摸索出越来越精准有效的推广方案。

本章习题思考

1. 腾讯广点通是如何通过数据管理平台实现精准的广告投放？
2. 数据管理平台应如何平衡广告效益与技术伦理之间的关系？

第六章　计算广告的应用技术

一、用户定向核心技术

用户定向技术即对广告（a）、用户（u）、上下文（c）这三个维度提取有意义的特征（这些特征也称为标签）的过程。用户定向虽然不算是计算广告中最困难的技术，但确实是在线广告特别是显示广告中最核心的驱动力。一般来说，对于某一种定向技术，我们需要同时关注效果和量这两方面的指标，并提供覆盖率较高但精准程度有限的标签，以及非常精准但量相对较小的标签，从而有利于市场形成竞争环境。从技术框架的角度看，受众定向标签可以分成用户标签、上下文标签和广告主定制标签三种类型。

1.用户标签，即可以表示成 t（u）形式的标签，或者说是以用户历史行为数据为依据，为用户打上的标签；（行为定向）cookie->（age，gender，category，location）/demographic。

2.上下文标签，即可以表示成 t（c）形式的标签，或者说根据用户当前的访问行为得到的即时标签；（上下文定向）url->channel->domain->topoc。

3.定制化标签，即可以表示成 t(a,u) 形式的标签，这是一种用户标签，不同之处在于是针对某一特定广告主而言的，因而必须根据广告主的某些属性或数据来加工。如 creative->solution->campaign->advertiser->category。

可以注意到，无论是上下文定向，还是在此基础上的行为定向，都广泛使用到文本分类和主题挖掘技术。而在广告业务中，我们往往要选择那些有监督的主题挖掘方法，将页面内容映射到预先定义好的标签体系上，而不是在无监督的情况下自动聚类产生标签。

受众定向的本质，是将用户在网络上的一些行为表现为可以售卖的人群属性。这同时也揭示了精准广告业务的本质：将原材料，即用户行为数据，加工成标签，再将标签售卖给需要的广告主。而广告在投放过程中已变成了交付这些标签的载体而已。既然数据加工本身已经如此重要，这足以成为互联网广告中相对独立的一项业务。于是，数据加工与交易的产品化和规模化，成为在线广告区别于传统广告的一项重要市场特点。在这样的环境下，数据管理平台（DMP）这样面向数据收集、加工和交易的产品也应运而生。

（一）地域定向

企业进行投放推广的地域设置被称为地域定向。通过设置地域定向，企业的推广信息就可以在企业主选定的区域内被投放展示。假设企业的目标客户只存在于北京、上海和广州这三座城市，则该企业就可设置相应区域进行信息推广。地域定向使广告投放更加精准，极大节省了推广的费用。

传统的地域定向一般是指到省或城市的级别，其定向效果一般。而Hyper-local则使地域定向达到非常细的粒度，比如可以定向到清华园的主楼附近。这种定向会产生大量新的广告需求，例如咖啡店可以定向到其附近的人群。而在不使用这种定向的情况下，类似咖啡店、小饭馆的广告主无法投放门户广告和搜索引擎广告，它唯一的选择是在路边发广告，而这种广告收益明显比不上定向投放的广告。

（二）人口属性定向

虽然人口属性定向在效果上未必特别突出，但是由于传统广告的话语体系中大量使用这类标签来表达受众，因此它特别为品牌广告主所熟悉。人口属性的主要标签包含以下几个因素：年龄、性别、教育程度、收入水平等。值得注意的是，除非有特别的专门数据来源，如实名制 SNS 的注册信息或在线购物的消费记录等，一般情况下要进行准确的人口属性定向并不容易。

在人口属性数据覆盖率不足的情况下，如果要按照这种定向进行 CPM 售卖，我们可以用已知人口属性的用户作为训练集，构造分类器对人口属性进行自动标注。一般来说，采用分类器的方法确定人口属性的准确程度有限。在单纯效果类的广告活动中，预测人口属性的必要性不太高，因为预测出来的人口属性也是根据用户其他行为特征得到的，并不能提供额外的信息量。

（三）频道定向

频道定向是完全按照供应方的内容分类体系将库存按照频道划分，对各频道的流量投送不同的广告。这种定向方式比较适用于那些对距离转化需求比较近的垂直类媒体，如汽车、母婴、购物导航等。对于内容覆盖面比较宽的媒体，这种方式取得的效果是有限的。举一个极端的例子，如果我们把某网站的军事频道作为一个定向标签，那么很难找到直接匹配的广告需求。

（四）上下文定向：实时数据

上下文定向是根据网页的具体内容来匹配相关广告。上下文定向的粒度可以是关键词、主题，也可以是根据广告主需求确定的分类。上下文定向的效果在不同类别的内容上有很大的区别，但是这种方式有一个非常大的好处，那就是覆盖率比较高。对大多数广告展示来说，不论对当前访问用户的信息了解有多少，往往都可以根据当前浏览的页面推测用户的即时兴趣，从而推送相关广告。

基于用户当前查询的 query、浏览的网页、使用的 App 等进行语义分析结果定向，都可以被称为"实时访问上下文"。常用的定向属性关键词主要有否定关键词（Google Adsense）、展示 URL（Google Adsense、百度网盟）、页面主题（Google Adsense）、行业分类（百度网盟）。[①]

上下文是对 context 打标签的行为。它的原理为不打断或干扰用户的任务，这是上下文之所以成立的一个原理性的原因。广告是在用户的理解范围之内的，比如用户所看的财经网页，广告是 E-Trade，用户肯定是有兴趣，也能理解的。如果它做得好，则比人口属性和地域定向方式要好，但它远远不能与重定向相比。

（五）行为定向：历史数据

行为定向的框架是根据用户的历史访问行为了解用户兴趣，从而投送相关广告。行为定向之所以重要，是因为它提供了一种一般性的思路，使得在互联网上收集到的用户行为数据可以产生变现的价值。因此，行为定向的框架、算法和评价指标，为相关数据加工和数据衍生业务的发展奠定基础。

用户的这些行为可对行为定向有贡献（按信息强度排序）：

1.Transaction——交易行为。对效果广告来说，它是最强的信号，这也就是淘宝直通车为什么能营利如此之多，因为 Transaction 数据的价值远高于其他类型。

2.Pre-transaction——个人使用的一个术语。这种行为存在于需求端，是指用户在购买前的一些行为，比如进行商品比价、搜索等，这种行为信息也很强。这两种行为的信息强度和有效性，在效果广告的语境下，都远高出其

---

① 参见南三方：《LBS：3G 时代继短信之后的杀手级业务》，2009 年 9 月 28 日，见 https://blog.csdn.net/okfei/article/details/4604077。

他七种类型一个数量级。

3. Paid search click——在搜索时的广告点击行为。

4. Ad click——普通广告的点击行为。广告的点击行为被认为是比较强的信号，因为广告本身不是一个很吸引人的事物，在广告中产生的一个点击，表示用户有明确的目的去了解这个信息。Ad Click 比 Paid Search Click 要差一些，主要是因为采集 Ad Click 时的数据噪声所致。

5. Search click——在 search 上产生的点击。

6. Search——搜索。它本身也是一种强信号。

7. Share——社交网络中的分享。它表示很强的兴趣，但不像 Search 那样主动。

8. Page View——它是网络中的主要行为，但在大多数情况下是被动行为。比如用户在新闻网站上浏览，他会挑选一些感兴趣的新闻进行浏览，但门户中的新闻却是由网站决定的，并且这种行为离 Demand 太远；比如查看钓鱼岛的新闻这个行为，很难与广告主的需求直接发生关系；再比如一个用户经常浏览凤凰军事，则可以通过他的行为对他打上军事的标签，但很难找到广告主愿意选择这样的标签。

9. Ad View。它在 Targeting 运算中是起负影响的，因为一个用户看到相同广告次数越多，他疲劳感越强。如果采用线性模型，这个行为是一个负系数。

计算行为定向的框架较简明。用户的每种原始行为会转化成一组标签。比如在页面浏览中，用户访问过钓鱼岛新闻，那么可能会被打上军事和新闻标签。比如用户搜索过京东商城，可能会被打上电商的标签。在广告点击行为中，由于广告本身就有品类，所以打标签较为容易。用户的标签是将文中各种行为所打的标签加权累加的结果。实际系统中大多采用这种方法，在论文中会将它解释成相对复杂的过程，比如用 Gamma、Poisson Process 描述，但本质上是类似的。

既然行为定向是一个机器学习的问题，那就需要一个数据评测的方法。

在打标签的过程中，需要设置阈值，比如用户在 T 天只访问过汽车网站一次，就对他打上汽车标签是不合理的。阈值的设置有两方面的原因：首先，因为标签要存于线上的 KV 数据库，如果不设阈值，数据量会非常大，并且没有必要。其次，因为长尾的行为是有噪声的，加载这些数据可能没有好处。所以对一个用户是否打汽车标签，是由设置的阈值决定的，随着阈值调得越来越小，被打上汽车标签的人群就越多，而在汽车品类上的效果越来越低。图 6-1 以 CTR 为效果，其中的曲线也是符合人的直觉的，这个曲线在评测 Targeting 效果上是有指导意义的。

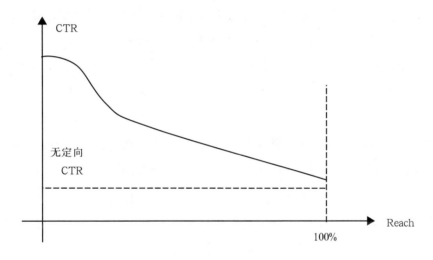

图 6-1　CTR 效果研究图

图 6-1 有两个要注意的地方：（1）在达到 100% 的人群时，即阈值为 0 的时候，实际就是没有进行 Targeting 的情况，所以 reach=100% 时，它的 CTR 取值是一个固定值，与所用的模型无关。Targeting 的目标就是让曲线尽量向上，在工程中，因为数据或是算法的原因，这个曲线不一定是单调减的曲线，可能前面反而低，前面低是一个很危险的状态。如果取阈值较大时，效果反面不如 reach=100% 的时候，那说明这个标签是没有价值的。（2）在数据和算法比较合理时，曲线可能有一个拐点，拐点的物理含义是在拐点之前的是真正属于这个品类的用户，他们的点击率较高，而拐点之后点击率

会迅速下降。知道这个拐点，就可以知晓该品类真正有价值的用户大概有多少，这对 GD 广告中的销售流量是有指导意义的。

（六）精确位置定向

1. LBS 的概念与发展

人类对导航定位的需求自古有之。20 世纪 90 年代末期，随着移动通信业的迅猛发展，手机用户数量不断增长，在世界范围内形成了巨大的移动通信市场，产生了不可估量的潜在经济效益。同时，人们对导航定位技术的要求也日益迫切，希望能够出现使用小终端的、高精度、多功能的定位服务，以满足不同领域、不同场合的定位需求。

所谓 LBS（Location Based Service），即基于地理位置的信息服务，也被称为位置服务，是指通过电信移动运营商的网络（如 GSM 网、CDMA 网）获取移动终端用户的位置信息（经纬度坐标），在地理信息系统（Geographic Information System，GIS）平台的支持下，为用户提供相应服务的一种增值业务。它是移动通信技术、空间定位技术、地理信息系统技术等多种技术融合发展到特定历史阶段的产物，是现代科学技术和经济社会发展需求的客观要求。LBS 可以通过固定或移动网络发送 GIS 功能和基于位置的信息，在任何时间应用到任何人、任何位置和任何设备上。[①]

LBS 的概念虽然提出的时间不长，却在很早前就已被应用。LBS 起于美国，源于为军事应用服务的全球定位系统（Global Positioning System，GPS），随后被应用在测绘和车辆跟踪定位等领域。GPS 民用化催生了以定位为核心的大量应用，20 世纪 90 年代后期，LBS 及其所涉及的技术逐渐被重视。

---

① 参见边倩倩等：《基于地理位置的服务发展现状及趋势探析》，《中国高新区》2017 年第 11 期。

从另外一个角度来看，LBS 起源于紧急呼叫服务，导火索是一起绑架凶杀案。1993 年 11 月，一位叫詹尼弗·库恩的美国女孩遭遇绑架并被杀害，生前她曾寻求帮助，拨通了急救电话 911，但是 911 呼救中心却无法通过手机信号确定她的位置，这将 911 的空间局限性暴露无遗。因此，美国的 FCC（美国通信委员会）在 1996 年推出了一个行政性命令"E911"，要求在全美强制性地构建一个公众安全网络，即无论在任何时间和地点，都能通过无线信号追踪到用户的位置。当时的"E911"有两个版本：第一个要求运营商通过本地 PSAP（Public Safety Answering Point）进行呼叫权限鉴权，并且获取主叫用户的号码和主叫用户的基站位置；第二个要求运营商提供主叫用户所在的位置精确到 50—300m 范围的位置信息。此外，2001 年的"9·11"恐怖袭击事件同样让美国意识到位置服务的重要性。因此，在不断实现"E911"目标的同时，基于位置服务的业务也逐渐在全美开展起来。2006 年，美国完成了全美无线通信网络的升级改造。[①]

此外，随着移动通信技术、网络技术和测绘技术的发展，与位置相关的信息增值服务也逐渐发展为现代地理信息产业的重要组成部分，并逐渐成为其中最大的增长部分。位置服务是多种技术融合的产物。1994 年，美国学者 Schilit 第一次提出了位置服务的 3 个目标（3W），即 where——在哪里（空间信息）、who——和谁在一起（社会信息）、what——周围有什么（信息查询），基于此便构成了 LBS 最基础的内容。[②] 在 E911 命令中，美国对位置服务作出以下定义：（1）AOA（Angle of Arrival）指通过 2 个基站的交集来获取移动台站（mobile station）的位置；（2）TDOA（Time Difference of Arrival）指通过 1 个移动台和多个基站交互的时间差来确定位置；（3）LSA（Location Signature）指对每个位置区进行标识来获取位置；（4）利用卫星进

---

① 参见边倩倩等：《基于地理位置的服务发展现状及趋势探析》，《中国高新区》2017 年第 11 期。

② 参见边倩倩等：《基于地理位置的服务发展现状及趋势探析》，《中国高新区》2017 年第 11 期。

行定位。

近年来，我国地理信息产业发展势头极为迅猛。《2017 中国地理信息产业报告》显示 2017 年地理信息产业总规模预计达到 5180 亿元，从业人数达到 46 万人，而其中基于位置服务的比重相当大，位置服务越来越得到人们的关注和重视，其概念也频频出现在各种报刊、网络和政府文献中，被越来越多地应用到各行各业中。

2. LBS 的关键技术

（1）LBS 定位技术

基于位置服务的基础是高水平、高效地获取用户位置信息，因此在 LBS 技术中，定位技术是基础和关键。LBS 定位的过程大致分为两步：第一步是测量，第二步是计算。根据测量和计算的实体不同，定位技术分为基于网络的定位技术（反向链路定位）和基于移动终端的定位技术（前向链路定位）。

①基于网络的定位技术

在基于网络的定位技术中，位置解算功能由网络实现。[1]

a. COO（Cell of Origin）：起源于蜂窝小区定位技术，通过采集移动终端所处的小区识别号（Cell-ID）来确定用户的位置。其定位精度取决于终端所在基站小区的半径，与其他定位技术相比，其精度最低，并且不适合用于 CDMA，但 COO 技术无需对移动终端和网络进行修改。

b. AOA（Angle of Arrival）：通过到达角定位技术，在两个以上的位置点设置阵列天线，获取终端发射的无线电波信号角度信息，然后通过交汇法预估终端的位置。此方法在障碍物较少的地区可得到较高的定位精度；但在障碍物较多的环境下，会因无线传输存在多径效应而使误差增大，定位精度将大大降低。[2]

---

[1]　王建宇：《基于位置服务关键技术的应用研究》，《科技创新与应用》2016 年第 16 期。

[2]　参见杨志宏等：《Wi-Fi 室内精准定位技术的研究与应用》，《移动通信》2017 年第 13 期。

c. TOA（Time of Arrival）：基于到达时间的定位技术，通过测出电波从移动台传播到多个基站的传播时间来确定目标移动台的位置。MS 位于以基站为圆心、MS 到基站的电波传播距离为半径的圆上，在多个基站进行上述半径的计算，则 MS 的二维位置坐标可由三个圆的交点确定。TOA 要求移动终端和参与定位的基站之间精确同步。[①]

d.TDOA（Time Difference of Arrival）：通过检测信号到达两个基站的时间差，而不是到达的绝对时间来确定移动台的位置，这意味着降低时间同步要求。采用三个不同的基站可以测到两个 TDOA，移动站位于两个 TDOA 决定的双曲线的焦点上，这种方法不需要准确的基站时间参考。该定位技术可应用于各种移动通信系统，尤其适用于 CDMA 系统。TDOA 提供的定位精度会比 COO 好一些，但是它却需要比 COO 或 E-OTD 更长的响应时间，大约耗时 10 秒。TDAO 无需对移动终端进行修改，因此可以直接向现存用户提供服务。[②]

e. E-OTD（Enhanced Observed Time Difference）：增强观测时间差分技术，通过放置位置接收器或参考点实现的，每个参考点都有一个精确的定时源。当具有 E-OTD 功能的手机和位置测量单元接收到来自至少 3 个基站信号时，从每个基站到达手机和位置测单元的时间差将被计算出来，这些差值可以被用来产生几组交叉双曲线，并由此估计出手机的位置。E-OTD 方案比其他基于网络的定位技术的定位精度高（50m 到 125m 之间），但是它的响应速度较慢，往往需要约 5s 的响应时间，实现成本昂贵，还需要对网络和手机结构进行修改，并且限制了漫游用户的服务。[③]

f. AFLT 定位技术（高级前向链路三角定位）：在定位操作时，手机通过同时监听多个基站（至少三个）的导频信息，利用码片时延来确定手机到附近基站的距离，最后用三角定位法算出用户的位置。它适用于 CDMA 网。

---

① 参见咸茂鲜等：《移动 GIS 关键技术研究》，《硅谷》2013 年第 1 期。

② 参见魏青等：《定位技术及室内定位方案探讨》，《广东通信技术》2014 年第 34 期。

③ 参见马玉秋等：《长距离移动定位技术与室内定位技术》，《数据通信》2004 年第 5 期。

高通公司的 gpsOne 解决方案就是采用 A-GPS+AFLT 混合定位技术实现的。①

g. 信号强度分析定位法：通过测量基站和移动台之间的信号强度，将信号强度转化为距离，来确定移动台的位置。由于移动通信的多径干扰以及阴影效应等影响，移动台的信号强度经常变化，因此很少使用这种方法。

②基于移动终端的定位技术

a. GPS 定位技术：全球定位系统利用卫星向接收机发送无线信号来确定接收机的位置，采用差分技术可以把精度提高到 m 级。GPS 目前已经能做到在全球范围内实现全天候且实时地为用户连续提供精确的位置、速度和时间的信息。但 GPS 接收机启动时间长、耗电量大，部分区域不能探测到卫星信号，从而限制了其在 LBS 中的应用。

b. A-GPS 定位技术：GPS 定位技术的基本思想是建立一个与移动通信网相连的 GPS 参考网络，参考网络通过跟踪 GPS 卫星信号并调出 GPS 导航信号，将这些辅助信息传送给移动台，移动台利用这些辅助信息快速地搜索到有效的 GPS 卫星，接收到卫星信号后，便可计算出移动台位置。A-GPS 定位精度可以达到 5—50m，是目前定位技术中精度最高的一种，适用于多种网络。但 A-GPS 的致命缺点是在市内繁华地区或者室内，由于建筑物的遮挡可能收不到定位所需的 4 颗卫星的导航信号，从而造成定位失败。

③混合定位技术

混合定位是定位技术发展的一个方向，它结合了基于终端的定位技术和基于网络的定位技术的优点，使定位更加精确和可靠。把辅助 GPS 定位技术和通用的基于网络的定位技术相结合将是 LBS 系统中定位技术的主流。

（2）GIS 相关技术

LBS 服务的核心是位置与地理信息，两者相辅相成缺一不可。定位技术解决了移动终端的位置问题，而要提供与位置相关的服务必须依赖于 GIS

---

① 参见林炜杰：《CDMA 无线定位技术与组网方案的理论探讨》，《中国新通信》2013 年第 15 期。

的相关技术，如动态数据库管理技术、空间分析技术、电子地图技术等也是LBS实现的关键技术。①地图匹配：在导航应用中依据定位设备提供的结果，通过与地图上附近道路的匹配，可以得到更加准确的位置信息，结合交通道路连通性、单行线等约束条件研究新的地图匹配算法是实现LBS中车载导航的关键技术；②路径规划：路径规划所要解决的是怎样利用现有的道路网拓扑结构进行最短路径的规划，当前的路径规划已经有了一整套体系，但这些方法都没有考虑到LBS中移动终端的处理速度与存储容量及无线网络的传输速度等问题，因此需要对这些方法进行改进以适合LBS的应用环境；③移动数据库：应用于LBS的动态数据库，包括移动目标建模、动态分段、路网拟合等技术；④电子地图技术：涉及LBS环境中与地图数据处理有关的地图显示速度、地图存储容量、信息查询速度等问题。

3. 目前LBS技术存在的主要问题

LBS被视为拥有良好市场和发展前景的领域，目前LBS已经有了成熟的技术支持并能有效满足大众需求，尤其在美国、韩国、日本等国家，其基于位置服务的业务发展十分迅速。我国自2001年开展基于位置服务的业务以来，发展并不令人满意。其原因涉及很多方面，除了定位精度差、涉及个人隐私保护以及移动定位无法漫游等，还存在若干问题。

（1）缺乏产业规划和政策引导。LBS服务模式进入我国时间比较短，主要技术大多运用移动通信，其他行业介入相对滞后，其对产业经济增长的贡献率近几年才初步显现。从宏观层面来讲，政府还没有制定统一的产业发展规划和宏观调控政策，导致了LBS服务商、导航电子地图制作商、软件商和社会消费群体相互脱节的局面，没有形成强有力的市场运行机制和产业链条，从而造成我国LBS发展相对迟缓。①

（2）消费者对LBS缺乏认识。LBS是面向社会公众的空间地理信息服

---

① 参见《中国位置信息服务产业发展研究》，《现代国企研究》2015年第9期。

务，是移动通信技术、网络技术、测绘技术的融合产物。由于用户对 LBS 不了解，测绘部门虽然掌控着大量的空间信息资源，但由于对测绘成果开发利用不足以及成果涉及保密等问题，使产业主管部门对 LBS 市场引导和培育不够，同时，由于用户对 LBS 不了解，导致 LBS 应用范围不大，用户对位置服务的认知程度也是催生 LBS 的关键环节。

（3）地图资源缺乏。地图是测绘成果的直观表达，是测绘部门履行政府公共服务职能的重要体现。但由于我国正处在加快城镇化发展、建设社会主义新农村的重要阶段，以及存在体制机制上的问题，使得地图更新跟不上经济社会发展的需求。地图资源不丰富，地图信息获取方式陈旧，公众版的电子地图数量少、品种少，导致社会公众对空间信息认知程度低。用户对 LBS 缺乏初始体验，从而导致 LBS 发展滞后，这也是 LBS 没有发展起来的一个很重要的原因。

（4）市场监管不到位。由于 LBS 涉及多个部门和行业，各部门垄断性相对较强，产业链长，目前我国还未出台有关 LBS 完善的市场准入政策和相应的质量、技术、服务标准。此外，鉴于市场监管不到位，目前 LBS 领域还存在服务质量不高、标准不统一、地图信息更新不及时、服务内容不规范等问题。

4. LBS 技术在计算广告中的应用

LBS 技术在广告中主要是与精准投放联系在一起的。目前 LBS 移动位置广告是移动广告的一个热点，并受到了线下广告主和移动广告网络的关注。常用的位置广告主要分为以下四类：（1）位置感知广告：通过实时的动态位置信息，基于用户离目标地点的距离来投放特定或动态的信息。（2）地理围栏广告：广告主通过用户离目标地点的距离来定向这些群体，比如定向投放给距离线下实体店在 1 千米以内的用户。（3）位置受众数据定向：广告主利用匿名的第三方线下数据，来定向在一定地理范围内活动的用户，这些数据包括用户的线下购买数据、人口特征、心理偏好等。（4）场所定位：广告主基于位置和时间的受众细分来定向客户。①

同时，鉴于 LBS 服务的个性化、精准化，广告主能够有效购买到最适合的用户，用户能够获得最适合的广告信息。例如，你在五一假期出门去正佳广场（广州）逛街，临近吃午饭的时间，你的手机便能够根据你所处的楼层向你推送附近的餐厅广告信息，并且这几家餐厅可能正好是你最近搜索过的餐厅。

（七）相似用户定向

随着计算广告的兴起，从前处于被动接受状态的受众愈加具有主动权，广告的精确度大大提升，广告效果也愈加可量化、可追踪。由此，广告主也更期望在短时间内有针对性地把特定内容推送给特定的受众。

针对这个普遍要求，如何找到适合广告主品牌定位的某款产品的目标受众群，往往成为某次广告营销活动的起点。为了达成这个任务，目前主要有两类做法：

第一类是直接基于 DMP 的三方数据，通过标签或 LBS 等方式为广告主选取目标受众群，这种做法更多依赖业务人员对业务、产品、市场的了解，有时候业务经验不一定准确，而且通过标签或者 LBS 筛选出来的人群规模不易控制，需要进行多次反复的尝试，才能确定符合某次投放要求的目标人群数量。

第二类是通过广告主一方数据或二方数据，基于 Look Alike 算法选取目标受众群。Look Alike 即相似人群扩展，即基于广告主提供的现有用户或设备 ID，通过一定的算法评估模型，找到更多拥有潜在关联性的相似人群的技术。这种做法更多地依赖大数据和机器学习算法，对探索新的业务逻辑，

---

① 参见李程：《数字技术影响下智能手机广告形态——数字技术对媒介的变革与影响》，《新闻研究导刊》2016 年第 23 期。

例如对某款新产品的市场推广这类并无很多业务经验积累的场景来说比较适用，而且也更符合大数据营销的发展趋势。

Look Alike 是辅助业务人员和市场营销人员获取精准目标人群的有力工具，很多提供广告 DMP 数据服务的公司都宣称自己有 Look Alike 算法，也因为有了高大上的算法附体，找人群自然就能精准许多。而找到了精准人群，自然后续的转化都不在话下，在这样的逻辑下，Look Alike 成了 DMP 数据服务公司的标配。

1. Look Alike 的基本流程

基本上所有的互联网公司都有其广告投放平台，这是给广告主投放广告的页面。广告主可以通过广告提交页面提交自己的广告需求，后台会为广告主圈定一部分潜在用户，这个就是我们称之为 Look Alike 的模块。

Look Alike 通常会有两种做法：第一种是显性的定位，广告主根据用户的标签直接定位，比如说通过年龄、性别、地域这样的标签来直接圈定一部分用户进行投放。此时平台的技术支持就是对后台用户画像的挖掘。这其实是广告主基于对自己产品的理解，圈出目标用户的过程。

这种人工定义的方法可能不够精准，或者可能通过年龄和地域指定的用户量很大，需要做精准筛选。这个时候就需要 look Alike 的第二种做法，通过一个机器学习的模型来定位广告主的潜在用户。

广告主提交一系列客群范围，我们称之为种子客群，以它作为机器学习的正样本。负样本会从非种子客群，或者从平台历史积累的人群中选取，于是 Look Alike 问题就转化为一个二分类的模型，正负样本组成学习的样本，训练模型之后，利用模型结构对活跃客群进行打分，最终得到广告主需要的目标人群。

对于特征和模型算法，不同的公司各有差异：其特征主要取决于公司有哪些数据。在模型算法上，Facebook 和 Google 对外公布的说法是采用一个预测模型。Yahoo 发表过若干篇论文，详细介绍过 Yahoo 所尝试过的算法，比如 LR、Linear SVM、GBDT 等。其中，GBDT 的效果比较好。

2. Look Alike 在应用上的三大关键点

第一，用来学习的数据维度很关键。学习的数据维度就是在哪些方面寻找相似的客群，也就是研究目标客群会在哪些方面有一些突出特征的聚集。学习的数据维度包含以下几个层次。

（1）行为结果数据

所谓行为结果数据是已经采取了具体行动的数据，例如购买数据、入资数据等。

（2）行为意向数据

所谓行为意向数据是指倾向于采取某种行为的人群数据，最典型的是搜索引擎的数据。一般来说，消费者在做最终的购买决策之前，往往会通过搜索引擎了解产品周边的一些相关信息，相关搜索关键字数据可以定位到一个有强购买倾向的人。这也是很多广告主投入较多预算在 SEM 上的原因。但这种数据一般很难从搜索引擎侧获取，购买关键字的成本也越来越高。一般来说，通过行为意向数据来寻找人群，转化率会比较高，因为行为意向人群往往已经达到了转化前的最后一步的关键时刻，此时对意向人群进行营销，效果往往比较明显。但同时广告主也面临一定的风险，因为此时客户可能已被别的竞品在更早的环节进行了影响，转化成本也相应提高。

（3）行为偏好数据

大多数第三方 DMP 平台主要通过行为偏好数据来帮助广告主找到潜在的人群，从业务逻辑来说，具有某种偏好或者属于某种类型的人群往往会更倾向于购买某款产品，对于这部分数据的学习也能促成最终的转化。同时，行为偏好数据会保证广告主在潜在客群覆盖规模和精准度之间达到一个很好的平衡，这也是广告主普遍选用的一种数据。

（4）行为模式数据

所谓行为模式是指通过分析消费者的行为与时间、空间的关系，以及一系列行为之间的时间和空间序列关系，总结出具有一定一致性意义的行为表现，通过一致性的模式预测相关行为。行为模式数据往往应用于场景营销，但是由于加工行为模式的数据计算复杂度较高，同时对分析的实时性要求也很高，因此目前还处在探索和优化阶段，实际的应用落地不多。

上述所说的几类数据在营销领域各有其价值，并不能判断孰优孰劣。如果结合具体广告主的需求，理论上都可以达到比较好的效果。

第二，要关注 Look Alike 算法是否工程化。Look Alike 算法本身其实并不复杂，但是目前很多 DMP 平台提供的 Look Alike 算法对于广告主来说更像是一个黑匣子，一方数据输入进算法后，通常广告主并不知道算法内部发生了什么，也并没有留有可供业务人员参与的接口，只能等待算法按要求输出指定类型的数据。通常来说，广告主只有在通过线上广告真正触达到相关受众群体之后，才能了解机器学习的效果是否符合预期。

这种 Look Alike 算法的客户体验是差强人意的，通常判断某家 DMP 是否能在广告营销中为广告主带来价值，比拼的是 Look Alike 算法工程化方面的实力，这些实力主要体现在以下方面。

（1）算法的学习维度是否可以调节

虽然从理论上来说，Look Alike 算法维度增多对提高学习精度是有利的，但是现实生活中人群表现出的一些特征有时候是出于主动选择的结果，有时候是由于客观条件限制导致被动选择的结果（例如某款产品只在部分区域发售），因此对于算法的学习维度需要具备预先手动调节的能力，排除掉一些不必要的学习维度。

（2）是否可以根据相似度选取最终人群的规模

对于学习输出的人群，与种子人群的相似度越高就说明越符合要求，但同时规模也越小。一次广告营销所需要触达的人群会根据本次营销的目标不同而有很大的变化。例如对于品效兼顾的营销，人群触达的规模是一个非常重要的指标；而对于纯粹效果类广告，则希望能够触达尽可能精准的目标人群。通过相似度进行灵活的选取，最终确定人群的规模，对于业务人员来说是一个非常有用的功能。

（3）学习结果是否可设定过滤条件

具体的营销活动会有很多限制，例如某款游戏在 IOS 和 Android 上的营销预算不同，因此希望 IOS 目标人群和 Android 目标人群规模符合一定的比例；某些垂直媒体主要做三四线城市的下沉，希望能够更多选取三、四线城市的人群；等等。通过灵活的条件筛选，会使得算法可以支持更丰富的应用场景。

（4）一些工程化指标

一些工程化指标对于算法的易用性、可用性具有重要影响，例如现实情况中的数据质量往往不是特别好，用来学习的样本数据维度很多时候是不完整的，甚至有些样本的某些维度是缺失的，这就要求算法能很好地适应这种不完整的数据，同时保证精度不迅速恶化。

在现实业务应用场景中，营销业务人员通常不具备很深度的数据挖掘背景，因此挖掘算法在应用环节不应该设计得非常复杂，如需要业务人员调节某些参数来优化模型的精度等。

算法的效率和收敛速度同样非常重要，对于动辄上亿的样本、几百万的特征维度来说，业务场景要求在分钟量级返回计算结果，因此算法的性能和各厂家的计算能力都面临非常大的挑战。

第三，Look Alike 算法的应用要依据具体情况而定。

（1）结合聚类算法一起使用

有时候客户提供过来的种子人群成分是非常复杂的，往往是掺杂了大量子类人群的总和，如果直接拿这些种子人群进行 Look Alike，则相当于把人群的特征进行了弱化，最终找出来的相似人群特征会变得不明显。例如某奢侈品牌，他们的一方种子人群中包含两类：一类是真正有钱的人群，平时开豪车住别墅的；另外一类是普通的城市小白领，他们往往攒好几个月的工资进行一次消费。这两种人群必须先通过聚类算法区分出来，然后再输入 Look Alike 算法去扩大。

（2）在何种媒体上使用

Look Alike 算法选出的人群最终是在媒体的流量人群中实现触达的，因此媒体自身流量对最终 Look Alike 算法落地的效果影响非常大。为了保证 Look Alike 算法落地的效果，选取与广告主自身产品相对匹配的目标媒体以及合适的出价都非常重要。

（3）根据效果数据优化 Look Alike 算法

一旦精准营销活动开始后，就可以回收消费者对营销的反馈数据作为正样本来对 Look Alike 算法进行优化。通过 TalkingData 对大量历史投放数据的分析，动态优化 Look Alike 算法可以极大提升算法的转化效果。在同样选取相似度 TOP100w 的样本进行精准投放的情况下，每日优化样本库组相比较不优化组，在一周的投放周期内，可提升激活率 180% 以上。样本库优化的周期可以根据效果数据回收的量级、媒体的技术支持能力以及 DMP 平台自身的数据更新周期综合决定，建议每 1—2 日更新目标用户群。

总体而言，Look Alike 本身具有"高效、精准、规模化"的特点，其"技术＋数据"完美组合的产品也正在成为广告主在数字营销当中不可忽视的重要助力。

（八）重定向技术

在当下的数字广告投放过程中，在开展媒介计划之前，必须要明确品牌所对应的消费者在哪里，了解消费者更容易从哪个渠道获得品牌传递的信息，哪种传播渠道获得的信息更容易被记忆。但这些问题仅仅是实现转化、促成销售的部分条件，如何进一步提高转化率和销售额才是每个广告主最为关心的问题。

在过去的美国市场，其运营技术复杂且成本高，"访客找回广告"长期被大品牌独享。现在，DSP 通过对精准用户投放技术的再升级和消费者购买决策的研究，依托核心技术——重定向（Retargeting），可实时记录客户跳出数据，通过二次、三次曝光将流失客户追回，帮助广告主在客户再次到访网站时快速完成辨识、评估、投放，达成最终的成交。

因此，许多消费者都有这样的经历：某次访问电商网站 A 时，偶然发现了一件感兴趣的商品，尽管当时没有立即下单，但在日后访问其他网站 B 时不断地看到这件商品的广告，屡屡挑动你的消费冲动，并最终乖乖成为它的俘虏。这种"阴魂不散"的广告实际上是使用了重定向的在线广告技术，而这背后也有大数据的影子。

所谓重定向技术，就是一种针对已经浏览过网站的人群进行再次营销的广告方式。它能让用户曾经看过的广告再次展示在其面前，通过这种不断的提醒来强化品牌印象，并最终促成消费行为。一般的网站广告带来的购买转化率都低于 5%，这意味着超过九成的顾客就这样流失掉了。但实际上，他们中间也很有可能存在潜在消费者，只不过暂时需要更多时间来考虑和比对，一旦时机成熟，就会产生购买决策。重定向技术的价值就在于捕获到这些"漏网之鱼"，增强他们的购买意图，将他们重新引导回自己的站点里，完成下单消费。在 DSP 广告需求方平台，广告主通过这个平台投放广告的时候，可利用各种投放策略：设定区域、设定投放时段、设定 IP 段、重定向等，因此，重定向技术是 DSP 里面的一种重要策略。

在市场营销中，主要有五种核心的重定向方式。

1. 站点（网址）重定向

在网站上，用户的第一次访问只有 5% 左右的流量会转化，而那巨大的95% 的用户怎么办？重定向就是解决这个问题，其目的是重新捕获那些没有完成转化的 95% 访问者，将他们带回站点。

使用重定向技术的网站会在脚本中使用 JavaScript 标签。当访问者浏览该网站后，标签就会将一个 cookie 加载到他的浏览器上。只要访问者的浏览器设置允许使用 cookie，且不常清理缓存的情况下，被标记过的访问者就会被追踪，随后他所访问的网站，将会向他展示重定向过的广告。

当被标记的访问者出现在其他站点时，cookie 会告诉重定向供应商这个消息。如果这个站点有可以使用的广告展示位，供应商会对这个广告展示位进行竞价。当出价最高者赢得这个广告展示位之后，一个原站点的广告就会展示给访问者，而这一切都会在页面加载前完成。

而针对广告库存的竞价，往往使用实时程序化购买。重定向供应商与出版商有着直接联系，也与广告交易平台和需求方平台合作，并通过他们购买广告库存。

2.搜索重定向

与网址重定向不同，搜索重定向是用户通过搜索引擎进行关键词搜索后，展示广告会在他接下来登录的站点中展示。网址重定向针对已有的访问者和用户，搜索重定向则是对之前没有访问过站点的互联网用户进行重定向。

搜索重定向主要通过收集整理搜索数据实现重定向。供应商可以对用户的搜索习惯建立档案，并区分哪些用户会对客户公司的产品和服务感兴趣。重定向供应商会和出版商、数据合作伙伴以及第三方搜索引擎合作，以取得搜索意向数据。这些数据包括以下几种。

Primary event 数据或"推荐人"数据：当个人搜索用户通过谷歌、百度、雅虎和必应搜索并登录一个站点后，这些站点会得到推荐 url 和用户使用的搜索关键词，从而实现对用户数据进行抓取。这些站点也会因为帮助抓取数据而得到经济奖励。

工具栏数据：抓取那些通过整合工具栏进行搜索的数据。

低层搜索引擎：供应商的合作伙伴在通过广告库存赚钱的同时，也会提供搜索查询数据。

剩下的工作与网址重定向类似，即当站点看到搜索引擎导入的流量后，便开始加载 cookie，数据就会匿名被储存，然后便可根据访问者的搜索查询数据，定向投放展示广告。

根据 chango2013 年 10 月的一份调查显示，搜索重定向被 63%的品牌企业和 79%的代理商使用。其中 88%的调查者表示在未来 6 个月将提高或是维持搜索重定向的预算。

相比对网站访问量的依赖，搜索重定向的卖点在于可以将客户带向网站，更大程度地扩展客户范围。至关重要的是新客户在搜索的时候，就已经进入了销售环节，广告主们已经了解到这些客户对产品存在着浓厚的兴趣。

关键词是搜索重定向高速发展的另一大优势所在。通过具有竞争力的关键词搜索，广告主可以避免高额的 CPC 开销，在购买过程的后半段实现重定向既可以得到高的转化率，也可以减少成本。

3.邮件重定向

邮件重定向是另一种保留用户的途径，通过对打开过产品邮件的互联网用户进行定向，可以向他们提供展示广告来刺激消费。

尽管一些人认为邮件多少有些"陈旧"，但是邮件营销依然是营销策略中很重要的一环，在接触现有客户和发掘潜在客户上，是非常不错的选择。然而如果靠增加邮件的发送频率，来使没有订阅的用户产生消费行为通常，会适得其反。此时，重定向就可以对邮件营销做有效补充：重定向通过定位那些打开过邮件并表现出购买兴趣的用户，可以避免大量的随访邮件。

邮件重定向同样基于 cookie，标签会被植入在邮件签名或邮件的 HTML 中，用户打开邮件后 cookie 会加载到用户浏览器。因此，用户在就能在随后的上网过程中接收到被定向过的广告。

4.CRM 重定向

如果客户不打开推销邮件，那么邮件重定向也就毫无意义。针对这样的情况，便可使用 CRM 重定向。企业自身的 CRM 数据，例如匿名邮件和发件名单，将会被转译为网络段，然后通过 cookie 和在线受众进行匹配。由于 cookie 可以被用来追踪，就可以向之前无法接触到的用户提供展示广告。

与搜索重定向相比，CRM 重定向往往用于与客户重新构建联系并保留客户，所瞄准的通常是订阅了邮件，但在相当长的时间没有打开邮件进行阅读的客户。

过去一年里很多重定向供应商将 CRM 重定向纳入他们的服务范畴。MyThings（一家定制程序化广告解决方案供应商，专注于各个平台的重定向业务）的媒体副总裁 Laurent Gibb 这样介绍 CRM 重定向："在程序化营销中，最广泛且有价值的数据来源就是第一方数据（CRM）。它是一个重要的指标，可以将广告主的业务目标整合在一起，我们也看到越来越多的广告主意识到了这一点。"

使用 CRM 数据可以让广告主拓展他们的在线营销活动，他们将邮件联系人列表制成匹配数据段，然后使用 cookie 对这些数据段进行在线匹配。CRM 是一个非常有效的再接触工具，可以接近那些之前订阅过邮件表现出购买意向的用户，鼓励他们完成购买。

CRM 重定向变得更加重要的原因也是由于谷歌对 Gmail 用户的邮件推送策略进行了修改。过去邮件用户需要点击"显示图片"去查看邮件附带的图片，而现在图片会默认自动显示。用户看到的是图片的缓存版本，来自安全代理服务器而不是之前的图片主机。

对于那些使用丰富图片邮件的市场营销者来说，这个改变十分有意义。但是这也使得 Gmail 的用户将无法被重定向，谷歌在对图片进行缓存处理的时候，只带走了图片的像素，而把 cookie 留了下来，这使得依赖 cookie 的重定向难以奏效。此时 CRM 重定向就有了用武之地。使用广告主的邮件联系人列表就可以在网上找到他们的客户，标记他们，随后定向投放展示广告，问题也就迎刃而解。

对于这项技术来说，数据分析能力是十分必要的。在将电子邮件列表转制为在线数据段后，其他的数据也可以添加进去，使用更精确的数据段定向用户，确保对于每个客户都可以做到独立个性化的展示投放，提高转化效率。

5. 社交重定向

Facebook 拥有自己的实时广告竞价平台——Facebook Exchange（FBX）。在这个平台上，市场营销者可以从平台外部使用 Facebook 的数据，并可以定向那些正在使用社交网络的用户。通过 FBX 购买 Facebook 的广告库存是唯一对这部分用户进行重定向的方法。供应商可以基于 Facebook 用户的浏览和搜索记录进行重定向，并通过新闻推送或是展示栏展现给用户。

Facebook 重定向作为一种高效增量营销渠道，可以有效提高受众普及率，目前已经被越来越多的企业所使用。根据 Adroll 对 486 名广告商所做的调查显示，在广告商的所有受众中，平均有 8.3% 的受众是通过网络和 Facebook 重定向得来的。

2013 年 10 月，Facebook 推出了"网站与移动 App 个性化广告受众定向功能"。作为一款新的广告重定向工具，与之前 FBX 平台不同，新工具允许市场营销人员借由追踪软件对 Facebook 用户进行重定向，不仅包括桌面平台，还包括移动 App 端。这就意味着通过人口数据统计和地理位置信息，个性化用户将会被更深入精确地重定向。

2013 年底，Twitter 同样发布了重要公告：关于"广告受众定向功能"的介绍。通过网站的行为数据，公司可以生成受众数据，实现在 Twitter 上的重定向。基于此，用户无论是在 Twitter 上搜索公司或关键词、浏览网站还是购买商品，都可以被重定向。

广告受众定向功能可以用来向不同阶层的受众推送"推广信息"或"推广账号"，更好地拓展那些对产品和品牌表现出兴趣、浏览过站点和购买过产品的 Twitter 用户。通过使用被称作"cookie 映射"的技术，Twitter 重定向供应商可以向 Twitter 提供一个公司的细分受众。而这些信息来自网页浏览行为，电子邮件地址和 Twitter 账户，无论这些细分用户何时访问 Twitter，都可以被推广信息和推广账号定位。

在 D-Future 大会上，Ad Master 的技术副总裁卢亿雷在题为《大数据技术对于数字营销的核心驱动力剖析》的分享中就指出，基于大数据的数字营销就是在最合适的时机及最合适的地点，将最适合的商品推给最适合的人。数字营销主要支持向量机（SVM）、自然语言处理、聚类分析、回归分析、时间序列分析等核心算法，实现了全流量分析和跨屏投放策略。根据 Google Adwords 提供的官方数据，在 30 天内出现 7—10 次横幅广告的转化效果是最佳的。而重定向带来的精准营销能将转化率提高到三倍以上。

成立于 2005 年的在线文档服务公司 Nitro 成功运用重定向广告，将销售收入提升了 18%。他们的公司位于旧金山，产品既面向 IBM 这样的大品牌，也包括小型商业团队。过去，访问者通过网站下载他们的 14 天试用版产品后，有相当一部分人最终并没有付费购买。这让负责市场销售的高级主管肖恩·金斯敏斯特（Sean Zinsmeister）感到了压力。为此，他试着申请了 AdRoll 的重定向广告，针对那些下载了试用版却在付费阶段戛然而止的用户强化自身的广告曝光。于是用户的付费转化率提高了，投入产出比也提升了 3.9 倍。

对于预算拮据的创业团队而言，利用 LBS 服务有针对性地对潜在人群投放广告，无疑是最佳选择。比如某一款二次元产品，曾经试过在微信中做推广，反响平平，后来通过市场调研发现 70% 以上的用户活跃在 QQ 群和 QZone（而微信生态下的活跃度不足 15%），于是转为通过广点通投放 QZone 广告，单用户激活成本控制在了 1 元以下。

目前，业界对重定向广告存在不同的声音：拥护者认为它促进了收入的增长，反对者则质疑其对用户隐私的泄露风险。因此开发者也在陆续探索除了 cookie 之外的其他追踪方法，试图找到新的平衡点。

二、竞价广告相关技术

（一）搜索广告系统

搜索广告是最早产生的，截至目前依旧是最为重要的竞价广告系统。搜索广告包含方面的内容：关键词驱动、竞价词触发。搜索广告的优化目标在公式的基础上加以调整，可以用下式来表达：

$$\max_{a_1,\dots,T} \sum_{i=1}^{T} \{u(a_i, c_i) \cdot \text{bid}_{\text{CPC}}(a_i)\}$$

图 6-2　优化目标公式

这个目标相对简单清晰，对每次展示的各个候选，根据查询估计其点击率 u，并乘以广告主出的点击单价得到 eCPM，再按此排序即可。而在 eCPM 的估计过程中，根据上下文即用户输入的查询来决策。

搜索广告是竞价广告中最典型的系统之一，它与一般广告网络最主要的区别是上下文信息非常强，用户标签的作用受到很大的限制。搜索广告的检索过程一般都不考虑用户 u 的影响，而上下文信息 c，即查询，又是实时通过用户输入获得，因而离线受众定向的过程基本可以忽略。在这样的应用场景下，搜索广告的系统架构与一般的竞价广告系统架构的主要区别是有没有上下文和用户标签的缓存，但是其检索模块由于存在查询扩展的需求，会比一般的竞价广告系统要复杂，并且在排序后的收益优化阶段还需要进行广告放置决策。

搜索广告从用户输入 query 到展示广告，主要流程可以大致分为 query 分析、广告检索、广告排序、点击扣费四个部分。在各种形式的广告中，搜索广告由于有用户表明自己意图的输入，因此通过对用户输入 query 的分析可以推荐相关性更高的广告，并且搜索广告天生就具有原生广告的特性，因此搜索广告的效果一般来说是比较好的（点击率、转化率等）。

1.query 分析

以电商网站中用户的搜索来举例，用户输入的 query 表明了用户的购物意图，因此电商网站会以此去分析用户的购物意图，为用户推荐符合其购物兴趣的商品。例如，用户在电商网站中输入"斯伯丁篮球"，如果此时返回的广告中都是"李宁篮球""安踏篮球"甚至"更过分"地给出了"足球"的广告，那么这样的点击率肯定不会高的；点击率不高，就算广告主对于这个关键词的出价再高，那么对于投放广告的平台收入也不会太高。

需要分析用户的购物意图，query 分析主要会做以下三件事：

（1）query 文本分析，总的来说就是分词和对词性的标注；

（2）预测 query 对应的三级类目以及每个类目的概率；

（2）品牌识别。

2.广告检索

广告检索是搜索广告比较重要的环节，主要包括：查询重写、归一化和检索。查询重写（query rewrite）是指针对用户输入的一个原始查询串，给出和它相关联的改写串。原因在于用户输入的词不一定会有广告主购买，但是很有可能存在用户输入的词和广告主所购买的词语很相近的情况。归一化则强调多对一的关系，由于用户搜索词千变万化，不可能对所有的搜索词建立竞价广告的倒排索引，因此就需要把多个意义相近的查询词归一化为同一个。检索主要分为倒排索引和正排索引，其中倒排索引是根据重写后的关键词去找到相应的广告，而正排索引是根据找到的广告去查询广告的详细信息（推广计划、推广单元、推广创意等）。

3.广告排序

得到初步筛选的广告队列，还需要进行其他更精细的过滤。当广告经过初筛和精筛后，得到最终的广告备选库，会按照 eCPM 的方式进行排序，即按照广告出价和质量分（质量分反映了广告的"质量"，一般和广告的点击率、广告的创意、落地页的质量等有关系）的乘积进行排序。排序得到的广告队列会被依次展示到网页或者 App 端的各个广告位中。

4. 点击扣费

搜索广告主要利用实时竞价，即广告主们对关键词进行实时出价，而扣费是采用广义第二高价（GSP）的扣费方式，一般都采用 eCPM 的方式进行排序。

eCPM 排序：eCMP 即期望最大收益 eCPM = bidprice * eCTR^N；由于搜索广告是按照点击扣费，因此扣费时需将 CPM 转成 CPC：

clickprice = bidprice（i）* [eCTR（i）^N / eCTR（i+1）^N]。

由于可能有的广告平台会存在移动出价系数以及搜索人群溢价，在计算 bidprice 的时候就需要进行换算，即

bidprice = ori_bidprice * 移动出价系数 *（1+ 人群溢价系数）。

公式中的 N 为价格挤压因子，是一个大于 0 的数，价格挤压因子的作用在于调节出价和点击率在 eCPM 中排序的权重。当 N 趋近于 0 时，此时决定排序的就是出价，而当 N 趋近于无穷大时，此时决定排序的就是 eCTR。当竞价激烈、广告质量不高时，可以考虑提高价格挤压因子，使得高质量的广告可以展现；当竞争不够激烈，想提高广告收入时，可以考虑降低价格挤压因子。

（二）点击率预测

1. 点击率

自从广告与互联网连接，广告的面貌就焕然一新。造成行业巨变的原因，是因为互联网广告的效果可以被衡量，而其中最常用的衡量标准就是点击率。

"点击率"来自英文"Click-through Rate"（点进率）以及"Clicks Ratio"（点击率），是指网站页面上某一内容被点击的次数与被显示次数之比，即 clicks/views（点击量／展示量），它是一个百分比。它主要用来反映网页上某一内容的受关注程度，以衡量广告的吸引程度。在网络广告中，点击率（click rate）是在 HTML 网页上的一条广告打开后被点击的次数百分比。也就是说，如果 10 个人中有一个人点击了打开的页面上的一条广告，这条广告的点击率就是 10%；如果该网页被打开了 1000 次，而该网页上某一广告被点击了 10 次，那么该广告的点击率就为 1%。

之所以使用点击率来衡量广告效果是有原因的：分母是某广告的总展示量，广告展示机会是广告主通过竞价获得的，展示机会越多，意味着广告主的出价越高，所以总展示量可以用来表征广告主的广告投入；分子是总点击量，而点击行为代表了用户的注意力，说明用户渴望进一步了解广告内容。

点击率越高，意味着广告主在相同投入的情况下，收获了更多的用户注意力，完美诠释了广告主做广告的初衷，所以点击率是广告主和媒体网站常用来衡量广告效果的标准。

2. 点击率预估

广告点击率预估是程序化广告交易框架中非常重要的组件。点击率预估是指预测特定用户点击特定广告的概率，主要有两个层次的指标。

（1）排序指标。以 AGC 为度量指标，是变现的最基础的指标，决定了是否能把最合适的数值指标呈现给用户。

（2）数值指标。以 Facebook 的 NE（Normalized Entropy）及 OE（Observation Over Expectation）为主要度量技术，是竞价环节进一步优化的基础，一般 DSP 比较看重这个指标。[①] 如果对 CTR 普遍低估，出价就会相对保守，

---

① 参见姚伟峰：《程序化广告交易中的点击率预估》，博客园，见 http://www.cnblogs.com/Matrix_Yao/p/4773221.html。

就会导致预算花不出去或是花得太慢；如果对 CTR 普遍高估，出价就会相对激进，从而导致 CPC 太高。

$$OE = \frac{\sum_{i=0}^{i=N} I(user\ click\ ad\ i)}{\sum_{i=0}^{i=N} pctr}$$

图 6-3　程序化点击率预估

在广告投放中，确保广告点击率预测的准确性十分重要，广告点击率预测直接关系到广告的费用预算。对于广告主而言，每一次广告投放，都具有一定的广告费用预算，不同的广告投放形式，所对应的广告预算也不相同。而在广告投放中，如何避免因无效的广告投放造成广告费用的浪费？通常采用 CTR 预估算法，它通过广告流量的特征、属性，预估点击概率，进而估算出本次流量的合理出价，避免了因盲目投放广告而造成广告费用浪费。CTR 预估算法主要包括 LR（逻辑回归模型）和 GBDT（动态决策模型）两种。

各种广告投放形式中的广告投放者的愿望都是提高自己的收益，这就需要提高广告的 CTR。对于 CTR，我们关注对它的预测，只有对 CTR 有准确的预测，才能及时地在查询返回页面投放相应顺序的广告。以搜索引擎为例，搜索引擎首先发起用户可能查询的关键词竞拍，然后广告主根据情况竞拍相关关键词。目前主要的付费方式为点击付费（Pay Per Click），若单位点击的付费额记为 CPC（Cost Per Click），则搜索引擎的收益（Revenue）计算方式为 CTR × CPC。[①] 研究显示，用户点击广告的可能性会根据广告的排放位置而降低，最高可达 90%。[②] 因此，搜索引擎要想获得最大的收益，就需要在靠前位置投放 CTR × CPC 大的广告，并依据相乘的结果对广告在查询返回页面上进行排序。

为了预测广告的点击率，需要考虑广告的内容与用户查询的相关性，

[①]　参见朱志北等：《结合广告相似性网络的搜索广告推荐》，《电子技术应用》2015 年第 3 期。

[②]　参见范双燕等：《基于改进的 FolkRank 广告推荐及预测算法》，《软件》2014 年第 9 期。

可以表示为用户的观察相关性（User-Perceived Relevance）。这种相关性在信息检索的过程中一般被描述为文本相似性。在点击率预测的过程中，这种相似性通过点击日志进行计算：用户点击一个广告说明用户认为广告与自己的查询相关，即可以通过点击记录计算出用户的观察相关性。许多研究领域用点击日志研究用户的偏好，提高搜索引擎的排序质量。

❖ 案　例 ❖

定向技术应用——淘宝直通车定向推广

《人类简史》的作者尤瓦尔·赫拉利认为："未来的上帝将不再是客户，他们将不再是经济链的顶端，经济链的顶端将是算法，算法将会帮我们做出越来越重要的决定，帮我们分析和解码客户的需求。"好的算法可以"点数成金"，而基于数据与算法的技术应用则是开启金库的密钥。

在数据时代，一个公司所拥有的数据是其最宝贵的资产，也是持续进化的源泉，而算法则是有效地分析挖掘数据的方法，技术是连接数据与用户的手段。所有的公司本质都是数据公司，公司的业务就是在生产数据，所生产的数据数量越多，维度越丰富，公司就越有价值，同时进化的潜力也越大。数据、算法与技术的应用促进公司的进化。

马云几年来反复强调说阿里巴巴是数据公司，而不是电商公司，2017年底他接受一个采访时说："九年前，当阿里巴巴从电商公司转型为数据公司时，我们内部有过巨大的争议，最终才决定转型。数据对于人类社会发展来说太重要了，就像上世纪的石油一样珍贵，所以我们必须着眼于数据。"阿里这几年的企业运作已具备非常清晰的脉络，即疯狂获取商业各个维度的数据，不断完善对数据进行分析挖掘的算法，在算法的基础上挖掘更精准的定向推广技术。

直通车是淘宝定向推广的典型工具，是继搜索推广之后的又一精准推广方式。利用淘宝网庞大的数据库，通过创新的多维度人群定向技术，锁定目标客户，将推广信息展现在目标客户浏览的网页上。平台的人群位置筛选是关键，出价水平决定了在选定的人群位置上的排名。除了淘宝网站内的热门页面外，淘宝直通车还整合了多家外部优质网站，帮助提高推广覆盖率。其作为淘宝商家的引流付费工具，应用普及度极高。

直通车的用户即淘宝商家一般在调整关键词时会涉及直通车的应用。虽然后台设置中，搜索人群并没有归类在定向推广中，但是严格来说搜索人群的设置，就是基于关键词的针对特定人群的一种选择性投放。这一功能可以让商家自由的针对访客人群进行定义，有针对性的进行溢价。例如针对人群的性别、年龄、职业等进行一系列的针对性溢价，在对于一些取暖设施的定向中侧重于对雨雪天气多、气温寒冷的地区进行投放，以提高流量的精准性。另外在定向推广部分可以对投放人群以及展示位置进行选择性设置。对于访客以及购物意图、展示位置的选择，可以在更多方面满足商家在商品推送和展现方面的要求。

淘宝直通车定向推广是针对淘宝千人千面政策而产生的一种推广方式，它可以将商品广告直接推向有对应需求的消费者，带来精准流量，从而提升商品的转化率。

本章习题思考

1.淘宝重定向广告模式有哪些可借鉴的地方？

2.淘宝直通车定向推广机制会产生怎样的影响？

用 户 篇

　　目前，用户角色也已经完成转变，用户由被动的信息接受者变成了信息传播的中心，并产生了较强的互动体验。当下的广告投放更倾向于与用户产生互动，为用户打造良好的体验感，让用户参与到品牌创造的过程中来。数字营销传播环境下的用户还能通过 O2O 应用与广告主进行双向互动与现实体验，从而产生消费行为和价值共创行为。因此，研究计算广告运用过程中的用户行为尤为关键。

第七章 计算广告的价值:实现用户
需求匹配最大化

在传统广告阶段,囿于传播手段与传播技术的限制,这一时期的广告传播主要以品牌主为中心,通过粗犷的全渠道传播扩大单向信息的覆盖面,无法实现广告信息的精准传播,因而广告效果难以保证。随着互联网以及移动互联网的迅速发展,广告业态发生了巨大变化,技术浪潮推动着广告进入计算广告时代。① 基于算法和数据优势的计算广告,使得面向用户一对一的精准传播成为可能。通过技术加持,计算广告的创意呈现可以满足"千人千面"的不同需求;通过场景和原生赋能,广告信息能够拉近品牌与目标用户之间的距离,实现更加有效的传达与交流。用户逐渐成为广告传播的中心,实现用户需求匹配最大化,进而实现广告传播效果最大化,逐渐成为计算广告的价值所在。

一、计算广告的用户思维与应用

(一)从品牌主为中心到用户为中心

互联网时代出现之前,广告是大众传媒产业产生收入和利润的主要来

---

① 参见段淳林、杨恒:《数据、模型与决策:计算广告的发展与流变》,《新闻大学》2018
年第 1 期。

源。从根本上来说，广告仅仅是媒体产业实现盈利的一种手段或工具，大众媒介将具备一定读者、观众流量的广告版面售卖给第三方广告公司，第三方广告公司为投放广告的品牌主制造广告内容，然后将大众媒介上的广告版面资源匹配给品牌主。因此，广告最初就是为品牌主服务的营利工具，广告公司在制定广告主题、制作广告内容、寻找版面资源的过程中都是以品牌主为本位，最大的要求是满足品牌主的需求，帮助品牌主进行产品信息的灌输和传递，采取广撒网投放的手段以提高品牌曝光度。

进入了 PC 互联网时代之后，广告自然而然也成为互联网产业变现途径之一。传播媒介的属性发生了变化，降低了广告版面的售卖定价，庞大的互联网资源拓展了广告传播的途径和形式，但原理上依旧是互联网媒介将用户浏览网页的流量和注意力资源贩卖给广告公司，变现的思维模式与早期"二次售卖理论"的内涵别无二意。PC 互联网时期的广告传播思维依然还是"获得用户—分析用户—变现用户"的模式，将网站页面积聚的用户资源作为产品实现变现，目的依然是增加品牌曝光量，满足市场集合性需求。

对于广告，19 世纪广告大师约翰·沃纳梅克（John Wanamaker）曾提出过广告营销界的"哥德巴赫猜想"："我知道广告费有一半是浪费的，但很遗憾，我不知道被浪费的是哪一半。"传统的广告传播思维是品牌主思维，是产品思维、流量思维。这种以品牌主为本位，单一灌输产品信息，向消费者进行广撒网式的广告传播的思维，会造成品牌主传播资源的浪费，将有效信息传播到无效人群身上，或者向有效人群传播了次相关信息，都无法使广告传播价值达到最大化。在这种传播范围广、目标群体画像同质化的广告传播之下，每个消费者看到的都是同样的广告内容，用户体验较差，并且广告效果难以进行可量化评估。

大数据和计算广告的诞生，让广告传播思维有了极大的变化。互联网广告投放的工作重心已不再是针对品牌主，而是围绕用户开展。从过去的面向大众媒介平台、以广告主为本位、同质化传播内容的整合营销传播思维，转化为精准定向消费人群、以用户为本位、融合个性化传播内容、双向互动的计算广告传播思维。用户思维成为互联网思维的核心，广告营销的各个环节都以用户为中心实现精准化和个性化传播。精准化，是指新的广告传播思维善于利用大数据等信息技术工具进行用户导航，将相关信息传达给有效人群，将传播资源的价值最大化。个性化，是指根据用户标签、用户兴趣数据，利用自动化工具为消费者定制创意，让每个用户看到他们所喜闻乐见的广告内容，提升用户体验。

过去的广告传播模式为单向或一对多，而大数据时代的广告传播思维将单向传播转向双向传播，甚至是多向传播，实现品牌与用户、用户与用户之间的信息交流与情感互动，通过多点触达用户，实现用户的互动情境需求。以用户为中心，不断完善他们的体验，才是品牌长青的制胜之道，以用户为中心的计算广告营销时代已然来临。

（二）从大众传播、分众传播到精准传播

纵观网络传播的发展，我们可以将其分为三个阶段，即由大众传播到分众传播再到现在的精准传播。

所谓大众传播，就是一对多的信息传播模式。即网络传播刚刚发展的起步阶段，这一阶段的网络传播延续了之前传统媒体大众传播的特性，虽然是传播媒介由报纸、杂志、广播、电视等传统媒体过渡到了网络新媒体，但其传播信息的形式在本质上并没有改变，仍然是一点对多点、高度中心化的大众传播形式。

随着"信息爆炸"时代的来临和用户自我选择意识的提高，用户在接受信息的过程中，开始有选择地去阅读对自己有价值的信息，排除无关的内容。面向大众传播的信息不再适合所有的受众，这时就出现了受众细分，即分众。分众传播，即将全体受众根据其个人动机和需要的不同制定区隔，分成子组群，并向不同组群有针对性、有区别地传递不同信息。基于对用户的

洞察，对受众恰当的细分带来了更加精确和更加高效的传播，这从根本上区别于"统治"传统媒体时代的大众传播形式。

到了信息过载的时代，精准传播应运而生。基于互联网的算法和大数据技术优势，已经能够给用户提供满足个人信息需求的精准信息。在大数据时代，每个网民都被赋予了一个数字身份，在互联网上以各种各样的数据和信息行为痕迹记录着生活，成为一个个自我属性强烈、标签身份明确的个体。由于这些数据的存在，每个用户的偏好、兴趣、消费行为等变得可追踪、可分析、可预测，广告投放的选择变得有迹可循，这也使得精准传播成为可能。

相较分众传播，精准传播更加强调信息传播的一对一以及有效性。与此同时，还会强调用户接收信息的主动性。而要实现精准化的广告传播，第一步就是要精准找到目标用户。

在传统的大众传播时代，广告的精准传播并非易事，但在大数据技术的帮助下，广告已经在一步一步朝向用户精准传播个性化定制内容的方向迈进了。基于数据和算法优势的计算广告改变了人工定位用户的传统服务模式，转而发展出具备低成本、高效率属性的数据分析和智能算法形式。通过大数据技术，计算广告能够对用户在网上的行为展开追踪，对用户进行多维度的分析，深度了解用户来源与用户需求，做到定位精准；还能够根据不同用户的不同需要，有针对性、一对一地投放广告，完成广告内容与用户需求的精准匹配，做到精准投放。与此同时，大数据时代的计算广告营销传播具备了提升精确性的更大可能空间，例如聚合用户线上与线下的行为数据，将用户的线上行为与线下轨迹相互结合，精准判断用户所处的语义环境和生活场景，让对的广告找到对的人，提高广告的投放转化率。可以说，大数据时代的计算广告精准传播，就是通过对海量用户行为数据的分析与处理，解决形形色色的场景需求，联系形形色色的人，实现广告对用户一对一的精准匹配，以低成本带来高转化。

（三）从创意驱动到技术和创意共同驱动

创意是广告的灵魂。传统广告注重创意工作，传统创意生产可以说是一种经验智慧的成果，遵循单向线性的生产模式，即基于对用户的需求洞察—广告人员依据经验智慧进行创意生产—媒介投放。可以说，传统广告是遵循"创意驱动"模式，它抓住目标消费群体的共同特征，由广告人员进行产品功能、品牌内涵等有针对性、艺术性的传达，希望通过创意打动目标消费者，激发情感共鸣，以实现广告的诉求目标。

而大数据时代的互联网广告，其核心是运用算法和大数据技术优势，搜集、分析网络用户的网上"行为踪迹"，最终精准地发现目标用户的消费需求，实现针对目标用户的精准广告投放。可以说，大数据时代的互联网广告运作，不再是单一的创意驱动。与此同时，技术的价值和地位得到了前所未有的提升，广告的创意生产也实现了从纯创意驱动向技术与创意的共同驱动发展。

1.程序化创意

基于技术和大数据的程序化广告，重塑了传统广告行业所涉及的消费者洞察—广告创意生产—媒介投放购买环节。不仅能够洞察目标用户，帮助广告主在高度碎片化的复杂营销环境中精准匹配广告信息与目标消费者，更能让不同的目标消费者在恰当的时间、场景中看到恰当的广告内容。与此同时，技术和创意相互结合的程序化创意，能够快速实现广告的创意要求，简化设计师和营销团队的工作，使广告制作更加简易、快捷、高效。借助算法和技术，程序化创意能快速地对设计素材进行大规模个性化组合，同时参照程序化目标变量（如性别、年龄、个人喜好、网站访问情况、使用行为轨迹等），根据不同的场景，以排列组合的方式随机生成广告创意，实现广告创意生产、广告创意筛选优化的自动化。

程序化创意强调以"个人"为创意单位，以用户数据为核心，依靠算法来实时判断是否要与用户进行互动，用何种广告内容与用户进行沟通更为恰当，从而根据目标用户个体的具体需求进行选择性的广告创意呈现。

2. 动态程序化创意

程序化创意能够随机、快速地生成成百上千个广告创意版本，大量减少传统人力设计中繁琐的迭代工作，相比传统广告的创意生产着实前进了一大步。但与此同时，另一个问题也凸显出来——如何才能客观上保障数量如此之多的版本中每一支广告的品质？

一直以来，对广告品质的判断主要依赖广告主自身及专业创意人士。他们认为用户希望看到什么、喜欢看到什么，就选择哪种创意版本。如果离目标受众更近一步，则会在正式投放前进行小规模的 A/B 测试，然后再根据结果决定是否让广告大规模投放。然而程序化创意所产出的广告创意版本成千上万，传统方法不能完全适用。这时就需要"动态创意优化"（Dynamic Creative Optimization，DCO）。简言之，动态创意优化就是在多版本广告投放的过程中，根据受众反应来评估创意传播效果，动态调整不同创意版本的投放策略（比如曝光量分配），从而优化广告活动的整体效果。

一方面，动态创意优化可以让用户自己选择创意。与之前靠预先洞察和经验筛选创意作品不同，DCO 直接让最终用户用行动投票，选择喜爱的广告创意。在广告投放过程中，利用监测数据来观察用户的行为反应，判断其接受程度。例如，从广告页面的停留时长可以推断用户对广告内容是否感兴趣，从点击率、转化率、互动率等数据指标可以了解用户的参与意愿等。除此之外，将多个版本的广告创意作品数据进行比较，就能清晰地识别出哪些创意版本更受用户欢迎，传播效果更好。如果配合投放过程中所获得的人群属性信息，还可以进一步观察不同人群对创意版本的偏好差异。另一方面，基于实时更新的广告创意效果数据，DCO 可以对广告创意的投放策略进行实时调整，实现快速纠偏和动态优化，使广告投放效果最大化。将程序化创意与动态创意优化相互结合，动态程序化创意的运用将使广告创意更具针对性和精确性，可以显著增强广告的个性化展现效果。

二、计算广告的内容战略与实践

（一）计算广告："技术＋数据＋内容"的综合运用

计算广告是随着广告与互联网应用相结合而发展起来的研究领域，主要利用互联网强大的数据收集和处理能力提升互联网广告的效果。"现有针对计算广告的研究多停留在'技术＋数据'层面，包括数据管理、信息检索、数据挖掘、机器学习、分布式系统等。"[①] 然而我们应看到，计算广告的本质仍是广告。对于广告来说，创意是广告的核心，而内容则是创意的关键。"技术＋数据"能精准细分消费人群，而"内容"能加大沟通力度，计算广告应当是"技术＋数据＋内容"的综合运用。

1. 以技术为依托

当前"互联网＋"时代，技术已经成为我们生活、工作和娱乐的时代背景，创造着经济领域的全新现象、业态甚至整体景观。新的技术将我们与过去的时代相分离，并创造了我们当前的财富、经济、生存与生活方式。对于广告来说，技术是其持续变迁的支撑和动力，这是在广告产业诞生之初就已经存在的事实，但是直到今天的"互联网＋"时代才如此明显地被人们意识到。过去的广告产业虽然依赖技术实现其目标，但是整个产业的关注重点放在品牌广告的创意、策划和媒介购买方面，业务流程的人工化色彩非常明显，技术的作用虽然重要但处于某种附属地位。到了计算广告时代，广告主与广告受众的距离越来越近，对广告受众的洞察越来越深刻，对广告受众的划分越来越细致，广告传播正在从粗放式群体化传播时代进入集约式精准化

[①] 胡晓峰：《计算广告："技术＋数据＋内容"的综合运用》，《电脑知识与技术》2015 年第 19 期。

传播时代。对更加完美的广告传播的需求召唤着技术的创新。

计算广告技术能够实现广告精准定向投放，也可以有效提高广告定向投放的精度，优化互联网广告产业链并营造良性、和谐、共赢的产业环境。它可以提高广告的点击率，提升网络广告联盟的信誉，还能够帮助用户获取有用的信息，并在一定程度上推动了第三方付费模式的发展。所谓第三方付费，是指由作为第三方的广告主为用户向软件开发者（或服务提供者）支付使用软件（或服务）的费用，在该付费模式下，软件开发者（或服务提供者）可以获得发布广告的收入，用户可以获得免费的软件（或服务），而广告主则可以通过精准定位的广告来销售更多的产品。

技术给予了计算广告持续发展的力量源泉，主要包括广告检索、广告投放算法和用户数据分析等。近年来，信息检索、机器学习和数据密集型计算等领域的研究工作为计算广告的发展提供了技术支持，例如，基于信息检索的关键词抽取技术；基于机器学习算法的广告检索技术和点击率估计技术；基于分布式数据密集型计算系统的海量数据分析处理平台和实时广告检索排序平台；等等。这些技术不仅使得广告系统能够实现精准定向，并且能够在毫秒级的时间范围内处理上百万并发的实时广告检索、排序和投放需求。

因此可以说，计算广告依托于技术而产生，并且随着科学技术的发展而不断发展出新的操作模式和呈现状态。

2.以数据为核心

在媒介融合时代，全媒体和大数据使得人们获取和传播广告信息的方式发生了根本性变化。消费者碎片化、微分化和个性化的趋势使得过去的整合营销传播模式经常出现失灵现象，因此对于精准营销传播的需求日益强烈。如何通过利用快速发展的信息技术精确预测个人需求，从而推送更加精准的广告营销信息成为人们关注的话题，是一直以来亟待解决的问题。尽管精准营销并不是一个全新的概念，但是直到近年，当这一概念与快速发展的大数据时代叠加之后所形成的计算广告才作为一个全新的概念，更加具备理论依据和实践意义。

对于企业来说，数据是最核心的资产。目前，数据已经成为一种和原材料、劳动力、资本等要素一样重要的生产要素，而且作为一种普遍需求，它也不再局限于某些特殊行业的应用。各行各业都在收集并利用大量的数据分析结果，尽可能地降低成本，提高产品质量和生产效率，创造新的产品以及推销产品。计算广告需要全面而真实的数据，只有依托于对数据信息的收集、处理、理解、转换、加工等，广告才能够在信息爆炸的时代实现精准化投放，从而在正确的时间、正确的地点、正确的环境，呈现在正确的人眼前。可以说，计算广告学是在大数据背景下出现的一个广告学研究分支，是体现大数据思维的一种广告学研究范式。它涉及大规模搜索和文本分析、信息获取、统计模型、机器学习、分类、优化以及微观经济学，旨在实现特定用户和相应广告之间的"最佳匹配"，进而实现精准传播。

3.以内容为根本

计算广告不仅要关注广告"怎么说"，广告"说什么"也同样重要。计算广告的概念明确表示，计算广告要实现广告内容、用户、语境与算法四者的最佳匹配，在合适的时间、合适的地点向用户传播最合适的内容，从而达到最大化的广告效果。这就说明要提高广告的点击率、构建良好的广告产业链必须要重视对消费者的了解和内容的建设。

这里所说的"内容"囊括三个方面。

一是媒体自身的内容生产。随着媒体大量地从传统媒体过渡到与新媒体的并存阶段，众多媒体开始应用互联网技术改善自身结构并进行转型，内容生产量不断扩大，内容与受众特征的匹配程度也越来越高。

二是广告本身所承载的内容信息。传统的广告内容多为单层面信息，分别集中在产品功效、品牌内涵和用户体验上。而互联网广告的内容同时传递关于产品、品牌、文化等多个层面的信息，并能借助场景营销和原生广告，精准匹配目标用户和使用情境，使广告在合适的时间、合适的地点，以合适的内容传递给合适的用户，提高广告的投放转化率。

三是用户生成内容。用户生成内容，简称 UGC。它允许用户生成内容给予了用户众多权限，让用户可以根据自己的需求和方式进行自由创作。广告中的许多创意可以说有相当一部分是 UGC 的产物，而这些内容恰好是用户潜意识需求的一种表现。

计算广告是"技术 + 数据 + 内容"的综合运用。通过技术挖掘并分析数据，获知受众的准确需求后，根据广告内容所提供的关键字，以强大的数据挖掘技术为用户提供与其当下需求有可能匹配的广告，从而在最大程度上提升广告被关注的程度，实现广告传播的最终目标。

（二）场景应用实现计算广告精准营销

"在 Web3.0 时代，场景化成为主导趋势，消费者不再是一串数字或者账户符号，他们是拥有明确需求的特定人群。"[①] 在知晓如何使用产品方面，他们具有强大的话语权，而在这个"唯有变化不变"的时代，广告业也在不断适应着新的互联网变革和消费者自主性变化的大环境。

"场景"一词最初是影视用语，是指在特定空间和特定时间内发生的行动，或者因人物关系构成的具体画面，是通过人物行动来表现剧情的一个特定过程[②]。作为影视用语，场景强调将不同的场面组成一个完整的故事。而最早将"场景"一词用于传播领域的是罗伯特·司考伯和谢尔·伊斯雷尔，他们在《即将来到的场景时代》一书中认为场景传播的关键在于技术支撑，并阐明了"场景五力"的内容，即移动设备、社交媒体、大数据、传感器和定位系统。这"五力"正改变着我们的商业和生活，几乎所有的企业都在调

---

① 许正林、南曼：《场景时代：2015 年西方广告研究新趋势》，《中国广告》2016 年第 8 期。
② 参见李静、刘俊冉：《基于场景视角试议移动互联网时代的广告创新》，《出版广角》2016 年第 12 期。

整发展路线并将场景纳入其策略，广告行业也不例外。

"场景强调数据和技术的巨大作用；场景的核心思想是围绕用户，以大数据、云计算、物联网与人工智能为基础，为用户提供带有极强的情景融入与关联的产品和应用，在'润物细无声'的状态下生成消费行为。"① 对于计算广告来说，场景是将其作用发挥到极致的契机。随着广告市场的发展，消费者对于广告也越来越挑剔，单纯的广告推送信息已经不能完全打动消费者，没有更多的场景联系和场景联想，广告便无法与消费者达成更紧密的沟通。同时，场景的存在则能够为消费者提供产生并实现某种特定需求的背景和环境，并较为有效地刺激消费者进行消费。例如，在某些大型购物中心，一走进商场，消费者的手机上立即能收到来自这家商场推送的各类购物短信或提示，产品、店铺、优惠折扣等内容都可以通过移动终端呈现在消费者眼前。可见，场景应用的核心在于根据消费者所处的不同环境、不同地点，针对特定的时空情境，有目的地、精准地实现信息推送，其本质是在特定情境下为消费者提供个性化和精准化的信息服务。所以，场景的这一本质实际上与计算广告是相互交织的。

计算广告能够刻画消费群体的兴趣偏好并实现个性精准投放。与此同时，这些信息在哪里投放更加有效还需要场景的加持。正是因为场景的存在，计算广告才能够依托强大的技术及数据支撑，为实际的广告实践应用保驾护航。

（三）原生呈现赋能计算广告高效传播

随着网络社会的发展，消费者渐渐对与自身不相关的信息产生反感情绪，内容营销逐渐成为主流的趋势。消费者只找寻和自己相关的信息且通过多种渠道寻找资源，在此种潮流之下，原生广告的重要性可见一斑。

---

① 刘祥：《场景：移动营销的"阿喀琉斯之踵"?》，《销售与市场（评论版）》2015 年第 9 期。

2011 年 9 月，联合广场风险投资公司创始人弗雷德·威尔逊（Fred Wilson）在 OMMA（Online Media，Marketing and Advertising）GLobal 峰会上提出，新的广告形式将存在于网站的"原生变现系统（Native Monetiza-tion Systems）"当中。这是"原生"概念第一次出现在广告领域。

对于原生广告的概念定义，业界众说纷纭，但较为统一的是，众人都认为原生广告并不是某种特定的广告形式，而是包含能够将品牌内容融入用户使用体验的广告类型，它区别于劝服性广告，核心意图是通过"融入用户体验"，使品牌化内容成为对消费者有价值的"信息"。

原生广告是广告行业出现的新趋势、新现象。在原生广告中，广告与消费者的关系发生了根本性的变化。"原生广告既不同于通过打断消费者的体验活动进行'闯入式劝服'的展示性广告，也不同于通过隐藏广告主的意图进行'隐蔽式劝服'的植入广告，原生广告通过支持消费者的解释体验将广告从广告主单方获利的劝服关系转变为广告主与消费者相互需要的共赢关系。"①

一方面，通过提供有价值的信息，原生广告能达到"去广告化"的目标，是内容营销理念在广告领域的专门化应用，其本质属性是通过融入用户的心理体验实现原生化。另一方面，原生广告本质上是定向投放的广告，比起展示性广告，原生广告的定向投放需要更丰富、更即时的用户数据。而如何实现原生广告与用户的最佳匹配，这就需要以技术和数据为依托的计算广告的支持。

我们可以发现，原生广告更加倾向于内容的原生性，它能够提供整合网站、App 等平台本身的可视化设计的广告信息，在 Google 上可能是搜索广告，在 Facebook 上可能是 Sponsored Stories，在 Twitter 上可能是 tweet 式广告。而计算广告更加倾向于技术性的数据分析，它为内容提供较为客观的策略性指导。对于计算广告来说，原生是广告信息能够持续作用的动力。基

---

① 康瑾：《原生广告的概念、属性与问题》，《现代传播（中国传媒大学学报）》2015 年第 3 期。

于数据和算法分析得出的结论能够精准捕捉消费者的偏好，但是如若广告投放的信息不能获取消费者的喜爱和信任，那么计算广告的效果便不能实现最大化。在计算广告的技术支持下，将广告信息辅以原生形式进行呈现，不仅能够拉近品牌与目标用户的距离，而且能够更加有效地传达与交流广告信息，助力高效的营销传播。

三、计算广告用户思维运用的价值意义

（一）从广告内容到用户需求匹配精准化

所谓大数据，并不是简单地对数据进行叠加，而需要对海量数据进行分析处理，获得有价值和意义的信息。计算广告通过对互联网以及移动互联网用户行为与轨迹的分析（比如用户的浏览记录、电商购物状况、社交平台点赞和分享状况等），再通过对数据的挖掘以及关联性分析，可以对用户的自然属性和社会属性进行判断，获知该用户在当下的兴趣、消费状况，从而使广告在进行投放时可精准锁定目标群体。当用户打开网页的时候，其所看到的广告内容，是根据技术判定的与此人个人属性、兴趣爱好相关的内容信息。当不同的人打开页面时，看到的广告信息各不相同，即所谓的"千人千面"。

计算广告依托对于数据痕迹的收集分析可以轻易获取用户的需求，而这些通过计算得出的结果也是广告信息能够接近用户并与其产生交流的主要原因。同时，以场景和原生助力的广告内容信息也能够在计算广告的强大加持下实现实时的调整定制。当广告内容与用户需求产生交集时，传统广告的做法是以大量的宣传曝光击中目标用户群体，但是计算广告能够以大数据和算法技术引导两者实现精准化的匹配，这是计算广告较之传统广告的最大优势，也将是广告行业的未来发展方向。

（二）从营销手段到品牌社会价值最大化

计算广告作为一门新兴学问，目前学术界的讨论研究还处于初级阶段，但是从市场应用来说，越来越多的企业已经开始接触并进入到计算广告的探索实践中。

传统的广告营销手段始终受到"沃纳梅克之惑"困扰，尽管众多的广告主在广告上进行投资，期待以广告宣传扩大品牌知名度，提升品牌美誉度。但是，这些广告投资有一大半的作用甚微，即并不是每一分广告费用都能够产生相应的结果。而计算广告的出现在一定程度上能够解决这个问题，它能够在数据和技术的支持下实现广告内容与用户的精准匹配，从而提升广告效果，降低广告投放费用。在这一层面上，计算广告已经不仅仅是一种市场营销手段，而是更加贴近于市场工具。

作为一种市场工具，计算广告可以将品牌内容以最高效的手段传送到最合适的用户手中，这种经过计算匹配的结果在一定程度上能够赢得用户对于品牌的好感度。用户与品牌之间产生连接，实现更长远的交流，能够使品牌的社会价值得到释放。从另一层面讲，计算广告想获取的不仅仅是当前的消费行为所带来的短暂转化率，更是谋求品牌社会价值的最大化。

从市场实践来说，计算广告不仅仅只是为了实现广告的精准匹配营销。它的发展，更能够实现从营销手段到品牌社会价值的最大化，这将创造更巨大的社会财富，推动整个社会经济的长远发展。

四、计算广告重构广告产业变革

信息技术的极速发展推动了我国迈入"大数据"时代的进程，社会中日益累积的大量结构化、非结构化的数据影响、改变着人们的生活方式、工作方式甚至是思维方式，对整个广告市场也产生了巨大的影响力。2008 年在美国加州旧金山市召开的第十九届 ACM-SIAM 离散算法学术讨论会上，雅虎研究院的资深研究员兼副总裁 Andrei Broder 提出了计算广告（Computational Advertising）的概念。在被提出之初，计算广告是一种根据目标用户和网页内容，通过计算得到与之最匹配的广告并进行精准定向投放的一种广告投放机制。在大数据与程序化技术的推动之下，计算广告作为一种全新的广告生态，引发了定制化推荐、融合化传播、智能化调整、程序化购买等与传统广告传播业态截然不同的新模式，并实现了对整个传统广告产业的颠覆与革命。

（一）范式变革与思维颠覆：计算广告改变广告的性质

计算广告革命最突出的特点在于对广告性质的变革。传统广告以企业的营销需求为起点，无论是广告的交易流程、目的还是推广方式，都是以广告主为绝对前提，广告主占据着绝对的优势。然而，网络媒体的崛起赋予了消费者日益强大的话语权，市场优势逐渐向消费者端倾斜，消费者成为一切广告活动的起点。而依托于大数据与程序化技术的计算广告不仅是广告主进行消费者洞察的得力助手，更重要的是带动了整个广告产业思维与交易范式的颠覆。

1.计算广告推动信息智能化发展。传统的广告传播方式是"人找信息"，消费者需要耗费大量的时间与精力排除无用内容，获取自己所需要的信息。但是在计算广告的驱动之下，逐渐智能化的信息已经使广告传播方式演变成为"信息找人"，通过高效算法主动向用户推送所需的定制化广告。无论是从信息传播的效率还是用户的体验感上来说，这都是一个质的飞跃。比如谷歌公司开发的 Adsense 技术就能通过分析用户浏览的网页内容，提供与内容相关的广告；天猫、京东、亚马逊等也都能通过分析自身网站上的海量浏览数据和购买数据，运用数据挖掘算法和消费偏好比较，发现每一个消费者的潜在需求，预测并推荐他们可能感兴趣的商品信息。信息流广告（In-

Feed）的出现是计算广告推动信息智能化发展的进一步体现。信息流广告是一种建立在用户数据分析上的广告策略，由 Twitter 在 2011 年首次运用，随后 Facebook、Instagram 也相继推出自己的信息流广告①。我国最早的信息流广告出现在新浪微博，于 2013 年 1 月推出。随后国内众多平台也纷纷布局信息流广告，例如百度聚集了超过 50 万作者共同运营百家号；腾讯基于微信平台，在微信"看一看"、朋友圈植入信息流广告；今日头条、一点资讯、天天快报等专业兴趣引擎平台也前赴后继奔向信息流的怀抱。以今日头条为例，其通过数据挖掘和用户偏好的匹配技术，可以在用户刷新或下次查看时优先推送该明星的相关新闻和资讯，并在发现用户下一个偏好之前一直保持该状态。这样的个性化定制与推送服务，使得今日头条能够最大限度地了解用户需求，增强用户黏性，实现良性循环。

如今用户更多的诉求是利用碎片化时间获取所需信息，针对性的单一信息获取频率其实非常低。对于用户来说，信息流广告的出现顺应了这种碎片化的信息接收模式，借助于技术与智能算法，为用户寻找信息节省了大量的时间。同时，这种智能化的信息传播模式进一步提升了广告投放的有效性。信息流广告作为一种结合场景并具有情感联系的广告形态，把用户价值放在第一位，用户可以以直接或者间接的方式参与到产品策略和广告形态的优化过程中，这种参与感能够帮助降低用户对广告信息的抵触心理，从而实现品牌与用户之间的良性互动。

2.计算广告推动广告交易的变革。计算广告对广告交易的改变表现在以下四个方面：（1）市场交易主体细分与资源整合。传统广告产业链中仅仅存在广告主、网络媒体与用户三方角色，此时因为广告主与网络媒体的数量都较为稀少，彼此之间的交易采用直接的线性流程就能够满足资源匹配的需求。而发展到计算广告时代，市场中广告主与网络媒体数量急剧膨胀，市场中充满了大量而繁杂的信息，需要更加高效的协调机制进行供需匹配。由

① 参见韩杰：《微信朋友圈的信息流广告研究》，《新闻世界》2015 年第 4 期。

此逐渐产生专门为广告主服务的需求方平台 DSP、针对网络媒体的销售方平台 SSP、专业的广告交易平台 Ad Exchange，甚至是专门提供数据服务的数据交换 Data Exchange，这些角色的出现将整个广告产业链中的主体进行进一步细分，同时也对市场中的各方资源进行平台整合，实现了资源的进一步优化匹配。（2）广告售卖方式的改变。传统广告售卖主要以合约方式为主；而到了计算广告时代，实时竞价则取代了合约方式成为主流。实时竞价 RTB 模式作为一种利用第三方技术在数以百万计的网站上针对每个用户展示行为进行评估以及出价的竞价技术，通过广告交易平台 Ad Exchange 及 DSP、SSP、PMP、DMP 等平台之间的相互协作进行高效的广告程序化购买，从而实现精准投放。在 RTB 模式下，广告主实现了从购买媒体到购买用户的转变，使广告契合了用户本身的兴趣，对广告的兴趣也随之增加，广告对于用户而言不再是无用的推送而成为有用的信息。（3）广告投放方式的改变。计算广告的定向投放由传统基于网页内容的定向转变为基于受众的定向。计算广告通过融合机器学习、大数据、云计算等技术，运用数据挖掘算法和消费偏好比较技术，发现每一个消费者的潜在需求，为用户量身定制广告信息。其理念精髓就是根据不同用户在不同时空、不同语境下的不同喜好，通过不同的互动传播形式，向他们推荐最合适的广告信息和产品实物。特别是在产业链中，由于数据交换和数据提供者角色的出现，使基于受众的广告精准定向投放成为可能。（4）计算广告中的程序化购买过程使得数据的价值被充分挖掘，广告主不仅能够精准锁定目标受众，还可以根据投放的效果，对投放的广告进行修改，为受众提供个性化的服务。同时，"借助程序化购买广告对大数据的运用与分析，用户在观看广告后的一系列网络活动轨迹也可以被判断，传统广告最难衡量的广告传播效果也可以实现，整个广告的投放效果由此得到了大幅度的提升"[①]。

3.计算广告推动广告行业的变革。在计算广告模式下，传播渠道与销

[①]　黄杰：《大数据时代程序化购买广告模式研究》，《新闻知识》2015 年第 4 期。

售渠道的结合与强引导性，加上广告投入效果的精准可控，促使广告主在互联网上投放广告的目的逐渐由品牌展示转变为直接市场营销。传统广告因为销售渠道与传播媒体的分离，加上广告投放后实际的转化效果测量也并不全面，广告投放的目的更多局限于建立品牌形象。但是在计算广告的模式下，广告定向技术不断优化，用户参与程度不断加强，特别是大数据与电子商务结合，被精确定位的广告受众可以被直接引导成为消费者，这都使得直接的市场营销成为可能。此外，由于大数据技术贯穿了媒介策略的每一个环节，广告主可以实现对广告投放效果的智能化监测与反馈，从而实现更精确的成本控制。广告主可以综合运用网站分析、社会化分享、登录页转化（Landing Page Conversions）等手段获取大规模的有用数据，对所展示的内容进行监测、反馈，在优化用户体验的同时，还可以进行比较精确的成本收益控制，这对实现 ROI（投资回报率）的目标有很大帮助。

4. 计算广告带动广告表现形式变革。计算广告时代广告创意有三大特点：（1）精准获取用户兴趣点，目标是激发用户欲望并刺激行动；（2）这种创意的表现形式是互动的；（3）情感计算驱动情感营销，引起消费者共鸣。计算广告在广告的表现形式上不是一味追求华丽、虚幻的视听效果，而是更加深层次地直接把握受众兴趣和信息诉求，从理性上满足受众的信息需求。例如 Google Ad Sense 的纯文本链接广告，视听觉感官的刺激不再是重点，而是利用最优最快的算法实现广告与网页的最佳匹配。可以说，计算广告是艺术思维的纯感性化创意与逻辑算法的理性化数字思维的结合。

5. 计算广告带动广告营销思维变革。消费者洞察是计算广告营销的基石，计算广告的业务流程以用户实际需求或潜在需求为价值出发点，逆向推出所投放的媒介和广告形式，并相应地完成媒介购买和广告创意，每个环节的决策都有复杂的算法和丰富的数据作为支撑。可以看出，计算广告彻底颠覆了传统广告以产品为出发点的思维方式，真正将消费者需求摆在了广告营销的第一位。而除了营销出发点的改变，计算广告还推动了广告营销由单一广告营销方案向整体广告营销方案的转变。整体广告营销既包括同一广告主的不同商品同时进行广告投放的方案，还包括针对同一用户的跨屏广告投放方案。这些营销思维上的转变都使得计算广告行业成为一个与传统广告行业不同的新兴市场空间。

计算广告的出现使得广告的性质发生了彻底的变化，作为广告内容的信息经由技术与数据的整合与处理，不再是干扰用户的噪音，而是变成了智能化的、能迅速满足用户需求的工具。广告产业链中的角色也被进一步细化与聚合，过去的契约式广告交易模式得以迅速演变成程序化交易模式。机器和算法取代了过去的人工操作与人工服务，从而形成了技术和数据驱动型的计算广告的产品形态和行业生态，并对整个广告市场产生了深远的影响。

（二）数据驱动与价值重构：计算广告成为生活帮手

除了颠覆传统的广告业态，计算广告也在不知不觉中极大地改变了人们的生活。围绕消费者活动产生的海量数据，不仅能够帮助广告主更好地洞察消费者、提升服务能力，更重要的是，由数据驱动的计算广告凭借着对这些数据的管理与分析，挖掘出了改变人们生活方式与消费方式的更多可能性，从而成为人们生活中的强大帮手，推动人类向更加便利化、智能化的社会迈进。

优化信息传递效用。互联网时代信息的爆炸式增长使得广告在人们的传统印象中已经变成"数字垃圾"一般的存在，消费者面对如洪水一般的广告信息不胜其扰，同时也烦恼于无法避开无效广告，难以在海量的信息中筛选出最适合自己的内容。而计算广告技术可以有效地提高广告定向投放的精度，通过对受众的精准分析，将用户所需的广告传递至用户眼前。个性化的推荐系统甚至能在用户需求不甚明确的情况下，通过分析用户的历史数据和过去行为，主动推荐满足用户兴趣偏好的个性化信息、内容、商品和服务。其价值在于，个性化的推荐系统不仅能够帮助用户发现自己的需求以及对自己有价值的信息，更重要的是，可以向对其感兴趣的用户主动展现适当的信息，实现信息与用户的精准匹配，从而将广告由骚扰信息转化为有用信息。经由计算广告优化的信息传递从根本上改变了广告的性质，使广告不再仅仅是商业营销的一种手段，更成为人们生活中一种有价值的信息来源。

打造智能生活入口。结合物联网技术，例如 LBS 定位与其他跟踪技术，计算广告允许广告主通过场景化的数据分析得知用户目前所处的情境与可能产生的需求，并及时向用户推送其可能需要的产品信息。举个简单的例子，当你处于北京最繁华的商业中心，准备与同事一起吃午饭，你们都很喜欢吃西餐。通过对这些场景化的信息进行计算与分析，广告主就能够判断出你当下可能存在的需求，于是当你打开例如大众点评之类的 App 时，你将很容易获得附近西餐厅的内容化广告信息。通过这些信息，你不仅能够了解附近各家西餐厅的食物种类、价格，甚至可以通过观看别人的评价来帮助进行自己中午的进餐选择。由此，依托于场景化数据计算得来的广告营销内容成为用户面临问题的实时解决方案，特定的内容契合用户所处的特定时空适时出现，能随时随地智能地满足用户需求。甚至，随着计算广告理论的优化与普及，这种计算能力在现实社会中的应用范围也会越来越广，带动更多领域的商业生态与产业模式发生变革，推动整个人类社会向更加智能化的时代迈进。比如滴滴打车可以借助移动计算，将个人用户与最符合其所处场景需求的车型（出租车、顺风车等）进行匹配；Uber 公司的智能算法则会根据当时当地的打车需求进行动态定价并将这一价格信息快速反馈给用户用以调节市场供需状态，这两者都借助了智能计算，不仅满足了用户的出行需求，还激活并优化配置了社会闲置资源，从而推动了智能交通的发展。

借助于科学计算，广告不再单纯的只是广告主为了推销自己产品而产生的附属物，而成为一种优化资源配置效率的工具、一门感性化创意与理性化数字思维结合的艺术，是与我们生活息息相关的信息来源，并从各个方面推动我们的生活向智能化与便利化的方向发展。

（三）跨学科交叉与融合：计算广告衍生新学科建设

2011 年 9 月至 12 月，斯坦福大学邀请计算广告概念的提出者雅虎研究院资深研究员兼副总裁 Andrei Brode 和雅虎资深研究员 Vanja Josifovski 联合开设了计算广告学导论的研究生课程，并在这门课程的官方网站上明确指出："计算广告学是一门新兴的科学分支学科，是一门涉及大规模搜索、语义分析、信息检索、统计建模、机器学习、分类、优化和微观经济学等众多领域的交叉学科。"可以说，以技术与数据为依托的计算广告是多学科融合发展的结果，同时其本身也在不断衍生着新的学科建设。

从背景上看，计算广告产生于融合定制传播范式的时代背景之下。进入 21 世纪之后，移动互联网、物联网、智能终端设备、大数据、云计算等与互联网相适应的更多通用技术迅速发展并被广泛应用，大规模定制与传统的营销模式已经不再适用于消费者个性化、碎片化、微分化的需求特征。特别是德国工业 4.0、美国工业互联网、中国制造 2025、"互联网 +"等一系列概念对传统产业进行了更新淘汰和改造升级，生产力的迅猛发展也必然要求与之相匹配的全新融合定制的传播范式。想要更加精准地洞察消费者需求，满足消费者定制化、个性化的需求特征，需要计算广告能够交叉融合计算机科学、数据科学、新闻传播学、社会学、心理学、管理学和经济学等众多学科，并由此演化发展成为一门新型的交叉学科。

从本质上看，Andrei Broder 同样提出，计算广告要解决的最主要问题就是实现语境、广告和消费者三者的最佳匹配。而要实现这种"最佳匹配"，就需要综合运用大规模搜索、文本分析、信息获取、统计模型、机器学习、实时计算等一系列互联网时代的大数据技术，以及经济学、心理学、传播学、营销学、统计学等各个学科的系统知识。计算广告出现的根本原因在于数字媒体的特点使在线广告的精准需求成为可能，从而使得广告学从整合营销传播时代的粗放型广告广播模式向融合定制时代的集约化精准互动模式迈进。

从技术层面来看，计算广告是把传统广告营销学和计算机的计算能力相结合，从智能算法的角度来思考解决定位精准用户的挑战。计算广告中常用的三种支持算法包括 Cosin 相似度算法、Multinomial 语言模型和 Okapi BM25 算法。Cosine 相似度算法实现相对简单，面对不同长度的检索词和广告词时易于规范化；Multinomial 语言模型使得用户检索以及广告文本能够通过某个统计语言模型根据自然语言在现实中的使用场景所生成，然后生成语言模型，从而判断用户与广告之间的相关度；Okapi BM25 算法提高了检索匹配的精度，该算法能对不同的用户检索词提供自由参数进行调优。计算广告技术主要包括信息检索、机器学习和数据密集型计算等。这些技术不仅驱动了对消费者洞察的进一步精细化，由此实现了广告的精准投放，并且允许上百万实时广告的检索、排序和投放需求能够在毫秒级的时间范围内同时处理完成，还能够协助开发点击率评估软件、投放软件、检索软件等，帮助广告主解决在线市场需求、广告交易投放场所等问题。具体而言，信息检索技术在计算广告中的应用主要是三种技术：同量空间模型、概率模型和语义模型；机器学习技术在计算广告中的应用主要包括：浅层机器学习模型、深层神经网络模型、矩阵分解和协同过滤等。此外，传统广告创意多依赖于纯艺术的感性思维，而情感计算技术的运用则驱动了情感营销的发展，互动技术丰富了创意表达的体验效果，这些技术都为互联网广告的创意实施增加了理性化数字思维的指引。由此可见，计算广告依托于多种科学技术而产生，在推动内容营销的变革的同时，更是艺术和科学的结合。

从产业实践来看，计算广告将机器学习、大数据、云计算、电子商务等更多的技术叠加在一起，最先被大型互联网企业所运用。以当前应用最为广泛的计算广告形式——个性化推荐广告系统为例，天猫、京东、亚马逊等企业利用个性化推荐系统，能够通过分析自身网站上的海量浏览和购买数据，运用数据挖掘算法和消费偏好比较，发现每一个消费者的潜在需求，预测并推荐他们可能感兴趣的商品信息，实现个性化的、精准的商品推荐。无疑，任何产业的实践都需要理论的指导，作为一门新兴的交叉学科，斯坦福大学和清华大学等院校近几年已经相继开设了计算广告学的课程，学界和业界也逐步开始关注到融合定制传播范式下的计算广告这一全新概念。

从人才培养来看，由于计算广告仍处于一个刚刚兴起的领域，并且涵盖语言处理、机器学习、推荐系统、分布式算法等众多量化研究方向，同时又涉及市场营销、信息传播、消费心理、社交网络等多种质化研究方向，因此，传统高校人才培养中按不同学科分类培养的方式已经无法满足计算广告这样一个融合学科的人才需求，计算广告对一专多能的复合型人才需求日益增加。而这就必须通过产学研互动、跨学科互动、全方位互动等方式，为学术研究和产业实践培养复合型的计算广告人才，推动计算机科学、社会计算学、品牌学、广告学等各个学科从"高度分化"走向"交叉融合"。

顺应智能时代背景出现的计算广告为了解决最佳匹配的问题，将传统广告在策划、文案、设计、投放等方面的创意，翻译为逻辑算法模型的创意，逾越了纯粹感性化的艺术思维，显现出一种理性的数学之美。在继承传统广告学核心理论的同时，为应对科学技术发展带来的新问题和新观念，将计算主义理论和技术方法应用到了广告学研究中。它不仅丰富了广告学的内涵和外延，更使得广告学在艺术与科学之间的平衡或结合趋于完美。正是由于计算广告学的推动，让数学科学的自律性能动起来，反过来又进一步完善了计算广告学的理论，从而进一步指导了人们在计算广告领域中的实践。作为一门融合计算机科学、心理学、新闻学、传播学、管理学、品牌学等众多学科的交叉学科，计算广告通过使新思维和新技术渗透到广告业务流程的每个环节甚至每个细节中，不断指引业界进行更加智能化的新型实践，并推动学界进行更加深入的理论研究与复合型人才的培养，从而逐步衍生出更多更新的学科建设方向。

阿里 AI 设计师 "鹿班" 一秒设计 8000 张海报？

2017 年 5 月，阿里巴巴发布了一款智能设计平台——"鲁班"。作为一款阿里巴巴自主研发的设计类人工智能产品，它通过自学达到设计认知的能力。凭借对图像的深度学习，基于蒙特卡洛树搜索、图像识别、图像搜索等 AI 技术，"鲁班"形成了一套由"图像生成"到"成果评估"组成的系统化流程。

与普通设计师相同的是，"鲁班"从需求开始，草图、框架、到细节元素，最后到系统评选最优方案，最终输出消费者所能看到的成果。与普通设计师不同的是，"鲁班"的速度要快很多。

2017 年 "双 11" 期间，当时的 "鲁班" 一天可以制作 4000 万张海报，最快速度可以达到平均每秒设计 8000 张，并且每张海报都不一样，这一效率显然是人类所不能及的。

当然，"鲁班"的发展不仅仅如此。2018 年 4 月，阿里巴巴官方宣布"鲁班"正式更名为"鹿班"，并更换了新 LOGO，以全新的形象进入大众的视野。

升级后的 "鹿班" 在服务对象方面有了巨大的拓展。除了为天猫淘宝平台提供服务之外，还通过阿里云全面为各行业客户输出 AI 设计能力。2018 天猫 "双 11" 期间，已累计为 20 万企业、商家设计近 600 万张图片。在当时你打开天猫看到的各种海报和活动商品图片，可能几乎都出自"鹿班"。

另外，在功能上也有很大的改变，包括一键生成、智能创作、智能排版、设计拓展四大功能，用户只需任意输入想达成的风格、尺寸，就能一键实时生成多套符合要求的设计解决方案。这些功能已于 2018 年 5 月对外开放使用并收取费用。

（1）一键生成：将商品相关素材、文字输入，选择自己需要的海报尺寸、风格等，可自动生成符合要求的海报作品。

（2）智能排版：将拍摄好的照片和需要的文字输入，选择尺寸，可自动生成带有随机风格的海报作品或产品展示。

（3）设计拓展：将设计完成稿输入，选择需要拓展的尺寸，可自动生成相应拓展尺寸的结果。

（4）智能创作：拥有自己独特风格的设计师将自己创作好的系列作品输入，可以训练机器，并成为系统新的效果风格。

"鹿班"的技术框架主要包括四大板块。首先，对视觉内容进行结构化理解，如分类、量化、特征化。其次，通过一系列学习、决策变成满足用户需求的结构化信息即数据。再次，将数据转化成可视的图像或视频。这一框架依赖于大量的现有数据。其核心是一个设计内核。最后，用时引入效用循环，利用使用后的反馈来不断迭代和改进系统。

不管是"鲁班"还是"鹿班"，都改变了传统的图片设计流程，是基于深度学习的智能算法和程序化创意、设计的过程。它们可代替人工完成素材分析、抠图、配色、排版等耗时耗力的设计工作，给人们带来了极大的便利的同时也在不断改进升级。但对于 AI 程序化设计而言，真正的难点是克服审美的个性化需求。"鹿班"拥有着巨大的前景，但也有很多挑战等着去克服。

本章习题思考

1. 你认为计算广告为广告产业带来了哪些变革？

2. 计算广告通常会应用哪些"用户思维"？

3. 你知道哪些知名度较高的程序化创意软件或应用？请举例。

第八章　计算广告的互动：用户参与式互动文化建立

随着移动互联网、大数据、人工智能、区块链、物联网等技术的不断发展，各行各业都发生了深刻的变革，广告业也不例外。整个广告业不断朝着精准化、场景化和融合化的趋势发展。大数据和人工智能技术正在颠覆传统广告，尤其是计算广告的出现对传统广告的理念、方法、操作模式都产生了革命性影响。

用户之所以会厌倦广告，是因为传统广告不能在合适的时间、合适的地点、以合适的渠道和形态出现在消费者面前，而计算广告在理论上可以完美解决这一系列问题。计算广告从根本上解决了传统广告的三大难题：一是传统广告不能精准定位用户，二是传统广告无法或者很难与用户实现实时互动，三是传统广告的效果难以衡量。这三大难题一直困扰着传统广告人。可以说，计算广告的出现真正做到了在合适的时间、合适的地点向用户传播最适合的内容，从而使广告效果得以最大化。换句话说，计算广告的最大优势就是实现了广告内容、用户、语境与算法这四者的最佳匹配。

一、计算广告互动模式演进的三个阶段

用户是广告产品或者服务的潜在消费者，是计算广告活动的目标，也是实现广告效果的重要环节。在广告活动中，一切都从用户的需求和体验出发，用户可以通过多种方式和途径进行反馈，直接参与评论、分享或是选择

实地体验；而广告主则可以实时得到反馈数据来进行调整和完善。在基于大数据的计算广告中，用户掌握了一定的主动权。信息的接受者不再是被动接收信息的不明人群，而是有着越来越精准定位的针对性消费者，他们是广告商品、品牌的用户或者潜在用户，也是相关广告信息的需求者。处在消费者周边、恰好符合需求的产品或者服务的信息就如同新闻一样为用户服务，满足用户对消费信息的需求。在信息产品无限丰富的环境中，所有的信息行业发展模式都在逐渐改变，只有以用户为出发点，以需求为核心，才能不断发展。广告也不例外，把广告当作一种信息服务，站在用户角度考虑其对信息的需求、对消费的需求是广告发展的大趋势。

（一）Web1.0 时代，广告单向传播模式，缺乏互动

基于 Web1.0 时代的网络广告传播突破了时间和空间的限制，通过国际互联网将广告信息 24 小时全天候地传播到全球各地。在如今互联网"地球村"的时代背景下，品牌方可以"花最少的钱做一次覆盖全球的广告"。网络广告将广告信息一举送到成千上万的用户眼前，网络传播方式不断推陈出新，使之像丰富的宝藏一样有待挖掘，吸引广告主前来投资。网络广告传播属于大众传播范畴，通过互联网将产品、服务等信息传送到世界各地，其广阔的覆盖范围是其他传统广告媒介所望尘莫及的。在信息传播方式上，网络广告是多对多的传播方式；报纸广告基本上是一对一；电视广告则是一对多。

Web1.0 时代的传播者在网络平台上通过网页发布信息，接受者通过浏览器读取信息，企业通过数字媒体平台单向地向消费者传播信息。在营销传播活动中数字媒体成为大众媒体的辅助媒体，品牌传播方式主要是网页广告。基于 Web1.0 网络的多媒体广告传播在一定程度上弥补了传统媒介的单线传播的不足，速度快、信息量大、保真度高、形式多样，创意空间广阔，能充分激发消费者购买欲。但同时，由于技术条件限制，广告形式缺乏美感。许多网民在浏览网页的时候，因为打开的网页较多，经常影响浏览速

度。一般情况下，网民对网页等待打开的时间的容忍度只有 3 到 8 秒，这一限制条件要求网络广告在网络空间中的容量要小，由此导致广告的细节没有更多的网络空间去表现，让人产生网络广告无细节的印象，从而形成广告粗糙的评价。另外，虽然用户行为具有一定的主动性，但数字媒体平台的单向性、中心性、静止性使用户仍处于完全被动状态。

（二）Web2.0 时代，基于用户价值观的圈层互动

Web2.0 时代的技术及应用给网络服务带来了创新，也催生了网络广告形式和载体的革新，计算广告步入了互动营销时代。脱离了传统广告单向传播模式的束缚，Web2.0 时代受众的信息参与、互动能力得到了极大提高。

随着技术不断创新和网络不断普及，受众自建内容的能力得到了激发，这是 Web2.0 时代的另一重大变化，即受众的意见表达方式转化为 UGC（用户原创内容）与分享。这一特性对于广告信息的传播无疑是积极的，它使得品牌在受众个人界面中的"自耕种"成为可能。企业或广告主在网络上组织互动活动，吸引受众的主动参与，无数网民在不知不觉中参与到广告内容的创造和品牌内涵的演绎中来，使在线活动成为广告受众聚集互动的平台和广告传播效果聚合的平台。在这里，广告传播者和广告受传者之间的界限模糊了，广告传播者不一定是产品提供者，广告接受者也不一定是潜在消费者。潜在消费者可以为自己的需求发布广告，产品提供者可以通过信息的搜索接收来阅读广告。潜在消费者变得更加积极主动，向更多消费者发起新一轮的传播。广告传播者和广告受传者共同化身为广告参与者，在传播位置上真正实现了平等。

（三）Web3.0 时代，基于现实相关性的场景互动

在 Web3.0 时代，广告传播者抽身出来，媒体成为它的代言人，而不仅

仅是一个信息传递的工具，它在每一次的互动中充当着广告传播者角色。广告通过关键词搜索或点击向广告媒体传播者传递信息，而人工智能读取信息并从数据库中提取符合要求的反馈信息。但是，人工智能传播的信息毕竟有限。它的信息结构和范围都为程序和"库"所控制，因此真正的幕后操纵者仍是广告主及其代理公司。同时，这种互动基本是以一问一答的形式出现，传播范围严格围绕产品、服务或企业进行，灵活性较低。除互联网外，这种传播模式还广泛地存在于各种互动媒体中，如店面的介绍式触摸屏、互动电视以及各式各样能随广告受传者的传播动作进行反馈的户外新媒介等。

二、计算广告与用户的互动参与

（一）基于数据化思维的品牌接触点管理

营销学中，接触点是指产品的终端客户接触到产品相关特性的地方或载体。对于接触点的研究，最早始于整合营销传播之父唐·舒尔茨。舒尔茨认为，在整合营销传播中的"接触"是指能够将品牌、产品类别等信息和任何与市场相关的信息传输给消费者或潜在消费者的"过程与经验"，而这个接触的界定并不受到接触过程的长短以及接触发生时间的影响。汤姆·邓肯则将品牌接触点定义为消费者有机会面对某个品牌信息的情境。从品牌接触点的概念界定可看出，品牌信息主体、品牌信息传播过程和环境、品牌信息传播媒介以及消费者都是影响品牌接触点的因素。传统意义上的接触点更多是指营销者通过媒体组合精心安排的媒体接触点。

一方面，在移动互联网时代，接触点的概念被无限放大，消费者生成内容成为重要的品牌接触点。社会化媒体时代，消费者对品牌信息的传播都是基于对品牌信息的认同，与自己的价值观相符合是其传播的动力，品牌接触点承载的更多是品牌核心价值，驱动着信息的无限扩散。传统媒体通过广告等形式传递品牌信息的时代已成为过去，消费者生成的内容也成为品牌接触点。同时，品牌接触点不再局限于线下，而是加强对线上线下的整合；不再拘泥于信息的单向传播，而是更加注重品牌信息的病毒式传播。在智能化传播时代，接触点的概念被无限放大，针对消费者在各种场景的精准传播，更需要对品牌接触点做好管理。

另一方面，物联网时代，基于特定消费者关联的特定场景接触点变得越来越重要，线下场景成为品牌的重要接触点。对场景的规定，源于影视语言学，用于描述电视节目中空间布局的环境或情景。而在传播学意义上，场景是实现从重硬件到重软件的中心转移的重要理论，其核心是对软要素信息的智能匹配和传播场景的塑造。但直到罗伯特·斯考伯等人出版《即将到来的场景时代》一书，"场景"才真正作为一个社交媒体发展要素走入大众的视野。他在书中表明，"场景的技术原力（移动设备、社交媒体、大数据、传感器和定位系统）已经无处不在"。这无疑是互联网时代媒体传播的新变革，同时也为传统行业的数字化转型提供了新契机。随着物联网技术的产生与发展，人类步入智能化传播时代，媒介的概念在不断泛化，人类进入万物皆媒的状态，不仅是智能手机成为用户多元化生活的第一接触点，各种智能可穿戴设备、任何物品都有可能是获取用户数据的入口，线下场景成为用户接触品牌的、与品牌之间进行互动的重要方式。

因此，品牌接触点的概念从传统大众传播时代的广告、公关、包装、促销等场景转移到移动互联网时代的社交媒体，再到物联网时代，基于场景的接触点变得更加重要。这对品牌来说既是一种挑战，因为消费者成为更加不可控的变量，也是一种机遇，消费者主动帮助企业传播品牌价值的机会和可能性大大增加了。基于数据化思维对品牌接触点的管理主要有以下几点：

1.大数据技术是品牌接触点管理的基础。无论是在移动互联网时代还是物联网时代，大数据都是基础性的资源。基于大数据技术的品牌接触点就是将线上线下各种品牌接触点进行整合，通过数据分析洞察消费者的基本属性、社交属性及购买偏好，获悉消费者在众多体验消费中更愿意在何时何地通过什么样的渠道了解品牌、接受品牌信息，从而在不同的消费节点中加以引导，为消费者提供愉悦的消费环境。

2.全流程化的顾客体验管理。伴随着消费者场景化消费时代的到来，用户更加注重基于特定场景的体验性消费。所谓顾客全体验，即贯穿于消费者接触、搜索、选择、购买、使用、分享的整个体验生命过程。需要注意的是，物联网时代的顾客全体验已经远远超出了品牌旗舰店的范围，社会化媒体、物流速度、客户评价反应以及场景的塑造等均可能对消费者产生较大的影响。

3.智能化互动是关键。品牌营销已经进入智能化传播的时代，品牌与消费者、消费者与消费者之间的互动更加重要。伴随着智能技术的进步，智能客服的应用也逐渐成熟。早期的智能客服只能用人工或自动文字回复来应对客户的咨询和投诉；如今，客服机器人具备高级自然语言处理能力和深度学习能力，在少量人工协同的帮助下，即可同时与千万顾客、商家进行实时互动。智能客服通过与消费者之间的互动能够更好地对品牌接触点进行管理。

（二）基于用户参与的品牌价值共创平台

传统意义上，企业创造价值并与消费者交换，以此成功地完成一次交易，这是一种以企业为中心的价值观。如今这种以企业为中心的价值创造模式正在被颠覆，一种基于消费者个性化的体验和价值共创的价值观正在被运用到越来越多的企业实践中。

价值共创是指企业与顾客共同成为市场中的价值创造主体，企业不再是唯一的价值创造者和交付者，顾客也不只是消极被动的价值使用者和消费者，双方角色随着市场走向的实时变动而发生相应的变化。在价值共创理论中，企业创造价值和消费者创造价值之间的互动是其核心，其主要运行机制是：通常由企业提出一个价值主张，消费者因为认同品牌核心价值观愿意主动参与到品牌相关的创造性过程中去。在这个过程中，消费者是主导性的角色，主动投入自己的时间、精力、知识、技能、情感等生成消费者创造价值；而企业从台前走向幕后，承担更多的是一种引导者的角色，以品牌主的身份加入品牌价值共创中，为共创价值输入企业的核心价值观和进行精神文化层面的引导，形成企业创造价值。在企业提供的价值共创系统中，消费者创造的价值与企业创造的价值之间有不断的互动，这种互动包括企业与品牌、企业与消费者、消费者与消费者、消费者与品牌之间的双向互动关系，最终形成品牌的价值共创。

在计算广告中，基于品牌与消费者之间的价值共创更加常态化。由于消费者与品牌之间互动形式的多样化、场景体验的多维度，品牌与消费者之间形成了更加紧密的价值共创体的关系。计算广告实现广告内容、用户、语境与算法的最佳匹配，让更多的用户能够主动参与到品牌价值的创造中，品牌价值共创平台的建立是基于消费者全方位数据的获取、品牌与消费者互动机制的完善以及品牌与消费者价值双赢的前提下实现的，最终目标是实现消费者价值与品牌价值的双向提升。以价值共创为目标的计算广告主要通过以下方面实现：

1.寻找具有持续性、广泛关注度的创意点激发消费者价值共鸣。当下，信息传播环境极端复杂化，消费者面临着信息过载、广告信息泛滥的局面，单一化的、缺乏创意的内容很难吸引到消费者的注意，很容易被消费者自行过滤，难以形成广告效果的转化。在娱乐化消费时代，通俗化、具有创意性的内容受到消费者的广泛关注，并愿意积极主动地进行分享和传播。因此，寻找到容易引发消费者关注和激发消费者共鸣的内容十分重要。计算广告通过对用户产生的行为、内容、交易等生活化数据的分析，能够迅速地找到用户所关注的兴趣点，并自动化生成动态程序化创意，传达到消费者面前。

2.将体验作为价值共创的主要形式。一方面要通过个性化体验增强消费者的互动性，社会性消费者群体更加注重自我价值观的表达和自我价值的实现，互动性的价值共创平台的建立是为社会性消费者提供一个自我创造价值的机会，消费者个性化体验是消费者参与价值共创的基础。企业所强调的价值必须使消费者具有强烈的参与意愿，并通过与消费者之间不断的互动来提升这种意愿。另一方面是场景化的体验建立消费者与品牌的情感纽带。在特定场景下品牌更容易激发消费者的情感共鸣。计算广告中用户场景与广告内容的精准匹配是关键，计算广告把抽象的数据转化为虚拟的人物来代表个人的背景、需求、喜好，精准匹配品牌接触点，不断优化消费者体验，目的是与消费者之间通过场景的互动和关联性增强情感关系连接，回归以人为本、以人为先的营销理念。

（三）基于算法模型的参与式互动文化的建立

智能数据（Smart Data）即能够直接用以解决现实问题的结构化的大数据子集，通过整合结构化与非结构化数据，将非结构化的大数据转化为可操作的结构化数据子集，帮助营销活动智能决策。智能数据的出现要求对大数据的关注从量向质转变，运用机器学习算法挖掘、处理、分析高价值数据。随着数据技术及采用率的普及应用，未来数据技术和平台更易于使用，且大众化到甚至可适用于中小型企业的水平，智能数据成为计算物联网广告的主要数据来源。

基于智能数据，智能算法建模的目的就是最大化实现用户、广告与场景的匹配，即基于用户洞察的身份匹配、基于内容分析的意义匹配、基于场景建构的情境匹配，构建多样的广告场景吸引用户，使用户积极参与互动、主动分享信息，投身于品牌的价值共创中。

但是从当前来看，计算广告的发展不仅受到数据孤岛的制约，还面临着算法层面的挑战，即用户的跨屏识别问题。一方面，移动端 App 构成当前计算广告融入的主要载体，但移动端流量的破碎性、场景切换的频繁性、广告内容与形式的差异性使获取到的用户数据不连贯；另一方面，PC 端场景弱化，缺少与用户进行互动的形式，使场景数据处于缺失状态。因此，场景数据的不连贯性造成了计算广告难以根据算法精准判断用户当前场景并与广告相匹配的问题，难以做到跨屏用户识别与跨屏广告投放，技术的局限使广告无法全场景融入用户的场景体验中，进而影响到用户与品牌间的参与互动。

物联网时代的技术应用更加直观、智能，大数据基础上的沟通场景、空间场景、行为场景和心理场景共同构成消费者全场景营销。传统媒体时代以博人眼球的营销手段出位，PC 互联网时代争夺的是流量，而场景则是移动跨屏时代计算广告信息消费的核心。多接触点的数据整合与机器学习智能算法优化用户深层画像，使广告自然渗透进用户生活的全场景，实现用户与场景的深度适配。技术支撑下的"全场景"融入也使计算广告不再是一种对用户体验的干扰，而是基于用户使用场景的人性化关怀、个性化服务，使用户主动卷入全场景的互动，最终形成用户与品牌间的参与式互动文化，用户主动成为品牌生态系统的参与者、构建者、传播者。对品牌来说，智能算法的优化使品牌建立起智能化营销体系，重构营销模式。从用户场景匹配、场景信息管理，到广告信息的定向推送、广告文案的智能优化，智能算法既提高了品牌的内部运营效率，也提高了品牌外部营销的效率，并具有了智能优化的能力。

三、计算广告互动模式变革带来的启示

（一）加强场景感知能力，提高广告内容匹配度

在计算广告的精准传播模式中，场景是实现精准传播的关键。目前，精准度不够的问题主要源于对用户场景把握不够，结合目前技术发展的趋势（人工智能对于嗅觉、声音以及人的注意力变化的判断），启示广告的进一步精准发展在于加强场景感知能力，以此提高广告内容匹配度。就现阶段来说，计算广告在广告平台上的投放还处在一个相对粗放的模式中，建立在

用户偶尔暴露的地理位置和用户网络行为基础上的广告精准度还不能够精确匹配用户的消费需求。流量仍然是这个平台上广告主投放时主要考虑的问题。目前，在移动端已经可以实现小企业主、个体商家用较少的成本在这些平台进行广告推广。大的广告主也在这样的平台上获得了见效快、周期短的推广。广告的精准度不够，从实质上来说还是对用户场景的感知不够。具体来说，对于潜在用户所处场景的把握存在时效性问题，因此广告推送往往滞后。比如用户搜集过某类商品的信息，而在几天后收到了相关产品的广告，用户已经转移了兴趣或者完成了消费，那么这种推送就是无效的。对用户场景的全面感知使精准广告能够在合适的时间、合适的情景推送到用户面前。因此，更精准、高效的广告推送还有赖于对用户场景的进一步感知和及时处理。

要加强场景感知能力，提高广告精准度就要从技术和市场两个方面入手。广告行业主体、广告公司、广告媒体和广告服务商要积极加入相关技术的研究和应用中。如今，精准广告所依赖的技术又加入了物联网、人工智能以及增强现实等，这些技术可从连接方式、用户体验及广告表现方式等不同方面改变广告发展。利用新技术的企业在一定程度上会有先发优势，将技术发展方向和用户需求结合起来，可以降低创新应用的风险。此外，市场对精准度的高要求可以倒逼广告公司等主体运用更先进的技术投放广告，提高精准度。在目前来看，技术和市场是提高场景感知能力和广告精准度的两大方向，具体的实施方法还有待进一步深挖。

（二）投放形式尊重用户，将打扰降到最低

在计算广告的传播中，用户主体地位得到突出，用户的点评可以帮助广告主即时调整和改变广告内容以及投放，用户的二次传播能提升广告的影响力。用户的正面评价和传播能够提升品牌形象，负面评价和传播也可能让产品和服务的负面印象在用户中迅速蔓延，给广告主带来消极影响。因此广

告能否尊重用户、关注用户体验至关重要。尊重用户，关注其体验，可以体现在方方面面的细节中，其本质是将广告可能带给用户的打扰降到最低。

在网络社会，用户每天会接触到四面八方涌来的大量信息，而用户的注意力则是有限的，因此注意力便成为信息产业的稀缺资源，不尊重用户，不关注用户体验的信息难以得到用户的注意。此外，信息传播硬件的不断升级，应用软件的不断更新，其本身就是尊重人性、不断提升用户体验的过程。在这样的信息传播环境中，用户的阅读习惯在改变，他们越来越注重应用体验，此时的信息内容如果不尊重用户，强行灌输，则会招致用户的反感，何况广告信息本身就可能给用户带来打扰。反之，广告信息如果能在内容匹配用户需求的基础上，以尊重用户的形式呈现，关注用户体验，则能够引起用户对信息内容的好感，进一步提升广告效果。要做到尊重用户、提升用户体验，首先要在认识上把广告过程当作为用户服务的过程，其次再关注用户所关注的内容。提到精准广告，无论学界还是业界，关注点往往都放在广告内容上，去分析如何精准匹配用户需求。实际上，信息内容只是广告的一个方面。用户首先接触到的是广告的形式，如果用户开始关注广告内容，广告的体验也会对用户态度产生较大影响。既然用户是广告的主体，是整个活动的出发点，那就要从内容、形式以及用户体验的整体出发，打动用户。在广告信息展现上，要尊重用户意愿，不强行推送，同时广告页面呈现明显的退出或者关闭标识。此外，用户体验还包括效果广告中引导页面是否流畅、便捷，问题解答是否得体。当然，线下消费类广告的最终体验是否满意，也是用户体验的重要一环。尊重用户、提升用户体验是提升广告效果的一大步，其关键在于体验设计者要站在用户角度去思考，让用户满意，广告效果才能提升。

（三）提高行业认识，打造数据共享、技术共用的资源池

数据是计算广告传播过程中的关键要素，而数据的收集、分析以及建

立在其基础上的预测都是靠技术实施的。数据和技术是计算广告发展的关键要素。目前广告中存在的数据孤岛效应就是由于数据和基础技术的不开放造成的。

1973 年，计算机网络先驱罗伯特·梅特卡夫提出了著名的梅特卡夫法则：一个网络的价值等于该网络内节点数的平方，而且该网络的价值与联网的用户数的平方成正比。简单来说，该定律认为用户越多，网络价值越大，表明了网络本身的价值来源于开放，网络精神的本质在于开放和共享。当前，各行各业与网络经济的融合中，都存在数据孤岛的问题，其本质就在于资源开放和共享程度不够。从广告行业来看，无论是百度、腾讯或是较大的视频网络平台都在做私有的广告平台，利用自身聚集的数据资源变现。这些平台聚集的数据资源是用户沉淀的，从本质上来说，其利用方式仍然类似于传统媒体，将用户售卖给广告主。在短期来看，这些平台利用自身数据资源，可以吸引广告投放变现，但这种私有的数据孤岛却阻碍了广告更进一步的发展。反之，数据共享、技术共用可以从全行业的角度提高资源利用效率，并在一定程度上加速广告关键技术的创新和应用。

实现数据共享、技术共用的方式是建立数据和技术共享池，这一构想实现的第一步就是提升行业对于开放、共享好处的认识。将行业的基础数据和标准技术放入其中，行业内通用；也可以对数据和技术进行等级化处理，低等级的基础数据免费提供，高等级的数据则收费提供。此外，根据技术的创新节奏和某些数据的时效性进行更新，原本的高等级数据可能随着技术更新、时效性降低而变成低等级数据。无论是免费还是收费，提供的数据都有一定的使用时间权限，超过权限规定时间进行使用则要给予一定的惩罚，这些平台的收益要在数据收集者、平台运营者和提供数据的用户之间进行分配。实现了行业数据、技术共享之后，大型的媒介平台本身可以作为广告呈现媒体，而不必再分担广告服务商的角色，这可以让广告活动中不同主体的权责更加明确、控制力分散化，也符合网络时代的发展趋势。在未来，随着大数据、物联网等技术的不断普及应用，我们所处的现实空间将和网络融为

一体，不再有线上和线下的区分；每个人的终端设备可随时与任何媒体进行
无缝对接。

◈ 案　例 ◈

网易云音乐"看见音乐的力量"

2017年3月20日，网易云音乐联合杭港地铁共同推出以"看见音乐的力
量"为主题的"乐评专列"项目。该项目精选了网易云音乐上的85条UGC
精彩乐评，印刷在杭州1号线的列车车厢以及江陵路地铁站。从3月20日到
4月16日，这些打动人心的乐评，在车厢内360°展示给乘客，或引发他们的
生活感悟，或触动他们的情感回忆，或传递来自评论的鼓励和治愈，使乘客
以阅读的形式，感受到来自音乐的力量。

项目在上线当日，即得到媒体及广告营销界的大量关注，成为现象级的
全民热议事件。一夜之间，话题刷遍社交平台，引发了新闻媒体和社交平台
的热门讨论。

图 8-1　"乐评专列"现场图

最终，"乐评专列"项目曝光高达 2 亿，被超过 2000 家媒体报道。得益于该项目，网易云音乐百度指数同比上升 80%，微信指数提升 216 倍达到 1300 万，其微信公众号原创文章阅读数首破 10 万，专栏阅读数超 100 万次，同时也成为微博热搜关键字。

与 QQ 音乐、酷狗音乐等同类产品不同，乐评功能本身就是网易云音乐最独特的产品特点之一，是其自上线开始就存在的核心功能。在网易云的用户调研中，超过一半的用户表示他们能在评论里找到慰藉和共鸣。

网易云音乐重视乐评功能的原因恰恰是因为它精确洞察到了用户需求。15—35 岁的三线及以上的城市居民是网易云音乐的主要用户人群，包括学生、白领和大量的互联网从业人员等等。这些人是信息的重要传递者，他们更容易被情感击中。这些年，不只是网易云音乐，许多品牌都洞察到了都市青年群体的情感需求。都市巨大的传播力、年轻人高频的社交活动，使都市青年成为了营销界的宠儿，比如新世相的"逃离北上广"、新百伦的"Papi 酱跑了"等活动都是以他们为主角。网易云音乐需要通过击中目标受众的内心，才能更好地提升品牌知名度，强化产品特点，并拓展忠实用户。

纵使有再多大数据，最懂用户的也不是品牌方，而是用户自己。互联网时代，用户本位的回归使得更多的音乐平台开始重视交互性的拓展，尝试挖掘用户自身的创造力。网易云音乐提供着大量根据用户量身定做的 UGC 功能，包括每天的个性化歌曲推送、社交形式的音乐分享、歌曲评论区用户的自生产内容等等。经过长期的打磨，网易云音乐也摆脱了早期幽默诙谐的娱乐风格，选择了"分享动人故事"的感性路线。

普罗大众在自生产内容的情境中，用简短的评论讲述着各自的故事，发表个人的观点，尽情地宣泄情感、回忆过往。这是对音乐的解读，更是寻求认同感的良药。每一段乐评都是一个故事，即使双方素不相识，也能在音乐韵律和评论的字里行间快速进入到对方的故事中，产生共鸣。用户门槛不高但集群关系稳定的网易云音乐用 UGC 的方式，让用户去打动用户，使人们都感知到圈层的温度。

从越来越多元化的用户需求来看，UGC内容在音乐平台扮演的角色比以前要重要得多。在信息分享高度自由的互联网环境中，平台运营方很难通过垄断歌曲版权来实现独特的产品差异点。在这样的情况下，满足用户听歌之外的需求，构建一个用户喜爱的社区氛围就成为重点。网易云音乐很好地扮演了"树洞"的角色——让想说话的人随时说，让想听的人听到想要的内容。如今，平台上已经积累了4亿条评论，日均生产64万条，沉淀了大量的优质内容。

在这次营销活动之前，与QQ音乐、酷狗音乐相比，网易云音乐的知名度较低，希望能通过创意活动来提升品牌知名度，用小成本撬动大声量。同时，也要将自身产品特点提炼出来，完整展示独家核心优势，并让用户记住、接纳和喜欢。

最终，网易云音乐在乐评、朋友圈动态和精准的个性化推荐中，选择主打评论功能，加深产品印象，提升品牌知名度，刺激新用户下载体验。

通过大数据分析，乐评筛选经历了两个步骤：首先是从网易云音乐全部的4亿评论中选出点赞数最高的5000条，然后通过人工筛选精选近百条评论。筛选的标准主要有三条：简明易懂，直击人心，而且必须在脱离歌曲的环境中仍能被大多数人读懂。

如果用户在线上分享活动评论，那么后台会依据用户的个人数据推送合适的内容，通过一种"适度缓解孤独又保持个人独立性"的方式来打造活动，以情感共鸣的方式来治愈用户的内心。

网易云音乐在洞察人心的基础上不断创新的品牌精神，也在线下投放上得以体现。地铁作为一座城市人流最密集的场所之一，很受广告商的青睐，主打人气明星的地铁营销已是屡见不鲜。但从用户的角度出发，明星能很好地吸引粉丝的注意，但对大多数乘客来说是无感的。而网易云音乐在与杭港地铁的跨界合作中，另辟蹊径，依靠能普遍引发用户共情的乐评文字，来展现直击人心的音乐力量。

地铁是城市化的产物，它不仅仅是一种交通工具，更是常常与"奋斗的疲惫和孤独"相联系。地铁里承载着无数人的梦想和希望，但现实的无力感又使他们如此孤独和脆弱。在地铁这样一个相对封闭的空间中，人们的注意力更容易集中，情绪感染也会加速。这些饱含深情的文字，加上鲜明亮眼的外观设计，赋予了传播的温度和仪式感，正好击中乘客在疲于奔命中的最后一道心理防线。百感交集的情绪在车厢中交融、扩散，完成碰撞与共鸣。

线下的营销也与线上紧密结合，地铁中的热评附有二维码，扫描后即可进行分享到 QQ、微信、微博等社交平台。总的来说，这不只是一场成功的商业营销推广，更是一场别致的情感共享盛会。

打动人心的营销，永远不会过时。在信息爆炸的当下，人们每天接收着海量的信息。品牌想要抓住用户的目光，就要洞察心理击中痛点，在与用户的互动中打造有温度的活动，自然而然就能触达用户的内心。

本章习题思考

1. 音乐平台的 UGC 价值共创真的是必要的吗？

2. 你认为怎样能提高场景和广告内容的匹配度？

第九章　计算广告效果追求：品效合一

随着移动互联网和大数据技术的迅猛发展，以"精准""个性""互动"为特征的数字传播取代了传统的大众传播，广告产业的价值主张不断升级，业务模式随之重构。但不论广告产业发生何种颠覆性变革，实现品牌宣传和营销传播效果的最大化，一直都是广告主的价值追求，也是广告产业赖以存在和发展的根本逻辑。

一、从品牌广告、效果广告到计算广告

（一）品牌广告："注意力经济"

早在1971年，诺贝尔经济学奖获得者赫伯特·西蒙就指出："在一个信息丰富的世界，信息的丰富意味着另一种东西的缺乏——信息消费的不足。非常清楚的是，信息消费的对象是其接收者的注意力。信息的丰富导致注意力的贫乏，因此需要在过量的可供消费的信息资源中有效分配注意力。"[1] 当今社会信息极大丰富甚至趋向泛滥，而互联网的出现及高速发展，加快了这一进程。面对信息过剩的现状，人们以有限的注意力去应对无限的信息，注

---

[1]　马澈、穆天阳：《一种新的互联网知识传播范式："知识付费"的逻辑与反思》，《新闻与写作》2018年第4期。

意力便成为稀缺资源，争夺眼球形成竞争已是不争的事实。美国经济学家Goldhaber曾指出："经济是由稀缺的资源决定的"，注意力资源就产生了价值，而注意力经济是基于注意力这种稀缺资源的生产、加工、分配、交换和消费的新型经济形态。媒体在这里扮演着重要的角色，处于中心地位。

比较典型的例子是在大众传播时代，媒体作为稀缺性、垄断性的传播资源，在广告产业中占据绝对主导地位。大众媒体的广告投放，首先基于媒体定位判断受众的身份和特征，根据媒体的总量数据如发行量、收视率、读者问卷调研等对媒体价值进行大致估算，进而向广告主售卖"时间"（广告时段）和"空间"（版面、广告位置），由此形成媒体的"二次售卖"理论——媒介单位先将媒介产品卖给终端消费者，再将聚合后的消费者的时间（注意力）卖给广告主。因此，在大众传播时代，传统广告的运作是以受众注意力为主导的。

品牌广告（Brand Advertising）可以说是在"注意力经济"下形成的一种广告形式，广告主的品牌广告旨在唤起消费者的注意及兴趣，以树立品牌形象、提升用户对品牌的好感度、维系品牌与消费者的良好关系为目的。从具体运作形式上看，它主要通过大量资金投入进行广告的重复露出，帮助消费者形成记忆，树立企业或者产品的品牌形象。这类广告类型是非数字化媒体时代的重要广告形式，但由于其距离消费者最终的购买行为比较远，其过程控制异常复杂，所以结果一般也难以精确衡量，只能依靠品牌知名度、认知度、美誉度、忠诚度等来估算广告投放效果。因此，广告主更希望借助大众传播媒体的影响力和覆盖面广泛快速地触及大量受众，扩大品牌知名度和影响力，进而增加中长期的销售额度。

（二）效果广告："欲望经济"

效果广告（Performance-based Advertising）与品牌广告是两个相互对应的概念。两者各有侧重，在AIDA（Attention—Interest—Desire—Action）消

费决策流程的不同阶段对消费者产生了不同的影响。品牌广告侧重赢取消费者的"注意力"，追求广告的中长期效果；而效果广告则是结果导向型广告，侧重引起消费者的购买欲望并促使这种购买欲望转化为购买行动，争取在短期内达到广告营销的最终目的——促进销售（或其他消费者行动），故通常称之为"欲望经济"。

销售效果是广告的终极目标，却是传统广告最难衡量的环节。因缺乏标准的量化评估和数据支撑，大众传播时代的广告具有延迟性、累积性和间接性的特点，这也就形成了广告营销界著名的"哥德巴赫猜想"现象：我知道广告费有一半是浪费的，但是我不知道是哪一半。即使如此，广告主仍需要保持规模性和持续性的广告投放，增加品牌的曝光规模和频次，提升品牌的知名度和美誉度。而与品牌广告的最大不同在于，效果广告实现了广告效果的可衡量性。效果广告中可衡量的行为可以是点击、注册、下载、在线咨询或者购买等行为，基本上可以归纳到 CPA（每次行动成本，Cost Per Action）的范畴。伴随着技术的发展和互联网的普及，数据的积累和应用将广告传播效果和销售效果的衡量提升到前所未有的高度。在大数据的加持下，广告主能够精准核算出广告投放的漏出率、转化率、复购率等，进而优化广告传播策略，降低无效损耗，提升投资回报率（ROI）。

当然，品牌广告与效果广告并不是相互对立的关系，二者相互补充、相互促进。从行业实践来看，"品牌广告主"多为大型企业和跨国公司，所衡量的传播效果可以用期刊及报纸发行量、电视收视率、广播收听率等指标进行衡量，以提升传播广度为目标。"效果广告主"以中小型企业为主，预算有限，注重投资回报率，更加关注广告活动的精准性和对消费者行为的驱动。但不可否认的是，无论是品牌广告还是效果广告，广告的最终目的都是提升广告主的收入，因此，品牌广告主也开始将广告所带来的转化效果作为考核广告活动的标准之一，希望实现"品效合一"。

在消费者愈发注重品牌调性和文化价值的今天，在"互联网+"的浪潮冲击下，品牌广告和效果广告的界限正在逐渐模糊。在实际的广告操作中，企业一般将品牌广告和效果广告相结合使用，通过品牌广告来建立消费者对产品的早期认知，通过效果广告促进消费者最终购买产品，提供基于品牌和效果的双重服务，从而实现利润最大化的目的。与此同时，电子商务的快速发展，极大缩短了消费者从注意（Attention）、兴趣（Interest）、欲望（Desire）到行动（Action）之间的时空距离，从而将品牌广告与效果广告之间的距离进一步压缩。而基于数据分析、机器算法、用户画像、人群定向等技术的计算广告的兴起，更能以最低的成本和最精准的程度触达目标群体或精准用户，使品牌宣传和效果导向最大化，达到"品效合一"的最终目标。

（三）计算广告："影响力经济"

影响力是指文化活动者以一种所喜爱的方式左右他人行为的能力。影响力经济是新经济的一种新形态，喻国明教授在分析传媒经济本质时指出，"影响力是一种控制能力"[1]。传播影响力是通过传播过程实现的，是由"吸引注意"和"引起目的的变化"而构成的。传媒产业的经济本质，体现在对于"社会注意力资源"能够"保持在时间上得以延续"，而使其市场价值"丰厚"起来的"把握力、控制力，即影响力"。可以说，"影响力经济"是对"注意力经济"的升级，放在广告行业，广告主仅仅依靠夺取受众注意力资源还不够，还需要"目标受众的持续不断的凝聚力"，才能形成影响力。因此，影响力经济更有利于形成消费者对商品和品牌的忠诚度，更能为广告主带来持久的利益。

我们可以看到，从注意力的形成到影响力的实现，其中需要两个重要因素：一是要凝聚目标受众，二是使这一资源保持持续注意。而不论是以赢取用户注意力为主的品牌广告，还是以注重销售效果为主的效果广告，都难以确保能保持"目标受众持续不断的凝聚力"。计算广告则不然，可以说，

① 喻国明、何睿：《大数据时代传媒经济研究框架及工具的演化——2012年我国传媒经济研究文献综述》，《国际新闻界》2013年第1期。

依靠大数据技术、互动体验、精准定位，不论在广告接触环节还是广告保持环节上，计算广告之于品牌广告和效果广告都有着无法比拟的优势。

在广告接触环节上，计算广告凭借个性化的精准传播能最大程度地凝聚目标用户的注意力资源。在非数字化媒体环境下，精准传播的需求很难实现，传统投放在大众媒体上的品牌广告因技术的限制难以做到个性化精准匹配，只能以海量轰炸的形式吸引目标用户的眼球，直到搜索广告的诞生才首次出现了量身定制的计算广告雏形。而当计算广告将云计算、大数据、重定向等更多的技术叠加在一起之后，通过算法集合使得自动寻找广告、情境与用户三者之间的最佳匹配成为可能。数据和技术的驱动，使得广告主能够根据用户即时即地的场景和内容，预测他们的需求并向他们推送能够满足这些需求的广告信息。高度个性化的精准传播，向目标用户准确传递有价值的信息，由此更能在接触环节上吸引注意，凝聚受众足够的社会注意力资源，从而提升企业营销传播活动的投资回报率。

在广告保持环节上，计算广告为用户搭建了一个品牌价值共创的互动参与平台，构筑受众之于品牌的强忠诚度。"互联网+"时代的到来，使得信息的发布者、传播者、接收者和反馈者之间的区别在逐渐弱化，传统的大众媒介单向传播转变为用户互动参与的双向传播，用户不再是单纯的信息消费者和使用者，更是主动参与其中的信息生产者与创作者。于是新的经济范式下企业营销的核心转向以用户为中心的数字营销新模式，建立了企业与用户之间良性互动的长效机制。对于计算广告来说，除了利用精准传播进行有针对性的个性化投放，实现广告价值的最大化，更是通过原生广告、场景搭建、智能互动、程序化创意等多种形式，从内容和形式两方面全面触及用户，提升用户的互动参与感和体验思维。除此之外，用户甚至能够参与到企业的整个生产、设计、流通以及营销环节当中。以小米社区为例，在小米论坛上，米粉们可以切实地参与到MIUI产品的研发、测试、营销、公关等多个环节，决定产品未来的创新方向；在同城会、"米粉节""爆米花"用户见面会等专为粉丝量身打造的线下活动中，用户之间可以进行互动交流，间接进行小米产品的推介活动，可以说真正与企业共同实现了双向互动、品牌共创。实际上，企业与用户之间由传统的"产销"关系转变为价值共创的社群关系，这种关系使得用户对品牌的功能诉求上升到情感诉求，企业成为情感寄托和精神追求的载体、平台，这对保持"目标受众持续不断的凝聚力"、形成用户对品牌的强忠诚度具有重要作用。

可以看到，基于大数据技术、互动体验、精准与定位的计算广告在凝聚目标用户注意力，并使这一资源保持持续注意上有着天然的优势。其搭建的"影响力经济"，通过精准传播凝聚目标用户足够的注意力资源，提升企业营销传播活动的投资回报率；通过互动参与实现企业与用户之间的品牌共创，形成用户对品牌的强忠诚度，使得品牌广告和效果广告合二为一，达到"品效合一"的最终目标。

二、"品效合一"的计算广告

我们回顾广告效果评估的发展，可以看到，随着技术的发展和观念的推进，广告效果评估经历了从"品牌广告"到"效果广告"，再到"品效合一"三个阶段。

第一阶段的品牌广告，以媒体价值为核心，囿于传播技术和传播手段，只能将重心放在吸引受众的注意力上。第二阶段，数据技术的发展破解了广告领域一直以来的效果量化困局，量化指标被提升到前所未有的高度，引起消费者购买欲望并在短期内促成销售，成为广告主竞相追逐的目标。第三阶段，技术的发展为广告产业提供更多可能，当数据和算法驱动的计算广告兴起后，对效果的追求也逐渐回归理性，广告主和广告公司都开始思考怎样达到"品"与"效"的最佳匹配，实现品牌传播和实际销售的双赢，打造持续不断的"影响力经济"。广告开始围绕以数据描绘出的"个体消费者"展开，根据用户标签和行为数据，针对其消费情境和消费需求展开分析，进行高针对性和匹配度的广告推送，同时注重用户的互动参与和体验思维，以此提升广告效果。

（一）"品效合一"概念缘起

"品效合一"的概念由业界首先兴起并付诸实践，腾讯公司作为国内领先的数字营销平台，凭借其多年在平台布局和营销经验方面的积累和总结，在 2016 年首次尝试完整定义"品效合一"的概念——对于处于决策流程不同阶段的消费者，针对性地采用不同的营销策略、工具和方式进行有机整合、持续传播的长期过程，不断促进消费者从关注品牌、与品牌沟通到产生兴趣，在决策路径上向下迁移，最终达成转化。

腾讯"品效合一"概念的提出，为广告效果评估提供了新的思路，这是在精准传播的基础上，从用户的角度出发，提出的"先品后效"的营销传播实现路径。事实上，在品牌与用户的新常态下，品牌与效果并不是割裂的，也不是对立的，而是相互驱动、共同提升的，这体现在消费者决策链条上，即不断促进消费者从关注品牌、与品牌沟通到产生兴趣，最终达成转化和分享，推动持续购买的过程。需要注意的是，促进消费者关注品牌不仅不会牺牲销售效果，更会成为达成销售效果的助力，增强品牌的知名度、美誉度与顾客忠诚度，有利于企业良好品牌形象的塑造。相反，如果过分关注某一方面而忽略另一方面，都不利于品牌的长远发展。

数字时代的用户正在发生改变，他们具有移动化、碎片化和个性化的特征。虽然营销环境和用户特征发生了改变，但营销的诉求没有发生变化。作为一个品牌，让更多的用户了解品牌，对品牌产生好感，最终转化成销售效果，带来新的用户，是不变的营销诉求。因此，我们在此探讨"品效合一"的实现路径：第一是"连接和运营"。"连接"是通过资讯、新闻、娱乐、视频、音乐、游戏、文学、电商等各类移动端应用，帮助品牌与用户进行沟通；"运营"则是通过对用户社交行为、商业兴趣、浏览行为的深刻洞察和分析，使用户与品牌建立关系。举例来说，当我们用微信支付作为线下支付手段的时候，可以创造机会让品牌和商家与用户做线上的连接和线下的销售，这种连接正在创造一个个场景，基于这样的场景，除了一次性的交易，也可以进一步实现品牌与用户的二次沟通和互动。第二是"二次效果追投"。对于一个品牌的用户洞察，一般的分析仅限于用户的好感度和基本数据，但对于"品效合一"的目标，这样的分析远远不够，而是要在间断性的、大数据的、大曝光的品牌广告之后，将用户数据导入效果平台里，进行第二次的效果追投。在品牌广告对消费者进行"影响"和"培育"后，对用户偏好与行为进行"二次分析"，精准追投，从而真正实现品牌广告与效果广告的连接。品牌广告的数据价值得到二次挖掘，广告与用户进行了更深入的情感沟通，传播效果也得以更高效。

腾讯视频商业化总经理兼效果广告总经理王莹曾提出，品效合一是品牌广告与效果广告在策略、数据、创意和团队的合一。不同阶段的营销，都要实现从策略制定、数据运营、创意设计和团队架构四个层面，才能将品牌广告与效果广告紧密联动、有机融为一体，达成合一性，实现价值最大化。举例来说，一个奢侈品牌投放广告是会选择机场的商场还是大卖场？虽然大卖场的人流更大，销售额也很大，但奢侈品不会选择大卖场，因为奢侈品牌具有很高的安全性要求，希望能够得到有品牌背书能力的商家，这就对媒体的环境有很高的要求。可见，从品牌主的立场出发，"品效合一"的需求一直存在，而大数据技术的发展则为"品效合一"提供了更为精确的衡量标准和实现路径。

（二）"品效合一"的效果可衡量性

好的广告效果是广告的终极目标，也是广告主永恒的价值主张，但同时又是广告活动最难以衡量的环节。传统的广告效果监测是一种事后监测，广告主一般从广告代理公司或委托第三方调查公司获取广告效果，缺乏即时的效果反馈与灵活的应对措施，广告效果具有延迟性、间接性、累积性，使这一时期的效果监测有亡羊补牢之感。全流量时代的计算广告则实现了"品效合一"的效果可衡量性，通过数据建模与用户验证，保证决策精准化。

计算广告通过综合运用各种大数据管理平台，随时随地监测、优化媒介载体以及广告传播内容，一方面可以对媒介成本和广告效果进行精确控制，另一方面还可以通过不断优化以提升消费者的使用体验。在广告的量化衡量方面，区别于传统抽样调查的效果检验模式，计算广告利用大数据技术实现了广告数据全方位的采集，广告与消费者的每一次曝光、互动都被全面记录、动态追踪、立体关联和深度挖掘，广告效果的量化衡量也因此更加精准；在广告价值衡量方面，大数据平台通过结合历史数据的价值研究模型，可以对多种跨种类媒体进行价值估算。

基于数据驱动的计算广告还让广告效果的可衡量实现了从"事后评价"到"动态反馈"和"预测"的转变。传统的广告效果衡量，是基于事后评价的模式——在营销传播活动结束后，对其效果进行评价，这种模式虽然可以在事后发现营销传播中的问题，但却无法及时补救。而移动互联网的发展、大数据技术的推进和移动终端的普及，则实现了广告效果的动态实时反馈。广告效果的衡量模式可以采用事前基于历史数据的模拟预测、事中实时的动态反馈和预测、事后的整体效果衡量为一体的评价机制，随时改进广告的创意策划方案和媒介投放方式，使传播效果与营销传播目标精准匹配。

此外，大数据还能记录和分析某个（某类）用户在不同时间、不同地点，通过不同媒介渠道接触到的不同广告形式和广告内容等行为轨迹，分渠道进行广告效果衡量，给出每个步骤中每种媒介渠道的精准评估，这比通常的总量效果衡量更为精确，也是传统互联网广告难以实现的效果。举例来说，用户可能先通过门户网站的展示广告获得了品牌信息，接着到搜索引擎进行产品和价格搜索，然后通过搜索进入品牌官网，或者通过搜索直接到电商网站下单购买。通过数据追踪和挖掘，将用户接触媒介和接触广告的行为进行全面收集和系统分解，再和产品的终端销售数据进行比对，从而计算出不同媒介渠道和不同广告内容的效果贡献率，实现了从"整体效果衡量"到"分众效果衡量"。例如，全球最大的媒介购买集团之一浩腾媒体 2012 年构建了倒推分析式的广告效果衡量模型，研究促成订单之前用户接触到什么，通过对用户每一步媒介接触点的分析，计算每个媒介渠道在促成广告主销售目标的道路上贡献了多少价值，从而帮助广告主实现营销过程的全程精准、持续优化。

（三）从"品效合一"到"品效协同"

随着技术、媒体矩阵及大数据的积累与发展，越来越多的企业进入品效领域，注重内外生态的协同与合力。"品效合一"是近几年商家及广告营销圈达成的共识。

而阿里巴巴旗下的数字营销平台阿里妈妈，在进行自身品牌升级的同时，也对"品牌合一"概念进行了升级，于 2017 年品牌及业务诞生十周年之际，首次提出了"品效协同"的概念。

与品效合一最大的不同在于，品效协同更注重效果和品牌传播在一个品牌的实际运作中产生的长线效应，而非以往品效合一所注重的某一次营销活动立竿见影的影响。从用户行为的维度来讲，当消费者对一个品牌产生认知和喜好后，达成购买的行为可能是滞后的；而当一次购买完成后，是否能产生品牌忠诚，也对下次购买起着关键的影响。以雀巢咖啡为例，雀巢大中华区电子商务副总裁王雷曾表示，过去雀巢每年的市场项目方案，基本围绕新品或品牌为中心展开；如今雀巢将全年的市场时间表转变为以消费者运营为思路，再辅助以相关数据工具，进行了整体的变革。从单个割裂的项目规划，到全局式布局营销方案，这是雀巢营销层面正在发生的变化，也是雀巢咖啡逐渐从"品效合一"向"品效协同"转型的实践。

从品效合一到品效协同，营销生态升级的背后，离不开数据思维、媒体矩阵和内容营销三者的赋能。首先是数据思维，随着媒体环境的变化，营销将会从一种数字工程，变成一种数据思维。数据思维的三个关键词是连线、融合、相关性。"连线"是将所有的产品甚至是所有的服务相链接，推动万物互联，使得网络连接变得更加相关，更有价值；"融合"和"相关性"则是通过对大量的数据进行融合后去研究行业的相关性，发挥合作伙伴的专业度与能动性，扩大服务规模，使服务更具备持久性。其次是媒体矩阵，从消费者出发，人、货、场三部分结合，构建全媒体矩阵，建立起全媒体、全渠道、全链路的全域营销体系，这也是目前的营销主流。媒体生态也是阿里巴巴集团一直在推进的项目，电商系媒体矩阵以及外部媒体合作伙伴共同构成阿里妈妈完整的媒体生态集合，通过淘宝联盟和其他的媒体合作，把电商广告投入到大量的媒体场景里，阿里集团与合作伙伴一起，整合所有的媒体流量聚合消费者，力争把生意做大。最后是内容营销，原生广告的出现开启了"广告即内容"的先河，在增强广告传播效果的同时又保持了用户的浏览体验，而更理想的原生广告表现则是向用户推荐场景化的内容信息，以更加精准的个性化内容去激发用户的消费欲望。未来，人、场景、内容三者合一将会是营销的核心。

相信在未来，集合大数据和计算力优势的计算广告，将会赋能更多广告主，开启业界营销新生态，使广告效果从追求品效合一升级到品效协同。

三、实现"品效合一"的三要素

品效合一的实现是众多要素凝聚、共同发挥作用的结果，缺少任何一要素，都不能发挥品效合一的最大化效果。

（一）广告体系互通

1.数据互通，精准识别用户

互联网技术的发展特别是移动互联网技术的兴起繁荣，使得用户能够在不同端口、不同平台、不同地域自由畅行网络，因此用户的网络踪迹呈现出多路径、分散、不完整的特点。根据这些踪迹收集到的数据往往也是碎片化的、残缺的，这些零碎的数据不能够分析、拼凑出完整的用户画像，而企业基于这些数据所作出的营销决策往往也不能够达到预期效果。因此，要拼凑出完整的用户画像，需要将各个分散数据进行聚合、分析，最终还原一个立体、全面的用户画像，实现对目标用户的精准识别。

在传统广告的运作中，广告主和媒体对目标用户的判断都具有模糊性，但在大数据环境中，广告主对于目标用户的洞察达到了前所未有的高度。大数据技术依托互联网等平台，可以实现对用户数据的全面记录、动态追踪、立体关联和深度挖掘，并且用户分析是直接围绕每一个具体的"个体"展开，通过多平台、多维度的数据集成和复杂算法，可以全方位地了解每一个用户的海量信息，不仅包括最基本的性别、年龄、地域、身份等人口统计学属性信息，也包括通过用户搜索路径、电商购物情况、评价推荐系统、社交网络参与等识别出用户的消费需求、消费特点、情绪状态、兴趣爱好、人际关系等社会属性信息。这些结构化或非结构化的海量数据只有进行连接、聚合、分析，才可以勾勒出一个个生动、立体、全面的个体形象，才能看到每一个个体独特、个性化的需求，使得广告主对每一个用户本身及其消费情境能够进行预判并形成最优营销策略，让广告投放做到有据可依。可以说，依托大数据技术实现的数据互通，广告目标受众从传统的标准化大众向个性化的精众甚至个人转化，传播范式也从千人一面的大众整合传播向针对某一个精准消费者的个性化传播转变，广告投放的针对性、精确性在逐渐加强。

2.生态互通，完善营销链条

广告界有句格言"营销是卖，广告是讲"（marketing sells，advertising tells)，而广告营销就是以广告的"讲"出促进所营销产品的"卖"出，即通过广告对产品展开宣传推广，提高产品和品牌在消费者心中的知名度、认可度，引起消费者的购买欲望，并转化为行动，最终增加产品销售的商业活动。传统的广告营销是围绕宣传商品本身的功能特点开展的，利用重复性的传播方式，缺乏考虑受众的观感体验和内心活动，广告投放的地点也通常是人流量大的繁华地段和一些商业购物中心，虽然广告投资成本高，但是受众接受信息的不均衡，广告价值难以实现。

在媒体融合、技术不断发展的当下，广告营销的内涵也在发生着巨大的变化。在营销3.0时代，以技术为基础、以受众需求为导向，结合大数据实现对目标用户的精准广告传播颠覆了传统广告营销过于强调产品功能及大范围覆盖的特点。相较于传统单一的广告商业模式，以数据和技术驱动的广告传播活动有着无法企及的优势。

广告的完整营销链条不仅仅只是广告以完整形态呈现在消费者面前，而是将最初的消费者定位、品牌理念的提炼融合，再到广告的推广、效果的评估都包含其中，这就形成了一个完整的生态营销链。而在这个生态营销链中，消费者处于最中心的位置，一切内容都要围绕消费者展开，利用大数据等技术，精准识别用户、进行精准投放。计算广告根据数据分析描绘的用户画像进行用户定位，在品牌理念中找到与目标用户特性相匹配的场景，进行以用户为中心的内容生产，找出用户最常使用的传播接受路径进行精准投放等，将所有要素衔接、整合，形成一条完整的生态营销链条，才能使广告营销发挥最大化价值、企业获得最大化的收效。

（二）广告环境可控

1.优质的平台资源——全媒体聚合

全媒体概念是在业界实践中被提出的。在媒体行业里，把整合不同媒体形式作为传播的媒体运营方式称为全媒体，广告业就把应用多种媒体形式进行广告传播称为"全媒体发布"。顾名思义，全媒体平台是多种媒体形式的连结者，将发挥连结的作用，使各种信息形式和各种媒体形式相互结合，从而让媒体由原先的单一形式的传统媒体向复杂多变、具有创新性和适应性的新型媒体形式转变。这样，传统媒体可以通过向电子化和多媒体化的转型，与其他媒体形式更好地融合，将传播内容以多种表现形式来展现，而好的传播内容可以通过不同的媒体形式进行多次传播，增加信息的利用率。

现阶段，信息过载让用户的阅读习惯呈现碎片化特征，单一媒体的作用正在不断衰减。信息数字化传播，使原先不同媒介之间的壁垒被打破，媒介范围变宽，广告信息可以在任何媒介平台上得到传播。市场开始趋于多元化场景，在社交、视频、资讯、阅读、浏览器等各种场景下触达用户，全网流量经营已成为共识，媒体矩阵的价值因此愈发重要。

全媒体聚合，旨在将传统的媒体流量引入，向媒体共建新流量方向升级，矩阵效应可以有效提升信息服务的转化效率，实现从"人找信息"到"信息找人"的全面升级。联手媒体开拓共建，有利于不同媒体之间的优势互补，同时也可以为广告营销赋能提供更为丰富的营销场景，加速线上线下用户生活消费场景的串联，实现广告主与用户的亲密互动，提升品牌认知度和销售转化率。广告信息对用户进行多次触达，并在不同场景中加速转化，实现全媒体聚合。矩阵效应在为广告主提升用户转化效率的同时，还能为用户提供更加精准的综合信息服务，从而实现广告主、媒介平台、用户三方共赢的新格局。

2. 内容精细化、数据精准化

（1）内容精细化

过去，传媒机构一直强调内容编排与广告经营的严格分离，甚至将这一原则奉为圭臬，随着"内容为王"提法越来越得到多数人的认可，广告主、媒介和用户在某种程度上都产生了内容与广告融合发展的需求，于是产生了诸如个性化新闻推荐、内容付费推广、原生广告等兼具内容属性与广告属性的数字化信息产品。只有优质的内容才能吸引更多的用户流量，而广告是将流量变现的主要方式，对广告内容进行精细化运营，将是未来互联网广告产业发展的新景观。

"原生广告"概念的出现，可谓开启了"广告即内容"的先河。借助互联网领域强调的相关性思维，可以将那些具有高度关联性的广告信息与内容信息进行融合，实现内容与广告的统一生产或整体呈现，甚至进一步将广告信息完美地融合到可读性、实用性、娱乐性较强的内容之中——将基于娱乐、体育及资讯获取共建内容的原生"品牌广告"与多平台协同投放的"效果广告"相互结合，可在短时期内帮助品牌实现事半功倍的"品效合一"目标。可以说，原生广告的出现，将广告内容进行精细化处理，在增强广告传播效果的同时又保持了用户的浏览体验，真正实现了"广告即内容"的融合传播。

而更理想的原生广告表现则是向用户推荐场景化的内容信息，以更加精准的个性化内容去激发用户的消费欲望和消费行为。通过大数据精准地计算出用户场景，并预测出用户的具体消费需求，同时将定制化、内容化的精细广告适时推送给用户。这种内容、广告、用户、场景四者相互结合的方式将会是未来广告营销的新方向。

（2）数据精准化

广告实现品效合一离不开有效的数据分析工具，企业可以利用百度指数、谷歌趋势平台、微博指数、新榜、清博指数等数据分析工具，或者与专门开展数据分析业务的公司合作，通过多维度、全方位的数据调研、挖掘和处理，全面了解自己在市场竞争中的现状、当前的发展趋势，并预测未来的发展走向……通过数据分析，广告主能够通过用户基础信息、手机系统偏好和群体属性等信息维度触达目标受众，促进品牌广告与效果广告的有机结合。

在对消费者的行为进行分析的基础上，获取有效的数据，综合描绘完整的用户画像，精准识别用户，也需要借助专业性的网站分析工具，例如Google Analytics、Google Analytics Premium、Adobe Analtyics、国双Web Dissector、51la和CNZZ等。国内的网站分析工具，由于技术上的不足，正处于模仿美国的阶段，对于数据分析的重视，无论是国家层面还是企业层面，都需提上日程。

（三）广告价值共赢

1.完整的广告技术

广告学的研究，不能停留在仅仅意识到技术重要性的外部了解层面，我们还需要走进广告的技术体系内部，从更根本的层面来认识并研究它们。网络化技术、数字化技术、数据化技术与智能化技术与广告产业的市场调查、用户洞察、流程简化、精准传播、效果评估等更高需求相互组合之后产生了新的技术应用和操作流程，这种组合实际上创造了广告产业的一个次级行业——计算广告。计算广告中涉及的技术主要分为以下三种。

（1）人群定向技术

当所有传统媒体或新媒体都已经实现数字化之后，媒体可以通过技术手段对用户流量或媒体受众进行拆分，这样就使广告主按照受众类型进行媒介购买与投放成为可能，人群定向技术便成为这种广告交易的关键技术。人群定向技术通过对用户行为数据的分析和"聚类"算法挖掘出具有相似行为特征的人群，并选择适当的媒体将广告投放给他们，从而能够极大地降低广告投放的成本、提升广告投放的效果。可见，算法和投放是人群定向技术的两大核心。具体而言，人群定向可以分为性别定向、地域定向、年龄定向、频道定向、教育程度定向、收入水平定向、新客推荐定向等较为常规的定向技术。

（2）程序化交易技术

由于越来越精细化的受众定向技术和广告投放的深入发展，广告业务流程中的技术操作越来越复杂和频繁，也越来越多地依赖于计算机之间的在线协商而非人工操作，这样就逐步产生了能够满足广告主自由选择并掌控流量和出价的程序化交易体系。一方面，程序化交易对广告技术和算法提出了更高的需求和要求，由于程序化广告对技术基础架构要求较高，这就要求计算广告领域的关键企业和技术人员在网络、计算、存储以及数据处理等诸多方面都要具备相应的实力和能力。另一方面，程序化交易通过优化算法，可以让广告在最佳的渠道、最佳的时间，以最佳的方式展现给最合适的用户，从而使得数字化广告的人群定向能力达到了之前的广告投放模式所无法企及的精准程度。同时，这个过程是全程自动、实时进行的，它摆脱了传统广告业务流程中的主观决策和人工操作，使得决策更客观、传播更高效。

（3）个人推荐技术

虽然个性化推荐与我们传统意义上理解的广告并不相同，但在本质上，尤其是在"互联网＋"的背景下，这种实物产品的推荐也是精准传播和营销的关键表现。因此，个性化推荐也属于广义的广告范畴，并且实现了广告与销售之间距离的极大压缩，甚至实现了广告即销售的目的。个性化推荐技术与程序化广告交易技术有一定相似之处，那就是精准地向用户提供个性化信息。一方面帮助用户发现对自己有价值的信息，另一方面让信息能够展现在对它感兴趣的用户面前。但二者之间也存在较大的差异：程序化交易系统呈现在用户面前的主要是某个广告主的广告信息，它主要出现在大量媒体形式的网页中；个性化推荐系统呈现在用户面前的则是某件商品的基本信息，它主要应用于大量的电子商务、电影、图书、音乐以及很多基于位置的服务业务中。这些行业如果想要提高其销售量，就必须充分研究用户历史行为和兴趣偏好，而这正是个性化推荐技术主要解决的问题。

尽管不同行业不同类型的不同网站使用的推荐技术各有差异，但是总体来说，几乎所有个性化推荐系统都是由前台的展示页面、后台的日志系统以及推荐算法技术等几大部分构成。这些技术和算法的根本目的也都是通过一定的方式实现用户与商品的精准连接或匹配，只不过不同的推荐系统利用了不同的技术手段而已。事实上，亚马逊的成功在很大程度上就来自于其个性化推荐系统，而其推荐技术体系则使用了高性能交易系统、复杂的渲染和对象缓存、工作流和排队系统、商业智能和数据分析、机器学习和模式识别、神经网络和概率决策及很多其他技术……推荐的核心是通过数据挖掘算法和比较用户的消费偏好与其他用户进行对比，借以预测用户可能感兴趣的商品。

2.通常的数据链条

数据作为连接消费者的第一步，可以更好地助力品牌营销决策。伴随着消费者的数字化程度越来越高，消费者的需求也越来越高。对于大数据营销来说，片面强调数据本身是不够的，数据的割裂和分而治之导致数据的价值没有得到充分释放。不论是广告主、媒体端还是第三方都拥有自己的DMP，但出于对数据安全性的考虑，彼此的营销数据库相对而言仍是封闭的，对大数据的挖掘远远不够。

利用技术优势、算法优势和对接的庞大媒体资源在数据流动中发挥价值，通过大数据智能收敛分析，将营销策略结构化，并以此指导广告精准投放，提升广告投放效果，帮助广告主打造品牌价值。在整个营销链条中，从目标到洞察，再到策划、运营、分析、优化，数据是一个不断更新迭代的过程。在这种情况下，打通各个环节对营销策略、运营管理都会起到优化和帮助的作用。

数据闭环有助于实现智能营销闭环，让整个数据链条的建设实现细胞级的连接，有利于进一步提升营销的服务效率，满足注重传播效果/效率提升的客户需求和不断提升的用户消费需求，以应对更加激烈的竞争，使广告主、广告代理公司、媒体端、用户每一方都能充分享受到大数据所带来的红利。

❖ 案 例 1 ❖

多盟"DATA+"：数据赋能，营销智能

成立于2010年的多盟（DOMOB），是中国领先的移动智能营销平台。它专注于移动端品牌广告、效果广告及App分发，拥有一站式的程序化广告平

台，支持 RTB/PMP/PD/PDB 等多种竞价方式，基于海量数据深度挖掘为广告主提供包括策略、创意、投放优化在内的全生命周期的移动智能营销整合服务。

作为中国最早投身"智能营销广告平台"的营销技术服务商之一，多盟提倡以"技术＋服务"的产品模式拉近品牌与消费者的距离。在 2017GMI 全球移动营销峰会上，多盟正式发布赋能于数据的新一代智能营销产品——"DATA＋"。

1. 营销背景

在中国的互联网生态中，拥有数据和流量的各大媒体相对封闭，品牌的全链路营销、用户生命周期管理等理念也仅存于美好的设想中。

随着智能营销的发展，数据对于营销的价值变得愈发重要，品牌客户希望实现消费者全方位的营销生命周期管理，实时掌握处在不同决策阶段的消费者信息（首次认知—产生兴趣—购买决策—主动分享），实现品牌大数据资产的沉淀、积累、迭代。

而传统的营销已经不能满足当前的行业现状和发展趋势，迫切需要新的技术来带动行业变革。经过多年的发展，目前的行业现状存在几大困境。

困境一：过去的营销现状是各类数据各自为营，数据处于孤岛状态无法打通，更难以用 360 度全景深入立体地洞察每一个用户。随着用户时间趋向碎片化，碎片化时间所产生的大量数据洞察使得企业只能获得碎片化的人像，而不是一个完整的多维度画像。

困境二：传统的洞察数据往往存在某些偏差，并不能完全反映"购买者"的真实意愿。过去的洞察往往基于"兴趣者"和"使用者"，一旦对最终的"购买者"真实意愿理解有误，后续的实际营销效果也随之产生较大偏差。

困境三：品牌内部营销系统互不相通，数据相互隔离，使用效率低下。同时，各营销模块相互独立，数据源及数据的回收管理相互割裂，无法协同共进，形成一个一体化的协同效益。

困境四：传统营销都是靠营销人员来把关进行，不可避免地存在营销人员水平参差不齐、缺乏理性、难以处理复杂数据等问题。

2.“DATA+”顺势而生

回顾过去，数据量的重要程度毋庸置疑，越来越多的品牌开始重视数据，注重数据的存储和收集。对于大数据营销来说，片面强调数据本身是不够的，数据的割裂和分而治之会导致数据的价值得不到充分释放。

多盟从 2010 年 9 月开启移动互联网里程，在七年的时间经历了移动营销不同的进阶过程，见证了移动营销从“媒体驱动型”向“数据驱动型”转移。作为国内领先的移动智能营销平台，多盟七年来深耕移动营销领域，服务全球广告主超过 6000 家。首先多盟对数据市场有很深的了解，能合理地利用多方资源。其次，拥有强大的技术产品基因，使得多盟一直以来保持和众多媒体及第三方 DMP 的数据合作，积累了大量数据；且凭借对移动营销的深入理解，使得多盟在对数据的收集和处理上，更加注重营销价值。在这种情况下，要打通各个环节，实时进行营销策略更新，运营优化和营销管理，多盟“DATA+”顺势而生。

3. 数据赋能营销

数据孤岛和数据链割裂是整个数字营销行业都亟待解决的问题。“DATA+”旨在利用技术优势、算法优势和对接的庞大媒体资源在数据流动中发挥价值，通过大数据智能收敛分析，将营销策略结构化，并以此来指导精准投放，提升广告投放效果，利用大数据帮助广告主打造品牌价值。其核心产品模块主要包括：基于互联网行为数据的营销策略推荐；建立数据驱动的营销管理系统；以及提供端到端的闭环数据服务方案。

“DATA+”的出现让智能数字营销行业未来趋势更明朗。打通数据孤岛，360 度立体洞察潜在顾客，以此为基础加上营销服务，拉近品牌与消费者的距离，使每一位客户都能充分享受到大数据的红利。

4. 智能营销闭环

从最早的网盟，到之后的 DSP，再到 SSP，以及现在的 PDB、PMP 等数字营销平台的演进均得以窥见，智能营销的前提是在技术上实现自动化、程序化和智能化。"DATA+"涉及程序化广告、DMP、CRM以及SAAS营销工具，同时也会提供人群洞察、智能人群策略等产品模块，以此为基础加上营销服务，更好地助力品牌营销决策。

随着消费者数字化程度的提高，消费者的需求也随之提高。目前用户行为数据呈指数级增长，但营销领域对于数据的运用才刚起步。"DATA+"就是基于用户行为数据，通过对人群洞察的数据的聚类分析，自动将人群进行更精细、更结构化的划分，在数据上形成一个闭环，螺旋迭代，向上发展，释放巨大的数据价值。

与此同时，"DATA+"通过汇聚全网多渠道用户数据，结合人工智能技术，助力品牌营销决策智能化。以策略为基础，可以实现品牌策略到互联网数据的连接；在运营上建立了品牌运营的投放矩阵；在营销管理上为广告主管理潜在用户以及已有用户，为下次营销迭代起帮助作用。

5."技术＋服务"模式

多盟一直提倡以"技术＋服务"的产品模式，拉近品牌与消费者的距离。一直以来，多盟为客户提供的不只是工具和数据，也不只是系统，而是包含各种营销服务在内的系统化解决方案。例如给每个客户提供定制化的数据及策略解决方案，配备面向策略、运营、营销管理的咨询服务。

在未来，融合数据和技术的服务能力将成为行业比拼的关键。而多盟，也将在智能营销服务能力上进行构建和夯实，再次承担开拓者的重任。在数据层面，开放并打通多方合作，以合理的商业模式共享数据的价值；在技术层面，全方位的运用人工智能技术，辅助品牌做营销决策；在服务层面，以懂数据、懂营销的专业人才，为品牌提供定制化的优质服务。

对于多盟来说，"DATA+"的重点不在"DATA"，而在于"+"——帮助品牌实现有竞争力的长期增长。作为多盟智能营销服务中的重要部分，"DATA+"蕴藏着多盟对智能营销的理解，也彰显了多盟对大数据营销服务的前沿洞察以及持久势能。

❖ 案例 2 ❖

360 行为链大数据营销：数据赋能粤行智胜

大数据时代，互联网营销瞬息万变，整个行业更看重营销的精准和实效。奇虎 360 在此背景下提出了"行为链"的数据链接导向。这是依靠 360 旗下 PC 端、移动端和智能硬件等全线产品及用户基础以实现线上线下触点数据收集的行为链。收集的数据涵盖了访问、浏览、搜索、下载等行为痕迹，可以描绘出地域、年龄、性别、职业、收入等在内的用户画像，并通过行为痕迹精准挖掘用户兴趣点，刻画出更贴近用户本来面目的真实画像。深入洞察目标人群与整合用户数据，是精准营销的基础和条件，通过行为链可更加科学准确地实现这一条件。

360 此次营销的广告主是东风日产，其自营电商平台——车巴巴官网"超级黄金周"项目需要针对广东省十三区进行活动一周内的短时曝光及有效销售线索收集。

针对该营销目的，360 运用大数据行为链为客户解析车巴巴官网用户浏览行为、地域分布、定位车型受众及竞品，选定投放资源位，精细化目标人群，分配合理预算，据此定制优化搜索 + 创意展示 + 独家 PMP 资源的整合营销方案，全面铺盖品牌目标人群。其中涉及 360 多类型产品，并同时在 PC、移动多屏触达消费者。

在执行过程中根据不同人群进行营销产品的投放，360PC+ 移动全场景资源覆盖，定向人群展示广告提高转化，契合不同人群行为习惯。在媒体表现方面有 PC 端安全卫士的开机小助手大图呈现，360 浏览器的新闻弹窗、今日首发、开屏、PC+MDB 信息流、移动 App 开屏矩阵投放。

最终在客户项目限定的一周时间内，以较低的成本达到活动曝光最大化及高效线索收集的营销结果，获得精准曝光量 300 万 +，实际点击量 10 万 +，CPC 仅 0.57，CPL 低至 249，完成客户项目既定目标，在行业内产生一定的影响力。360 纵向精细打造营销节点，横向全面完善营销闭环，充分利用行为链大数据的价值优势，全方位立体化帮助广告主提升品牌价值。

本章习题思考

1. 计算广告与品牌广告、效果广告之间有什么关系？

2. 你如何理解通过计算广告实现"品效合一"效果的可衡量性？

第十章　计算广告的典型产业实践：
程序化购买

一、程序化购买的发展概述

伴随着互联网广告市场规模的不断扩大和广告信息技术的不断发展，互联网的广告形式也在不断创新。特别是在大数据技术的支持下，广告实现了更加精准化的人群定向。在此基础上，更具实效性的程序化购买成为近几年数字营销圈的热词。正如 2013 年谷歌全球副总裁 Neal Mohan 所言："程序化购买是广告行业发展速度最快的概念之一，它不仅能提高广告主的投资回报率，还可以帮助发布商提高收入与利润。在谷歌平台上，程序化购买业务仅在去年一年就增长 200%，未来几年，程序化购买将成为绝大多数在线广告的交易模式，让广告市场产生令人瞩目的变化。"[①]

"程序化购买"对应的英文短语为"Programmatic Buying"。"程序化"指的是通过编程建立规则或模型，使得计算集群能够对海量数据进行完全自动的实时分析和优化[②]。程序化购买是相对于传统的人力购买模式而言的，它指的是通过数字化、自动化、系统化的方式，实现广告主、代理公司、网络媒体之间的程序化对接，帮助广告主准确找到与广告信息相匹配的目标用户，使程序化投放贯穿从广告主到媒体的全过程，实现整个数字广告产业链

---

① 来自 2013 年中国第一届广告技术峰会谷歌全球副总裁 NealMohan 发言。

② 参见杨炯玮：《解谜程序化购买》，《声屏世界·广告人》2014 年第 3 期。

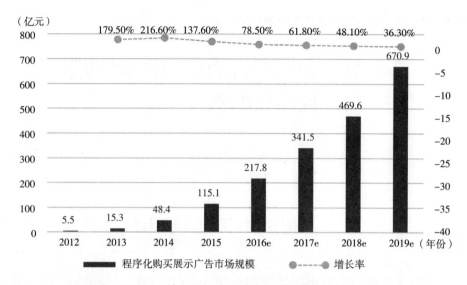

图 10-1　2012—2018 年中国程序化购买展示广告市场规模

来源：艾瑞咨询：《2017 年中国程序化购买市场趋势展望报告》。

的自动化。

从全球范围来看，程序化购买近两年的增长规模正在大范围地提升。根据 Google Marketplace 的数据显示，2015 年，广告支出的 20% 通过程序化购买完成，而美国程序化购买广告支出达 60%。在中国，2012 年第一个广告交易平台（Ad Exchange）（阿里巴巴集团旗下的 TANX）和第一家需求方平台（DSP 或 Demand-side Platform）的出现，创造了以实时竞价（RTB 或 Real-time Bidding）为主的程序化购买市场。2013 年，国内几乎所有互联网巨头包括百度、腾讯、谷歌、新浪、优酷、搜狐、盛大等都推出他们的广告交易平台，中国 DSP 公司的数量也从 1 家增长到 50 多家[1]；2016 年中国程序化购买市场规模为 205.3 亿，较 2015 年增长 78.5%。预期到 2019 年，程序化购买市场规模将达 670.9 亿[2]。未来三年，程序化购买仍将维持相对高

---

[1]　参见杨炯玮：《解谜程序化购买》，《声屏世界·广告人》2014 年第 3 期。

[2]　参见艾瑞咨询：《2017 年中国程序化购买市场趋势展望报告》。

速增长，与此同时，移动端程序化购买所占比重也将不断扩大。

　　程序化购买广告的模式对网络广告的发展具有重要意义，它的出现能够有效提高广告投放的效率和媒体广告位的价值。相对于传统数字营销媒介购买模式，其优势在于：在每一个单一的展示机会下，真正做到在合适的时间、合适的地点，将广告投放给合适的人群，实现精准营销。对于广告主而言，这种方式可以使目标消费者付费，满足他们精准触达目标人群的要求，从而提高广告预算的回报；对媒体而言，可以优化流量，使媒体广告收益最大化；对于消费者而言，可以选择只看那些与他们特定需求和利益相关的广告。未来随着程序化购买广告的不断发展，人类将最终走向智能化营销时代。

二、程序化购买重构网络广告产业链

　　从程序化购买产业链的发展历程来看，国内程序化购买始于 2010 年末，到 2012 年正式落地，先后经历了 RTB 爆发期、PMP 引领期、视频猛增期、移动普及期四个关键发展节点[①]，且程序化购买广告每年以100%的速度向前增长，其产业链不断发展逐渐走向成熟。

　　互联网广告的程序化购买产业链主要由广告主、广告需求方平台（DSP）、媒体供应方平台（SSP）、数据管理平台（DMP）以及媒体主组成。简而言之就是四角关系，即：广告主、媒体、代理商和第三方技术服务商，其中上游广告主为广告的需求方和付费方，效果广告和需求广告是两大需求，他们决定着程序化购买的预算，始终追求以最低的价格获得最精准的曝光，是产业链价值的最终来源；下游媒体主为广告位的最终供应方，掌握着大量的媒体资源，通过开发信息流等广告产品追求广告位价值的最大化；中

---

　　① 参见《原生视频广告程序化进程加速，影谱科技"自动化"模式占先发优势》，见https://www.sohu.com/a/214154252_100063631。

间 DSP、ADX 以及 SSP 等均为营销服务商，是程序化购买产业链衍生出来的新兴角色，其通过高效地将供需双方进行匹配，使他们的利益最大化。

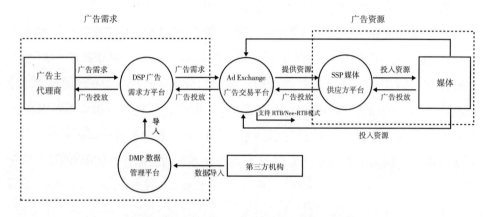

图 10-2 互联网广告的程序化购买产业链

（一）广告需求方平台（DSP）

DSP 平台是面向广告主的广告投放管理平台。在程序化购买广告交易过程中，卖方通过程序化的方式将广告流量接入到广告交易平台中，并设定底价。每当一个用户浏览媒体内容页，其中就有一个广告位需要展示广告，此时卖方将该广告曝光机会通过广告交易平台向各程序化买家（DSP）发起竞价请求，各程序化买家根据对该广告曝光机会的评估背对背出价，广告交易平台收到各个程序化买家的出价后进行比价，找出出价最高的买家，将出价最高的广告素材给到媒体进行展示，同时将竞价成功的结果返回给胜出的程序化买家，整个过程都是通过程序化的方式在 100 毫秒内完成的。因此，在程序化购买广告交易环节中，DSP 平台十分重要，它是数据、流量、营销需求、营销策略汇集的平台，也是程序化购买广告的决策平台[①]。DSP 平

---

① 参见刘兰英：《互联网广告平台公司商业模式创新研究》，硕士学位论文，电子科技大学，2018 年。

台能够通过科学的方法帮助广告主选择所需数据，在理论上达到广告主预算零浪费的目的，真正做到营销上的精准。因此它代表了广告主的利益，承担营销预算管理的角色。目前常见的 DSP 主要有几类：独立 DSP、依附于流量（媒体、AdX、Ad Network）的 DSP、独有 DMP 数据的 DSP。

（二）媒体供应方平台（SSP）

SSP 是服务媒体投放与管理广告的平台。它将各网络媒体集中在一起，帮助网络媒体分配流量、管理广告位、选择交易平台，甚至可以筛选广告主，实现跨平台的媒体资源变现和收入优化。其主要功能包括：（1）广告位的合理分配。根据自身广告位的不同特点，决定是开放给广告交易平台，还是内部销售，如果决定开放给广告交易平台，则需进一步选择分配给哪一个广告交易平台。（2）不同广告请求的筛选。对于来自不同广告交易平台的广告请求，要及时筛选广告主、监控广告素材。（3）广告位价格的管理。通过数据的积累，对每个不同广告位的广告底价进行分析和调整。SSP 承担着广告生产管理者或是优化者角色，通过对剩余流量的最优化利用，让媒体库存广告产品可以获得最高的 CPM 收益，而不必与低价低质媒体竞争，同时 SSP 帮助媒体更好地管理和对资产定价，并提供数据保护以及对品牌声誉的保护。

在当前国内市场环境中，出于自身资源管理的需要或内部数据安全的考虑，大型的门户网站往往更倾向于搭建自己内部的 SSP 系统。部分门户或垂直网站选择与服务商合作，利用服务商提供的底层技术平台搭建自有的SSP。而对于中型网站以及长尾的网站，出于人力物力投入的考虑，则往往会选择直接使用成型的 SSP 产品。

（三）数据管理平台（DMP）

DMP 是把分散的数据进行整合纳入统一的技术平台。它根据所掌握的用户数据，对目标人群进行标签化分类整理，精准定位用户画像，去触达目前不知道的且无法接触到的潜在客户，利用大数据使广告投放更具精准性。数据是程序化购买的基础，在移动互联网快速发展的今天，每天都有大量的、碎片化的数据产生。但是这些数据都是在单个领域的积累，不仅存在属性重叠的现象，同时也会有数据质量差、实时性不强等有关问题。数据的价值不单单体现在其体量大、来源广，更重要的是利用技术进行数据整合和建模挖掘的能力，只有最大化地激活数据、应用数据，才能实现大数据的价值。DMP 平台通过收集、存储、集中、分析、挖掘以及运用原先隔离而分散的数据，掌控自有的企业用户数据以及营销活动数据，深度建模和细分人群，建立自动化人群策略①。使用这些数据进行决策和创新，以便更多、更精准地推送广告，以获得更好的广告投放回报。

一般我们会将 DMP 管理的数据分为三类：（1）第一方数据：线上线下交易中广告主自有的数据和用户到达品牌主官方网站的浏览数据。（2）第二方数据：品牌主广告投放所产生的相关数据，比如广告交易平台的数据。（3）第三方数据：和品牌主没有任何关系的第三方平台所获取的相关数据。第一方数据和第二方数据，需要企业自己搭建 DMP 系统或使用免费的第三方统计分析工具获取和管理，但第三方数据的管理和利用则困难得多。还有其他几种数据，包括：媒体数据、第三方监测数据、专门做数据挖掘的技术服务公司提供的数据等。

（四）广告交易平台（ADX）

这是一个开放的、将媒体和广告主联接在一起的在线自由广告平台，是实现程序化交易的主要场所。它向上为广告需求方平台（DSP）发送广告

---

① 参见贺磊：《大数据时代下程序化购买广告中的伦理问题研究》，硕士学位论文，暨南大学，2016 年。

位信息，并接收来自不同广告主的竞价请求和广告素材，在平台上完成竞价交易后；向下对接各方的广告位资源（广告网络、SSP 等），并提供竞价成功者的广告投放素材①。从数据端来看，Ad Exchange 将数据接入平台为用户进行标签分类；从供给方看，Ad Exchange 将媒体广告资源分类整理，按照不同的用户标签进行打包，以便于需求方匹配；从需求方来看，Ad Exchange 则根据广告主和代理商的出价及投放需求匹配媒体资源。

广告交易平台可以分为公开广告交易平台（Public Ad Exchange）和私有广告交易平台（Private Ad Exchange）。公开广告交易平台（Public Ad Exchange）的运营商以互联网巨头为主，需要汇集大量以运营商的媒体合作伙伴资源为主的媒体资源，但同时也可以有运营商自有媒体的广告位资源②。当前国内公开广告交易平台的代表，主要包括百度、阿里妈妈以及谷歌。私有广告交易平台（Private Ad Exchange）的运营商以大型门户和视频网站为主，通常以一家媒体或一家广告网络的广告资源为主，对整个广告投放过程的控制力较强③。国内以大型门户媒体如腾讯、新浪、搜狐、优酷、土豆等为代表。

一个标准的程序化购买广告流程是：网络媒体将其资源接入 SSP 或 Ad Exchange，当用户访问媒体时，Ad Exchange 向 DSP 平台发出信息。若该广告位的数据信息，如用户数据、媒体数据、时间价格等与已经预先在 DSP 平台上设置这些广告需求的广告主相匹配，则 DSP 平台会进行广告投放（在实时竞价模式下则由出价最高的广告主获得广告投放机会），最后用户点击率、曝光时间、互动量等数据将传回平台，以实现用户数据修改，并形成广

---

① 参见艾瑞咨询：《2014 中国移动程序化购买行业报告》，《声屏世界·广告人》2014 年第 6 期。

② 参见贺磊：《大数据时代下程序化购买广告中的伦理问题研究》，硕士学位论文，暨南大学，2016 年。

③ 参见贺磊：《大数据时代下程序化购买广告中的伦理问题研究》，硕士学位论文，暨南大学，2016 年。

告效果反馈报表。

三、程序化购买交易分类及对比

程序化广告实现了数字广告产业链的自动化，而程序化购买是程序化广告交易流程中的核心环节[1]。传统广告资源购买由广告主代理直接向媒体进行购买，其中有诸多局限，而程序化购买则较好地优化了购买流程，依据出价形式可分为实时竞价（Real Time Biding，RTB）和非实时竞价（Non-Real Time Biding，Non-RTB）[2]。程序化购买依据准入机制可分为公开交易和私有交易。目前业内主流的程序化交易分为公开交易市场、私有化交易市场和优选交易市场三类。

（一）竞价分类：RTB 与非 RTB

RTB（Real Time Bidding，实时竞价）是 DSP、广告交易平台等在网络广告投放中采用的主要售卖方式，在极短的时间内通过对目标受众竞价的方式获得该次广告展现[3]。其应用过程主要是通过一个平台，让拥有广告的个人或者企业自主选择是否进行投放，以及选择投放的位置，通过这种方式能够让拥有广告的企业或者个人正确地选择合适的消费者[4]。在 RTB 模式下，当用户打开一个网页时，系统会自动记录相关的浏览数据，之后 Ad

---

[1]　参见贺磊：《大数据时代下程序化购买广告中的伦理问题研究》，硕士学位论文，暨南大学，2016 年。

[2]　参见姜博：《TAM-TTF 整合模型视角下程序化广告 DSP 使用态度研究》，硕士学位论文，华南理工大学，2016 年。

[3]　参见潘洪亮：《数字传播时代"精准传播"研究初探》，《广告大观（理论版）》2013 年第 1 期。

[4]　参见倪笑书：《大数据与广告实时竞价模式研究》，硕士学位论文，吉林大学，2017 年。

Exchange 即将该页面的广告位需求发送给 DSP 平台，然后 DSP 平台经过数据运算、人群定向技术以及用户 Cookies 分析，精准匹配用户的需求，并作出竞价决策。而多个广告主的目标受众可能相同，此时 Ad Exchange 就扮演起仲裁者的角色，将广告展示机会交给出价最高的 DSP 平台，并将其呈现给消费者。而这一切看似繁琐的过程，均在网页缓冲的 100 毫秒内交接完毕，将广告展现在用户面前。用户看到自己感兴趣的广告时，也更容易点击进去，并且用户每次浏览网页时所看到的广告都是不同的，这不仅提高了广告的 ROI，也避免了广告对用户的过度干扰。

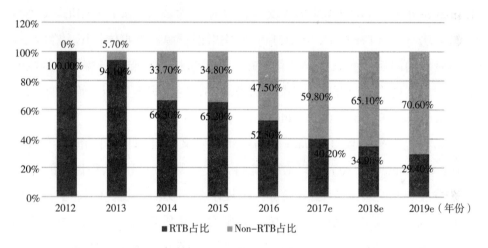

图 10-3　2012—2019 年中国程序化购买展示广告不同方式结构

来源：艾瑞咨询：《2017 年中国程序化购买市场趋势展望报告》。

　　Non-RTB（Non-Real Time Bidding，非实时竞价）在程序化购买广告中是通过私有化购买来完成广告投放的，满足了广告主对优质广告位和流量以及媒体对高质量广告的双向需求。对于广告主来说，Non-RTB 同样能够使用程序化购买的方式来管理广告投放，可以通过对广告位中出现的受众进行筛选来完成①。当网站访客为非目标受众的时候，广告不展现，当然也就不

―――――――――

①　参见黄杰：《大数据时代程序化购买广告模式研究》，《新闻知识》2015 年第 4 期。

用支付广告费用。这个从本质上来说，购买的仍然是受众，只不过品牌广告主可以更好地控制投放广告的媒体质量[1]。根据艾瑞咨询数据显示，随着程序化购买的不断发展和广告主认知的不断提升，选择 Non-RTB 投放的广告主比例逐年增加，到 2019 年 Non-RTB 的投放比例将增长到 70.6%。

（二）交易分类：公开交易、私有交易、优选交易

公开交易市场（Open Exchange）是一个对各 DSP 平台完全开放的 Ad Exchange 市场，以 RTB 的形式交易，以曝光次数（Cost Per Mille，CPM）或按点击（Cost Per Click，CPC）的方式出售资源。以媒体长尾库存为主，各类资源总量巨大、媒体碎片化存在、交易价格低、准入门槛低、监控困难。国内市场主要以百度流量交易服务 BES、阿里妈妈 Tanx、腾讯的 GDT Ad Exchange 和 Google 的 Double Click 平台为代表。

私有化交易市场（Private Marketplace）又称自动化预留市场（Automated Guaranteed，AG），以 RTB 竞价形式交易，但只有获得许可的 DSP 平台或受邀广告主可以参与竞价。相较于公开交易市场，PMP 平台媒体质量较高，成交价格也高，其核心竞争力是高质量资源库存。国内市场主要以各大视频网站 PMP 为代表。作为强势媒体，各大视频网站往往将 PMP 与自有的 DSP 绑定，通过一站式服务和自有数据来保持媒体资源的高溢价。

优选交易市场（Preferred Deal）是指面向大型品牌广告主，以最高的优先级，按固定曝光次数（Cost Per Mille，CPM）或按时间（Cost Per Time，CPT）的方式出售顶层高质量资源的市场。资源通常以收视率极高的视频类节目贴片、门户网站首页、超级 App 开屏或信息流广告为主。这类资源往往不会在公开的市场以 RTB 形式进行售卖，平均售价远高于公开交易市场

---

① 参见黄杰：《大数据时代程序化购买广告模式研究》，《新闻知识》2015 年第 4 期。

和私有化交易市场成交价。一般情况下以通投的方式进行曝光，不能进行人群精准定向，且多为预售，因此不能保证资源量。

表 10-1　程序化购买交易

交易分类	公开交易	私有交易	优选交易
交易形式	RTB	PMP	PD
准入机制	公开	授权许可	授权许可
媒体资源	总量大、长尾库存为主、资源碎片化	总量小、高质量媒体、资源较集中	总量小、特定媒体特定资源、资源非常集中
资源保证量	保证	保证	不保证
成交价格	低	较高	高
可否定向	可定向	可定向	不可定向
广告目的	效果类广告为主	品效类广告为主	品牌类广告为主
核心竞争力	高投资汇报比多样化媒体选择	保证媒体品质/品牌安全兼顾投资回报比	保证媒体品质凸显品牌影响力

　　RTB 的公开化交易市场，满足了广告主对低成本大流量推广的需求。但同时，品牌对于高价值媒体的需求始终存在。媒体资源质量关乎品牌安全，优质媒体的背书对品牌价值提升有重要作用。如果品牌广告主无法买到大量优质库存，品牌声量、品牌安全就难以保证。反观媒体方面，首先，媒体始终都力争其稀缺优质资源位能以更高的价格出售以获利。其次，媒体也需要确保广告质量和调性不会对媒体形象产生影响。而私有化交易和优选交易市场的出现，使供需双方可以在更为纯净的议价环境中进行交易。高质量媒体资源位满足了广告主对品牌形象构建的需求，PMP 竞价和 PD 定价的模式也使媒体得到更多广告收入，确保广告质量，从而达成双方共赢。最后，无论公开交易市场还是私有化、优选交易市场，都建立在程序化投放的基础上。广告的受众匹配、精确投放和数据反馈并不受

交易形式的影响。

四、计算广告与动态程序化创意

（一）程序化创意与动态创意优化

1.传统创意生产的困境

虽然程序化购买市场一直在不断扩大，但广告创意环节却呈现"匮乏"态势。目前主流创意行业的运作方式，仍然是以传统的团队头脑风暴、方案甄选到广告作品的生产制作为主，整个流程基本都是依靠人力。除了效率和品质难以获得稳定保障之外，许多创意人也时常会被生产过程中的细枝末节问题而困扰，难以实现创意的快速与高效生产。目前广告主在创意生产环节主要面临以下困扰。

（1）移动场景的复杂性问题。不同移动场景之下，用户的需求也随之改变，复杂移动场景与用户需求的匹配并非易事。此外，在跨屏跨媒体环境下，广告在不同屏幕投放的合适尺寸不一，制作与管理都很复杂，并且在"跨"屏时修改广告尺寸也需很多人工和预算，这又给移动场景中的匹配问题带来了难度。

（2）广告内容的冗杂性问题。由于出品时间和预算有限，很多创意人的创意生产效率与品质难以获得稳定保障。且在经过冗杂的制作过程后，生产出的往往也是单一内容，难以满足"千人千面"的需求，单一创意重复曝光对用户体验的破坏问题也很突出。

（3）媒介环境的多样性问题。复杂的媒介环境也会极大地影响用户的实时感官效果，但是广告投放后却难以对上线内容进行实时优化。

（4）创意效果数据问题。即使拥有广告投放监测数据，也难以得知具体是哪一个创意元素在起作用。

2.程序化创意

正是因为创意供给端的低效，推动了计算广告逐渐向智能化洞察和程序化创意等环节扩散。程序化创意（PCP）是一种由数据和算法驱动，通过对广告创意内容进行智能制作和创意优化，从而整合互联网创意产业上下游的技术（黄琦翔、鞠宏，2016）。它强调以"个人"为创意单位，以消费数据为核心，依靠算法来实时判断是否要与消费者进行互动，能在大数据的支持下实现海量创意的批量生产。程序化创意以算法为基础，能够自动完成繁琐的操作性工作（如改尺寸、创意元素组合等），从而使得创意人能够从这些繁琐的工作中解脱出来，以更好地专注于高阶创意生产。同时，它还能自动分析创意中各个元素的效用大小，为后续创意改进提供依据，从而实现大数据支持下的海量创意"柔性化生产"。

程序化创意的价值不仅仅在于其实现了对创意生产力的解放，更重要的是，程序化创意还是因人而异的个性化和定向化广告投放的一部分，是实现"个人化创意"的基础性技术解决方案。同时，程序化创意还为精细化的创意数据管理带来了可能，比如更简易的追踪部署、更快捷的追踪和更准确的数据统计、更轻松地实现多变量测试等高阶应用，为进一步的创意优化带来巨大空间。

3.动态创意优化

虽然程序化创意相比起传统创意生产方式来说已经有了很大的突破，但是对于如今复杂的媒介投放环境来说，仍有着一定的局限。其中最大的问题便是在于投放上线之后不能对广告进行实时优化。因此，对程序化创意进行更高阶的优化成为一种现实需求，动态创意优化（DCO）即是伴随着这种需求发展而来的功能。动态创意优化能够通过给定的规则自动动态组合多种元素，以匹配不同的投放环境，并且依据实时的效果反馈来调整广告素材甚至其他元素，比如标题、文案、按钮等，来优化广告展示。在同样的广告位上，动态创意优化能根据用户的特定属性及行为动态展示出不同的内容和效果。

表 10-2　程序化创意与动态创意优化的对比

	程序化创意	动态创意 / 动态创意优化
技术门槛	低	高 （流量分割，置信区间等）
效率	高	低
用户类型	媒体端	广告主
每个 campaign 的广告素材个数	≥ 1 个	≥ 2 个
效果	不确定性高	确定性优化

就技术而言，程序化创意的创意生产主要依靠标签化和代码控制来完成，比如通过对创意素材的标签化来实现素材的自动匹配，利用元素代码，直接进行针对不同人群、不同场景的多版本创意内容同时投放①。而动态创意优化则是基于 A/B 测试技术优化的 2.0 版本，本身基于 A/B 测试的优化工具就有相应的技术门槛，比如用户流量分割怎么规避辛普森悖论与区群谬误，统计后台怎么计算置信区间等，再加上决策系统，因此远比程序化创意要更加复杂，技术门槛也更高。

在效率方面，程序化创意究其本质，解决的是对传统创意素材快速匹配组合的问题，其所生产的数字广告更多是复制传统广告的模式，往往只要一版广告素材就能产生，加之技术门槛较低，因此具备了更快的上线效率。而动态创意优化则往往需要设计 2—3 版素材甚至多版素材，涉及更加复杂的组合过程与技术，效率自然不能与程序化创意相比。

---

① 韩霜：《程序化创意的现状和发展路径分析》，《广告大观（理论版）》2017 年第 3 期。

从用户类型来看，程序化创意更有利于媒体端，因其符合大量 Ad Exchange 市场中得媒体者得天下的商务逻辑，且并不对效果负责。举个例子来说，比如你想从天安门坐飞机到三里屯，但程序化创意从你的历史行为了解到你经常到三元桥，于是在飞机系统里默认了你喜欢三元桥，每次你想出门，飞机会首先想到把你送到三元桥，然后再根据你上不上飞机决定这次是不是错了，再进行优化。而动态创意优化则对用户端更加有利，因其是为广告投放效果负责，会根据当下的用户反馈数据来实时调整所展示的创意素材，并不需要采集历史数据判断，从而避免了不断"纠错"这一过程。

也正是基于以上几点，程序化创意在投放效果上的不确定性要更高。而动态创意优化则是确定性优化，这是因为动态创意优化是多个素材同时投放并实时调整。举例来说，假设我现在需要生产并投放一个啤酒广告，由于拥有 2—3 版创意素材，并同时给不同的用户群组展示不同的素材，假设用户对三版素材的点击率分别是 1.7%、2.4%、4.6%，动态创意优化就会让 4.6%点击率的素材展示给全部用户。这也就意味着，每次用户看到的创意素材一定比以前更好。

而当程序化创意和动态创意优化功能结合起来时，它就能基于大数据，对广告尺寸、大小、内容、色彩等广告要素实现自动化匹配，并依据用户属性、当前场景和实时效果反馈来优化广告展示，从而进一步提升程序化创意的生产效率和投放效果。

（二）动态程序化创意的发展演变

基于互联网的不断发展、变迁，以及网络广告环境的转变，创意生产也经历了从以人性洞察为核心到以智能算法推荐为核心的变革。从经验创意到智能创意，智能广告中的创意生产这一环节也经历了从以人性洞察为核心的创意 1.0 时代到以智能算法为核心的创意 3.0 时代的转变。这一发展中，广告创意成为衡量智能广告效果和质量的一个重要指标。

1.经验创意：以人性洞察为核心的创意 1.0 时代

在经验创意时代，广告创意沿用了传统创意的生产模式。广告创意最大的特征是人性洞察，创意以满足广告主的需求为重点，以人工生产为核心，我们将这一时代的广告创意阶段称为创意 1.0 时代。这一时期创意的生产流程是一种单向线性生产模式，广告创意多是由广告主决定。广告主预先设计好创意方案，再将其交由广告代理公司，委托其广告计划，广告代理公司根据要求进行创意生产①。创意的产生也只是将颜色、字体、文字等要素简单排列组合，体现的是广告主的意志，带有浓厚的个人主义色彩。广告代理公司会将制作好的广告交于广告媒体，并通过电视、网络等媒介投放给消费者。广告主要求什么就生产什么，对用户的需求满足程度较低。整个过程中各个环节相互独立，互动沟通较少，呈现一种单向线性模式。由于整个过程都是一种线性的结构，广告主无法根据用户反馈来深入了解消费者的切实需求，而经由广告代理公司制作出品的广告创意也无法进行动态优化，因而广告的创意生产与消费者的真实需求更多是表现出一种割裂式的状态。

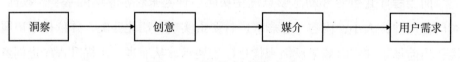

图 10-4　传统创意生成路径

囿于技术的发展，这种传统的经验性创意内容生产最大的痛点在于，内容制作效率较低且没有任何定量数据可以指导创意优化，缺乏数据体系的支撑，不能对用户需求和创意投放效果进行分析和检测。媒介预先对广告进行采购，广告物料需要提前进行设计和审核，但往往挑选出来的素材是站在品牌的角度，而非消费者真正认为"最好的"，最终投放效果并不能保证。

---

①　参见姚曦：《广告创意性产品及其创新生产机制》，《武汉大学学报（人文科学版）》2009 年第 5 期。

在创意 1.0 时代，一个广告创意的诞生耗时周期长，生产流程复杂，最后出来的数量少，质量也不高。这一阶段的广告创意只能少量、非定向化地满足消费者需求，不同版本、尺寸的创意画面无法定向输出，大规模生产定制化的广告内容更是遥不可及。这不仅导致创意生产效率的下降，还加大了人力成本。因而在智能化时代，创意的生产成为难点。

2.程序化创意：以用户为核心的创意 2.0 时代

随着大数据、程序化购买等形式的出现，创意程序化成为趋势。在注重"受众购买"的程序化营销中，以算法大数据为基础，创意与智能生产技术互联，智能化内容生产技术逐渐替代传统内容生产服务的价值，使广告创意进入程序化时代。程序化创意，即将广告创意素材的产品信息、文案、LOGO、背景、活动等元素任意调整、组合之后，在同样的广告位上进行投放时，系统会根据用户属性、当前场景等生成多种动态创意进行展示。

从运营模式来看，程序化创意摆脱了传统经验性的创意形式，生产流程则是一种双向生产闭环模式。在创意生产的全流程中，由于数据的参与和渗透，整个流程更加公开和透明，在数据分析的基础上，广告创意与消费者的需求实现了优化匹配。这样就摆脱了"拍脑袋"决定创意的传统模式，程序化的创意在与消费者互动的过程中，完成了需求洞察。在实现精准的消费者洞察之后，程序化创意平台可以通过机器学习和先进算法，实现智能分析和决策优化，从而辅助创意内容生产。通过程序化技术和动态优化技术，创意能够在全网快速选择模板，将广告元素快速优化重组，实现一次制作，多次输出，使广告制作更加有效。

在媒介投放环节，复杂的互联网传播环境使用户耐心降低，消费者对创意跨屏投放尺寸设计与管理以及多版本创意投放提出了更高要求，程序化创意工具就可以解决这个问题。例如筷子科技的 KuaiPlay 云创意平台就是遵循传统模板化的创意生产逻辑，用技术控制模板中的内容要素进行各种尺

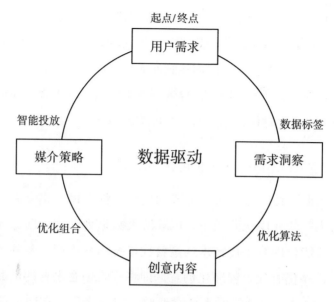

图 10-5　程序化创意生成路径

寸的排列重组，从而解决跨屏投放广告的尺寸问题①。

3. 动态程序化创意：以智能算法为核心的创意 3.0 时代

程序化创意能够将广告分解为不同的元素级别，它的目的是用程序化的方式把创意展示出来，重点是从创意到广告展示的过程要程序化，关注的是过程，着眼点是快速。而在智能算法主导创意的时代，动态程序化创意能够在大数据支持下实现海量创意的"柔性化生产"。我们认为，相比于程序化创意，动态程序化创意不仅仅是程序化创意引入动态优化技术而成，而是程序化创意的智能化，是以智能推荐机制为基础而形成的一种智能创意生产模式，动态程序化创意使创意的生产更加具有确定性和效果可预测性。

在大数据时代，创意也可以像数据一样被海量积累，动态程序化创意平台会根据广告投放的数据记录，动态分配各个创意的曝光时间，会"从数

---

① 参见韩霜：《程序化创意的现状和发展路径分析》，《广告大观（理论版）》2017 年第 3 期。

版创意中选出最好的"，再通过分布式存储和处理实现创意的生产和优化①。
在创意品质方面，在有限时间和预算下生成的传统广告创意，创意内容的质
量也缺乏保障。动态程序化创意根据过往的创意模板和素材，能够在广告投
放过程中，利用监测数据来观察受众的行为反应，判断其对不同创意素材的
接受程度。而后根据不同创意订单的实际投放效果，实时、迅速调整素材组
合，自动优化创意素材投放配比，能够快速产出品质稳定且质量较高的创意
供广告主抉择。

综上，动态程序化创意在智能导航引导下洞察到最佳创意，借助于人
工智能、机器学习、算法推荐等新技术手段，实时感知、采集、监控经济
过程中产生的大量数据，并通过机器学习和优秀算法实现智能分析和决策
优化②。在整个过程中，智能算法是核心，我们将这一阶段的创意称为创意
3.0 时代。

（三）动态程序化创意的本质特征

在智能广告时代，传统广告创意所涉及的图片、文案、尺寸、大小等
广告元素，一方面无法满足用户的海量需求，另一方面在动态、精细化推荐
和管理方面还存在困难。以智能广告为核心的程序化广告是智能广告的典型
形态，是基于用户需求、智能算法与场景匹配的智能广告，动态程序化创意
是智能广告时代广告创意的智能化、个性化和程序化的体现。创意 DMP 平
台是动态程序化创意的重要运行机制，创意 DMP 的出现为创意的生成和管
理提供了重要保障，是智能化创意形成的基础，也推动广告创意摆脱传统千
人一面的困境，实现广告创意的千人千面。可见，动态程序化创意是广告创
意的创新和优化，在精准分析用户需求、精准推荐广告创意以及自动化匹配

---

① 参见张景宇：《突破对程序化创意的认识局限》，《传播与版权》2016 年第 12 期。

② 参见刘庆振：《"互联网 +"风口下的内容产业转型》，《新产经》2016 年第 8 期。

用户场景方面有着独特优势。

1.人工智能自动分析用户需求，精细化管理广告创意

随着移动互联网的纵深发展以及各种智能移动终端应用的普及，用户接受信息的渠道变得多样化，广告主投放的广告方式变得更加多元，日新月异的新媒体环境给广告创意也带来了巨大变革。在传统广告创意的生产中，技术含量较少；而在新媒介环境下，由于用户媒体选择增多，且注意力有限，广告内容必须更加精准更富有创意性，才能迅速激起用户的购买欲。尤其是在大数据时代，基于大数据的精准广告要求"创意"环节与之运行速度、规律、标准相匹配。因而在智能时代，传统创意生产方式无法应对更加多样化、复杂化的网络环境，也无法生产出满足消费者碎片化需求的广告内容。

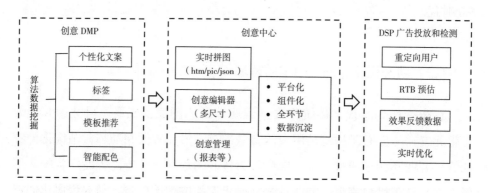

图 10-6　动态程序化创意 DMP 平台运作流程

在以动态程序化创意为代表的创意 3.0 时代，AI 技术的涌入，帮助建立了元素级别的创意 DMP 平台，解构大量包含人群、地点、投放时间、竞价等外部营销数据的创意数据，可以让机器对创意本身的表现和创意趋势进行深度学习，从而为创意 DMP 中的元素实现规模化、多样化组合提供依据，确保生成的创意内容是用户真正感兴趣的。而后期，还可以再根据回流效果数据进行创意实时优化和管理。在对广告进行投放之前，动态程序化创意预先进行数据对接、合作，制定数据应用规则，设定好触发条件。当投放中发

现与设定匹配的广告位时，借助 DCO，广告创意元素自动组合并进行投放。经过特定机器训练，动态程序化创意基于元素的大数据分析，可以找出不同人群的创意偏好，再根据原有分类的情感利益、产品利益、促销利益等标签，为消费者提供创意指引。比如，当消费者在几个月前购买了某产品，当她再次暴露在广告位前或者进行浏览时，动态程序化创意的 DCO 系统会根据企业提供的第一方数据，挑选出其他同类产品的创意画面进行推送。在这一过程中，利用 AI 技术能够精准分析出哪一种创意与用户的利益点最符合，精准匹配用户需求。

2. 智能算法促进创意优化，实现"大创意"精准触达

算法推荐机制是动态程序化创意最核心的技术，以往算法推荐是将成熟的广告进行投放，精准触达目标消费者。但在动态程序化创意这里，智能算法机制贯穿于创意生产的全流程。前期算法洞察需求，中期算法合成创意元素、算法优化创意，再到后期的算法智能投放以及算法智能监测。算法机制的成熟，一方面推动了智能化创意平台的革新，另一方面推进了创意的实时优化，实现了"大创意"精准触达。创意元素在 DMP 平台通过算法推荐，快速生成和匹配之后，实现了"大创意"的生产落地。所谓"大创意"，类似于"大数据"的概念，大创意应用于创意内容生产环节，大创意与用户的需求完美契合，并通过与用户数据进行互动、优化，最终完成大创意在投放中的演化。投放到市场是大创意完善的最后一个环节，在人工智能技术的加持下，"大创意"实现了精准触达。

按照过去的营销逻辑，媒介预先对广告进行采购，广告物料需要提前进行设计和审核，但往往是站在品牌的角度挑选素材，而非消费者真正认为"最好的"，最终投放效果并不能得到保证。此外，广告上线之后要进行优化，但是任何一个元素的调整都要涉及对多个广告位尺寸的调整，这种"预先控制"的做法，耗费大量人力，无法提升效率和广告投放的灵活性。但在大数据时代，创意可以像数据一样被海量积累，动态程序化创意平台会根据

广告投放的数据记录，动态分配各个创意的曝光时间，会"从数版创意中选出最好的"，最终经过处理实现创意的生产和优化。动态创意优化技术配合智能算法技术，不断且实时地获取信息，了解哪种创意针对已知用户最为有效，在广告投放过程中进行动态甄选，给反馈较好的广告更多曝光。如果用户的偏好发生变化，算法还会自动进行修改作出调整，通过动态优化，实现了广告创意的实时优化和高质量生产。

3. 创意场景智能匹配，元素降维实现广告创意千人千面

据艾瑞咨询《中国第三方移动支付行业研究报告》，中国第三方移动支付场景交易规模逐年增长。移动设备的普及和移动互联网技术的提升，为第三方移动支付提供了必要的发展环境。与此同时，随着移动支付用户数大幅提升，移动支付对用户生活场景的覆盖度也大幅提升，由此带来的移动支付、大数据、虚拟现实等技术革新，进一步开拓了线下场景和消费社交，让消费不再受时间和空间制约①。场景成为移动网络社会中广告信息传播的核心，即提供能满足特定场景需求的广告信息或服务。移动消费场景增多，不同消费场景中用户的需求更加突出，对广告的感受和体验也更加敏感，由此使得广告环境变得更加复杂。

传统的广告创意是预先生成后再在媒体上进行投放的，广告创意有限，且无法做到创意内容的"千人千面"，无法满足多场景下用户的广告内容需求。但随着移动场景、多屏互动不断增多，用户对广告内容的要求也更高。在需要更丰富的广告内容的同时，如果广告内容能够随着时间、场景和用户需求的变化而进行个性化展示，广告与用户的沟通交流效果会更出众。因此，随着移动设备渗透率和生活场景覆盖率的日趋饱和，广告创意和内容的投放需要从新的发力点进行推动，用更加灵活柔性化的广告内容，以适应纷繁复杂的移动场景和广告环境。

---

① 参见徐德勇：《浅析新零售》，《电脑迷》2018 年第 7 期。

动态程序化创意自动化生成海量创意，在满足海量用户需求的同时还能自动匹配消费者场景，其中最重要的就是通过元素降维和创意组群来实现广告元素的自动匹配。"元素降维"即不从创意整体进行考量，而是将一个创意拆分成一个个小的元素，形成创意组群。创意组群涵盖了广告创意素材的产品信息、文案、LOGO、背景、活动等各种元素。创意组群围绕同一个产品的产品图、宣传文案、产品名等各类别、多维度的创意元素进行信息存储，图片、文案、颜色、字体等元素经过 DMP 平台的优化与重组后，可以自动化匹配。去中心化的创意组群借助 DCO 系统，可以根据给定的创意素材，自动生成不同版本、尺寸的创意画面，大规模产出定制化的广告内容，不仅节省人力成本，提升创意效率，还促使广告"千人千面"成为可能。

（四）程序化创意生产流程

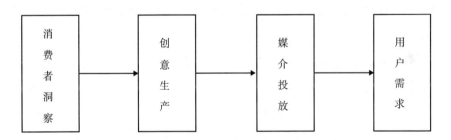

图 10-7 传统创意生产流程

传统的创意生产流程是单向线性生产。一般先是由广告主向广告代理公司委托其广告计划，在进行消费者洞察之后，广告代理公司则按其要求进行创意生产。在完成广告之后，广告代理公司会将制作好的广告交于广告媒体，并通过电视、网络等媒介投放给消费者，满足此前所洞察到的消费者需求。由于整个过程都是一种线性结构，广告主无法根据用户反馈来深入了解消费者的切实需求，而经由广告代理公司制作出品的广告创意也无法进行动态优化。广告的创意生产与消费者的真实需求更多地表现出一

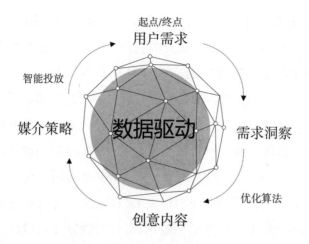

图 10-8　程序化创意工作流程

种割裂式的状态。

　　而程序化创意生产流程则是一种双向闭环生产，程序化创意中的生产、投放和优化过程都以实时感知、采集、监控经济过程中产生的大量数据为驱动力，以程序化创意为代表的智能化内容生产技术开始替代传统内容生产服务的模式。

　　虽然所有的创意生产都是以消费者需求为起点，但是程序化创意生产则不仅仅局限于"洞察先行"，其在对消费者进行洞察的同时也对创意生产进行优化，而这种优化主要来源于将消费者对创意的选择具体化、可视化。其中，积累不同消费者对不同创意的反应数据以及对数据进行标签化，是程序化创意进行消费者需求洞察的关键。程序化创意平台会首先建设标签体系，使创意内容转化为算法可以理解的语言。然后用图像识别等智能化技术，去给大规模的创意自动打标签。在将非标准化的创意进行标准化的标签解构后，就能够以创意数据库为基础，以标签为分析维度，对创意的表现进行分析，让得出的创意经验得到数据的支持[①]。在程序化创意技术系统下，创意的标签化提供了创意经验分析的途径，利用技术力量进行创意经验的洞

---

　　① 参见韩霜：《程序化创意的现状和发展路径分析》，《广告大观（理论版）》2017 年第 3 期。

察背后有大数据的支持，对消费者的洞察将更加准确、快速、低成本①。

实现了精准的消费者洞察之后，程序化创意平台则可以通过机器学习和优秀算法，实现智能分析和决策优化，从而辅助创意内容生产。传统创意内容生产最大的痛点，在于内容制作效率低和没有任何定量的数据可以指导创意优化方向两大方面。对于前者，程序化创意平台解决了这一问题；对于后者，则是通过将 PCP 与 DSP 结合进行解决。在这一阶段的技术逻辑中，程序化创意平台会对组成一个完整创意的各部分内容加追踪代码，将每个元素都进行编码，使其拥有唯一的 ID，并将创意内容的触发、效果监测、优化、洞察都用标签、数据、算法进行元素级别控制，而进入投放环节的创意，不断有数据回流以支持创意内容的优化。

而在媒介策略环节，复杂的互联网传播广告点位以及传播环境碎片化导致的用户耐心降低，都对创意跨屏投放尺寸设计、管理和多版本创意投放提出了要求。程序化创意平台通过 PCP 程序化创意工具就可以解决这个问题。例如筷子科技的 KuaiPlay 云创意平台就遵循传统模板化的创意生产逻辑，用技术控制模板中的内容要素，进行各种尺寸的排列重组，从而解决跨屏投放广告的尺寸问题。

可以发现，在大数据、人工智能、机器学习和算法推荐等智能化内容生产技术的支撑下，程序化创意生产流程呈现出一种完美闭环的状态。每一个环节都在产生数据，而且每个环节所产生的数据又为其他环节的生产与决策提供了支持，从而推动广告从创意到投放的全链条优化。

从整个创意生产的流程来看，程序化创意对传统广告创意生产的突破，主要是通过内容差异化、互动差异化和精细化数据管理来实现。首先是内容差异化，程序化创意实现了从智能化创意生产到智能化内容生产的转变。从两者的区别来看，创意的生产偏重艺术性，而内容的生产则更偏重科学性。智能化内容生产是一种生活者主导的内容策略下的程序化创意，其起点是

---

① 参见韩霜：《程序化创意的现状和发展路径分析》，《广告大观（理论版）》2017 年第 3 期。

寻找数字生活空间中的沟通元①。程序化创意采用了大数据时代的创意思维，即创意也可以像数据一样被海量积累，再通过分布式存储和处理来实现创意的生产和优化②。利用大数据分析和智能化技术，程序化创意能够快速生成与生活者沟通的策略，在此基础上进行海量创意生产，并配合以动态创意优化功能，根据用户反馈对生产出的创意内容进行实时优化调整。也因此，这种智能化内容生产会更具原创性和个性化。

互动差异化则体现在通过算法优化互动效果上。程序化创意可以通过智能算法洞察目标消费者需求，并根据消费者个人需求进行选择性广告创意呈现。程序化创意遵循了"创意元素诞生—创意运用策略制定—匹配对应人群—媒体投放—数据回流—数据分析"的创意生产过程，在优秀算法的支持之下，客户需求的全过程被贯穿在这一创意生产与反馈调整过程之中，并以此为依据，程序化创意对创意的呈现进行实时优化，使创意与用户之间的互动效果大幅提升。

在精细化数据管理方面，程序化创意通过大数据技术，可以为设计师实时分析创意效果、提供数据支持，并以此来实现创意效果的可视化评估和实时优化。目前程序化创意的评估方法主要是分离测试和多变量测试。利用分离测试，广告主可以将一组仅含有一个不同变量的设计方案随机推送给不同受众，以测试不同创意的投放效果。在进行了分离测试之后，广告主还可以根据之前的结果对其他设计元素进行迭代测试，从而不断完善广告设计细节，优化广告投放效果。多变量测试则是从分离测试中延伸而来，其工作原理是通过将不同创意元素进行多要素排列组合，进而形成指数级别数量的不同版本的广告，然后对这些广告进行多变量测试。这一过程中消费者每次的反馈数据都将成为优化的重要依据，经过几轮"滚雪球"的效应，优化算法会自动选择表现更好的要素，摒弃效果不好的要素，从而找到效果最佳的广

---

① 参见韩霜：《程序化创意的现状和发展路径分析》，《广告大观（理论版）》2017 年第 3 期。
② 参见张景宇：《突破对程序化创意的认识局限》，《传播与版权》2016 年第 12 期。

告创意，使数据真正成为广告优化的驱动力。

（五）程序化创意的思考

1.程序化创意的价值

程序化创意从三个方面颠覆了传统的创意思维方式：（1）创意思维从重视精准向重视效率转变，由试错成本高、更关注精准性变成试错成本低、更关注效率。传统的创意思维由于技术和人力的限制，使得创意调整和优化的试错成本过高，因此对创意方案的精准性就有着更高的关注。但程序化创意的作业方式实现了创意内容的迅速生产和实时优化，使得创意的试错成本大大降低。创意不需要再像以前一样，从一开始的投放和初次运作就强调精准触达和高转化，这就给了创意人更多的创作空间，也使得创意供给的效率问题被更加关注。（2）创意考量从因果关系向相关关系转变，由洞察分析先行变成全程互动优化。传统的创意思维从市场分析和消费者洞察开始，然后才有创意方案落地，重视如何从前期的调研分析中推导出相应的创意内容。而程序化创意实际上有时在投放的环节才会被真正激活，洞察和分析更是在后续的数据互动和优化中得以不断完善。因此，程序化创意让创意转向更加关注相关关系。（3）开启了"反馈式创意"的新思维，由"预先洞察式创意"变成了以用户需求为导向的创意。由系统化生成的大量排列组合和动态优化过程，使得在程序化创意生产模式下，创意方案的筛选并非依靠前期大量的时间和人力做消费者调研来完成，而是更加依赖于投放中的互动优化来实现[1]。更重要的是，这种创意筛选方式是基于用户实实在在的反馈之上的，这也就意味着传统的前期 AB 测试和抽样调研已经被全样调研所取代，创意的思维方式也就从"预先洞察式创意"走向了"反馈式创意"[2]。

---

[1]　参见张景宇：《突破对程序化创意的认识局限》，《传播与版权》2016 年第 12 期。

[2]　参见张景宇：《突破对程序化创意的认识局限》，《传播与版权》2016 年第 12 期。

与传统的创意生产方式相比，程序化创意的价值与优势在于：

实现了"去中心化"的创意群组。传统的程序化由于只围绕一个创意核心，因此只能产生几个到几十个创意结果。但是加入了动态创意优化功能之后，程序化创意就能轻而易举地输出成千上万个创意结果，通过"规模化定制生产"扩大创意空间。此外，这种多版本内容的广告组合曝光，很可能会创造出"长尾效应"。如果广告主预算充裕，则可以选择系列创意，在内容上多点沟通，扩大目标群体覆盖，使得某些原本相对小众的创意有机会产生效用，从而分散投放风险。

高效管理广告素材与投放物料，即时更新。程序化创意平台具备创意素材的高效集中管理功能。创意人在制作新创意时，不仅可以轻松调用过往活动中的模板和元素，当需要对模板、元素进行调整时，也仅仅需要简单的操作，便可对系统中所有广告投放的物料及时更新。此外，融入了动态创意优化功能的程序化创意，能够通过算法条件设定创意的优化逻辑，在广告投放的实战过程中进行动态甄选，给表现好的创意更多曝光机会。若与程序化购买相配合，则更能够实现创意内容与受众、场景细分的全面自由定向投放。

为创意生产到投放过程提供细致支持。由于动态创意优化功能可以依据场景来调整广告内容，这就意味着广告内容可以随着地理位置、天气、时刻、事件焦点及用户属性等数据的变化而变化，因此能够更贴近用户的想法和喜好。此外，由于用户在广告上的行为数据（比如鼠标悬停、点击等）也被纳入优化参考因素中，程序化创意结合创意群组之间的元素差异分析，就能做到过去广告监测所做不到的事情——通过数据验证和判断哪些创意元素、组合方式更有效，并以此为基础对创意内容进行持续优化。

让创意工作流程变得更有效和可控。在传统创意的工作流中，媒介策略团队与创意团队并非从一开始就紧密合作，而是等到创意方案形成之后才全面介入，这种非实时的同步性，有时会给创意与媒介在工作流上的协同带来障碍。而程序化创意在媒介技术上提供了丰富而明确的支持，创意也是从一开始就与媒介特征相结合，创意与媒介全流程的密切配合，能让整个工作流程更有效和可控。

2. 程序化创意的困境

程序化创意的出现以及与动态创意优化功能的结合，无疑为广告创意生产环节带来了颠覆性的改变与价值。在智能化内容生产技术的支撑之下，创意的生产无论是效率还是质量都有了极大突破。但是目前市场中的程序化创意仍算得上是一个相对新鲜的事物，因此也无可避免地会面临一些局限与困境。

（1）程序化购买高速发展，程序化创意尚在起步

根据资料显示，2016 年中国程序化购买广告市场规模达到 308.5 亿元人民币，增长率为 68.1%。预计到 2019 年，程序化购买广告市场规模将会达到 613 亿元人民币，突破百亿元大关①。

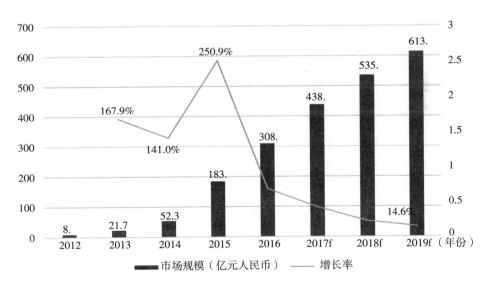

图 10-9　2017—2019 年中国程序化广告市场规模预测

来源：易观：《2017 中国程序化购买广告市场年度综合分析》。

————————————

① 数据来自易观：《2017 中国程序化购买广告市场年度综合分析》。

显然，近年来程序化购买在中国市场已经呈现出爆发式增长的态势。但是与程序化购买的快速发展相比，国外绝大多数涉足程序化创意服务的公司还未进入中国，国内专注于这一领域的公司也屈指可数。依据 2017 年最新发布的《中国程序化广告技术生态图》，其中被收录的程序化创意公司仅有筷子科技、百度霓裳创意服务、Sizmek 和 bravo（喝彩网）四家。它们分别代表了三类不同的技术主体：以筷子科技和 bravo 为代表的独立技术服务商；以 Sizmek Programmatic Creative 为代表的第三方投放或程序化广告服务公司，在原有的程序化购买业务基础上发展程序化创意技术，类似的还有多盟的"智能创编"技术；以百度霓裳为代表的媒体端自有 DSP 平台内嵌的智能创意工具。除此之外，也有企业在尝试应用程序化创意相关的技术进行自助传播和协同传播，但目前以小型 campaign 技术应用为主。例如，在 2015 年美国职业橄榄球联盟比赛期间，EA Sports 游戏公司的 Madden 疯狂橄榄球运动游戏推出一款 Giferator 程序化创意工具，只需简单几步就能够完成个性化的创意 Gif[①]。

程序化购买与程序化创意相互促进而发展。但是显然，与国内庞大的广告创意需求市场相比，程序化创意供给端的公司数量还远远不够，目前我国的程序化创意还是新生事物，其发展远滞后于程序化购买。

（2）形式相对单一，且以短期效果为主

总体来看，目前我国行业内的程序化创意尚处于以图片类创意为主、以元素排列组合为手段的初级阶段，适用场景相对单一，且优化效果也更集中于短期效果，需要引入更多的智能化文本处理技术来进一步拓展其适用性。具体来说主要表现在：

①程序化创意仅适用于以展示广告为主的场景。程序化创意是一种以系统进行创意元素的排列组合来生产创意内容的作业方式，对易于将创意元素进行拆分降维、元素间组合效果相对单一的广告形式，如展示类广告，这

---

① 参见韩霜：《程序化创意的现状和发展路径分析》，《广告大观（理论版）》2017 年第 3 期。

样的作业方式可以极大地节省以往人工进行的格式尺寸调整、颜色匹配等机械化流程所消耗的时间①。在目前的行业格局下，也是只有图片类型的内容程序化创意领域取得了比较成熟的进展。例如筷子科技、百度霓裳、Sizmek Programmatic Creative、腾讯社交广告内置智能创意工具、喝彩网 Html5 快速生成工具等，都是图片类型的程序化创意工具。图片类程序化创意的易操作性在于，组成图片的各元素的意义比较确定，或者直接对线下准备好的素材进行批量化操作。整张海报的意义就是各元素意义的叠加，不确定性较弱。但对于创意元素间配合相对灵活、动态的广告形式，如视听结合的电视广告、网络视频贴片广告等，程序化创意的作业方式在当前的技术支持下难以实现。

②程序化创意仅适用于以中低端创意为主的场景。创意的表达效果是由创意元素本身以及创意元素的排列组合方式两方面共同决定的，但是程序化创意更多是根据大数据和反馈信息对后者进行精准定位和实时优化，对于前者则几乎无能为力。因此，程序化创意对于创意生产的变革，并不能达到颠覆创意生产的地步，更多的是作为一种创意辅助工具存在。同时，程序化创意对广告的优化，更多是在沟通到达、提升曝光数和触达率、点击率等短期创意效果方面有效，却无法满足如品牌形象建构这类中长期的创意效果需求。

（3）数据壁垒，影响创意技术的发展

数据壁垒不仅是程序化创意会遇到的问题，也是所有程序化广告都会面临的难题。前面已经介绍过，程序化创意的生产流程是数据驱动的。从消费者洞察，到创意内容生成，再到投放反馈优化，每一步都是建立在对海量数据的分析与处理之上，但是数据壁垒的存在却限制了技术发挥价值的空间。在目前的技术体系下，PCP 程序化创意平台和 DSP 需求方平台之间进行创意对接主要是依靠互认 ID 的方式来完成，但是由于 PCP 程序化创意平

---

① 参见韩霜：《程序化创意的现状和发展路径分析》，《广告大观（理论版）》2017 年第 3 期。

台对创意的解构和 DSP 需求方平台对人群的解构是互相独立的，由此就形成了数据壁垒。所以尽管人群 ID 和创意 ID 会进行互认，但实现的只是创意触发实时优化上的协同，试错的过程和优化的过程还是互相割裂的。PCP 程序化创意平台并不了解最有效的内容元素对哪一类人群有效，同样，DSP 需求方平台也不了解最有效的人群到底对什么样的内容最感兴趣。正是这种创意洞察和人群洞察的割裂，导致程序化创意的优化效率和效果大打折扣。

就目前而言，程序化创意平台会面临的数据壁垒主要可以分为三种：创意数据库的壁垒、生活者数据的壁垒和内容数据的壁垒。其中创意数据库的壁垒会使完全自动的程序化创意缺少素材来源；而生活者数据的壁垒会阻碍创意对用户进行重定向；内容数据壁垒的存在则会影响程序化策略决策。面对这种情况，从事程序化创意服务的企业应当去思考如何建立数据云平台，打通与整合各方数据渠道，从而降低数据壁垒对自动创意生产和优化的负面影响。

五、程序化购买广告市场发展新趋势

在大数据技术和层出不穷的新兴互联网应用技术的强势驱动下，中国的程序化购买行业进入了新一轮的市场快速发展期，程序化购买成为目前中国广告市场主流的广告形式，将继续保持高速发展。目前中国的程序化购买广告市场呈现出以下趋势。

（一）移动程序化购买广告成为市场主流

根据中国互联网络信息中心（CNNIC）第 40 次《中国互联网络发展状况统计报告》显示，截至 2019 年 6 月，中国网民规模达到 8.54 亿，较 2018 年底增长 2598 万，互联网普及率为 61.2%。我国手机网民规模达 8.47 亿，较 2018 年底增加 2984 万人。在移动互联网发展的大趋势下，手机网民规模不断扩大，移动智能终端日益普及，广告主开始重视在移动端的预算投入，移动广告进入快速发展期。

随着大数据、物联网、云计算等新技术的产生，人们现实生活中的一切用户行为都可以数据化，基于大数据基础上处理分析得出的用户画像，使得广告的投放能够更加精准化。基于移动端的程序化购买，成为广告投放的市场主流。移动程序化购买主要是指移动广告的购买形式，是一种依靠移动 DSP、移动 SSP、移动 Ad Exchange 和移动 DMP 四大平台合作达成的交易方式。2014 年是中国移动程序化购买广告的元年，从 2015 开始，移动程序化购买开始成为程序化购买市场增长的主要驱动力。根据艾瑞咨询数据显示，2016 年中国的移动程序化购买展示市场规模达到 103.1 亿，相比较于 2015 年增长 206.2%，且首次历史性超过 PC 端，占据广告市场规模的50.2%，实现超预期增长，预计到 2019 年市场规模将达 451.0 亿。相比较于程序化购买，移动程序化购买广告的主要价值在于：

1. 最大化地解决用户干扰性问题。程序化购买广告最重要的支持来自大数据，传统的电脑端数据主要基于 Cookie 进行用户分析，主要来源于用户在浏览器上浏览不同网页所留下的数据，数据来源相对单一化。而在移动端，其数据来源主要是基于 SDK，数据相对稳定。因此在 PC 端，广告投放虽然也能实现程序化购买，但用户仍然会在不同的场景下，收到许多不相干的广告。而在移动端，由于手机屏幕大小的有限性、对用户数据收集的全面性，广告的投放能够最大程度地避免对用户的干扰，将用户感兴趣的广告在合适的时间、适合的地点以最合适的方式推送给广告，实现品效合一。

2. 有效应对碎片化的消费市场。移动互联网对人们生活最大的重构就是碎片化，用户的使用时间和消费行为以及用户使用场景都变得极端碎片化，手机成为用户的第一接触点，成为用户带着体温的第一媒体。在碎片化的冲击下，广告主对用户消费者行为的分析与预测变得更加困难。移动程序化购买能够有效地应对碎片化的消费市场。基于用户在移动端媒介使用行为的多元化，能够实现对不同 App 流量的全面整合，用户的一切生活行为都能够数据化。多维度用户数据的标签化聚合，能够使得到的受众属性更加鲜明且深入，基于多元化的数据分析和处理，让用户画像更加清晰，极大地提升了广告投放效果的精准性。

3. 快速适应场景化营销的需求。随着移动互联的飞速发展，大数据营销将朝着场景化方向不断发展，用户消费行为是动态发展变化着的，体验和互动的场景也更加多样。场景营销是产品与终端的完美结合，包括产品场景化、销售场景化、传播场景化、渠道场景化等，利用场景来激发用户的购买欲望，然后促进购买。互联网争夺的是流量和入口，谁掌握了流量和入口，谁就拥有了最大的用户资源。而如今，消费渠道碎片化，线上线下流量成本基本一致，因此更加重要的是场景，场景化时代已经来临。移动程序化购买能够利用强大的数据分析技术实现场景化营销，最大程度地将用户的时间、地点和需求完美地结合起来，在场景化驱动的作用下对用户行为产生影响。

（二）OTT 程序化成为广告市场新的爆发点

电视在传统媒体领域拥有不可替代的重要地位。虽然在新媒体的强势冲击下，传统媒体逐渐衰落，但在互联网以及移动互联网发展的大环境下，电视媒体不断寻找转型的新方向。如今，各大电视厂商纷纷布局智能电视产业，推动着电视市场的不断发展。相比较于传统的电视，智能电视具备互联网的属性，能够实现网络、内容、平台与用户的各种体验和交互，成为程序化购买广告市场新一轮的爆发点。

OTT 的全称是"Over the Top"，指的是通过互联网向用户提供各种服务。目前典型的 OTT 业务就是互联网电视业务。中国的 OTT 市场处于一个快速发展期，主流的视频网站都已经利用自己的内容优势深度布局 OTT 产业，包括中国互联网的三巨头 BAT 等。据不完全统计，目前，中国智能电视的市场保有量为 9300 万台，OTT 盒子保有量有 3800 万个，平均激活率为 82%，日活用户数为 2700 万个，在市场规模和用户数上都有庞大的流量交易基础。与此相对应，2013—2016 年间，OTT 广告市场规模快速增长，2016 年市场规模就已经达到 6.1 亿，增长率达 162.2%。伴随着 OTT 用户规模的不断扩大和产业链条的不断完善，广告主向 OTT 广告投入开始倾斜。

OTT 广告形式十分多样，且处在不断拓展的过程中，总体上说，OTT 广告可以分为两种："标准化广告"和"非标广告"。所谓的"标准化广告"是指不同的资源方和不同的终端上，投放相对比较固定的广告形式，主要分为：开 / 关机广告、屏保、暂停、待机广告、中插广告等。"非标广告"的资源十分丰富，是指在广告位、创意和展现形式都没有统一的标准形式下，各资源拥有方或代理商凭借自己的能力和策略独立运营的一种广告，比较讲究创意，主要包括：桌面换肤广告、剧场冠名广告、APK 桌面广告、视频浮层广告等多种类型。与传统电视相比较，OTT 的优势主要体现在：首先，OTT 拥有更强的广告传播力。智能电视在传统电视的基础上接入了互联网，能够与用户有更多交互行为，大尺寸的屏幕能够为用户带去极佳的用户体验，同时 VR、AR 等技术的应用也不断提升用户对电视的沉浸感，相比较于 Phone、Pad、PC，智能电视的广告传播效果更佳。其次，OTT 拥有更高的用户黏度。OTT 主要是客厅媒体，用户收看环境主要是在家中，且不限制时长，能够基于用户的兴趣选择自己喜爱的节目收看，因此用户的黏性相对比较高。最后，OTT 拥有更强市场渗透力和更高开机率。根据最新的《智能电视调查报告》显示，智能电视的用户日均开机达到 2.12 次，全国每日平均开机率超过 61%。而且与传统的电视人群相对比，OTT 的目标受众主要集中在身居一、二线城市的高学历、高收入、高职位人群。这些优势都使得广告主开始偏爱投放 OTT 广告。

目前，在中国通过程序化采购的 OTT 广告占据 20% 的市场。未来 5 年内，预计市场潜力规模达 500 亿，主要以快消食品类、汽车类广告为主。OTT 广告的主要发展动力在于，互联网上广告市场竞争激烈，消费者每天面临着成千上万条的广告信息，注意力严重分化，一般的广告很难吸引消费

者的关注。而 OTT 广告市场目前仍处于开发期和快速增长期，程序化购买
的加入将进一步催生 OTT 广告迎来繁荣期。OTT 的互动性以及大屏沉浸式
的观看体验，也对广告主有着巨大的吸引力，OTT 的用户流量基础比较大，
终端的用户数据采集更加方便，广告数据监测向着更加透明化的方向发展。
因此中国 OTT 程序化购买的基本条件都已经具备，中国的 OTT 广告开始进
入跨媒体、跨平台、多屏整合的程序化购买生态体系。

（三）原生广告程序化加速发展

2012 年，美国产生了原生广告这一全新的广告形式。近几年，在大数
据技术的驱动下，原生广告一致受到学界和业界的追捧，但同时它也成为最
有争议的一个词汇。关于原生广告的定义，目前并没有一个统一的说法。国
内学者喻国明认为："内容风格与页面一致，设计形式镶嵌在页面之中，同
时符合用户使用原页面行为习惯的广告，被称为原生广告。"[1] 原生广告实际
上就是以融入信息流的形式，为目标用户提供高质量内容和优质用户体验，
并建立互动关系的多媒体聚合商业广告形态，[2] 其类型主要有信息流广告(In-
feed 广告)、付费搜索广告（Paid Search Unit）、推荐工具（Recommendation
Widgets）、促销列表（Promoted listings）、定制化广告（Customed Ads）。

根据 eMarketer 在 2017 年 4 月公布的数据显示，几乎所有的美国原生
广告都是通过程序化购买实现的。2017 年原生广告程序化购买占美国原生
展示广告支出的 84.4%，达到 185.5 亿美元。在中国，2015 年中国移动原
生程序化购买展示广告市场规模为 33.7%，增长率为 762.9%，占中国移动
展示广告整体的 12.9%，2016 年信息流广告已达 325.7 亿元，且此后五年

---

① 喻国明：《镶嵌、创意、内容：移动互联广告的三个关键词——以原生广告的操作路线
为例》，《新闻与写作》2014 年第 3 期。
② 参见张庆园、姜博：《原生广告内涵与特征探析》，《华南理工大学学报（社会科学版）》
2015 年第 4 期。

均将保持50％以上的增长。移动化原生广告在2017年成为主流，并且进入了一个新的发展阶段。由于品牌类广告主不断加大对原生广告的投放力度，改变了以往一直以效果类广告为主导的市场环境，推动了原生广告市场的发展。

目前，伴随各种新闻社交资讯类App的崛起，如今日头条、一点资讯等，原生广告主要以社交类资讯信息流广告为主。2015年11月，谷歌发布了程序化原生广告产品。广告主通过Google的DSP Double Click Bid Manager（DBM）购买可以自动生成程序化原生广告，广告从形式和内容上都与媒体本身的风格和尺寸相近，而广告库存的范围也扩大到了所有的移动广告资源。用户可以从任何提供创意组件的移动原生广告资源库里买到展示。发行商也可以在移动Web和App中创建原生广告库存，然后把他们放入交易市场中，既可以使用程序化的公开竞价模式，也可以采用直购或是私有交易的模式。谷歌希望可以借此实现原生广告在广告创意和媒体流量上的"双程序化"，通过在移动广告上的规模化应用，来挑战Facebook的原生广告统治地位。目前程序化已经成为谷歌在广告领域的最大利器之一。

尽管移动DSP和原生广告的结合十分值得期待，但目前程序化原生广告的发展还存在着以下困难：

第一，广告资源不足。原生广告的几个主要平台大都自己搭建广告投放平台来内部消化原生广告，提供给公共市场的资源较少。

第二，对接十分困难。基于与载体高度结合的特点，原生广告在不同平台上表现形式大不相同。如果要做到大规模投放，和海量平台对接，就需要广告主准备数目庞大的广告素材，同时对这些广告素材的质量有较高要求，广告制作成本也随之大幅上涨。

第三，付费方式制约。传统的CPC计价模式根据点击率进行收费，用户不点击就不会带来收入。虽然原生广告很多时候没有产生点击，但是品牌展示效果并不差。在CPC计价模式下，原生广告投放有效果没收入，很多平台不愿进行操作。CPM更为符合原生广告投放的计价模式，但是这种模式要在原生广告投放上被认可，需要原生广告移动程序化购买各个参与方的协力推进。

（四）AI+ 程序化购买时代来临

程序化购买作为基于自动化系统和数据进行的广告投放，在诞生之初其实就具备人工智能的基因，因此人工智能是实现程序化的最佳路径。人工智能（Artificial Intelligence）是指使用机器代替人类实现认知、识别、分析、决策等功能，其本质是对人的意识与思维的信息过程的模拟①。人工智能发端于 20 世纪 50 年代，到今天，超大规模的计算能力、大数据、机器学习尤其是深度学习算法，都取得了巨大的进展，人工智能与产业相结合进入爆发期。人工智能的价值就在于它能让机器具备深度学习和自我建模能力，并作出合理的预测。应用到程序化购买中，就是让机器自动分析用户的行为数据、实时作出投放决策，并根据之前的投放反馈优化模型进行新一轮的决策，形成一个自洽、不断提效的闭环。

基于人工智能实现的程序化购买过程，最大的优势就是能够进行实时交易和决策，并自行优化，其最典型的产业实践就是智能营销。智能营销是指利用大数据、云、物联网以及未来人工智能等技术，根据用户所在的场景，让最合适的内容以最合适的渠道和方式推送给最合适的人或社群，从而使得营销更加自动化，营销效率更高，营销成本更低②。智能营销具备以下具体特征：

1.创意内容个性化。在社会化媒体时代，品牌所面临的消费者是独立精神个体，具有强烈的个性化自我意识，个性化成为消费者的标配。智能营销能够通过人工智能的方式帮助广告主建立起一套辅助创意生成工具，其背后

---

① 参见 36 氪《人工智能行业研究报告（2017 年）》。
② 参见陈永东：《2016 新媒体大盘点》，《中国广告》2017 年第 3 期。

是对消费者标签化和需求性内容的深度挖掘。根据消费者兴趣的变化，聚合出描绘产品品牌特性的词语、文章、热点、论点和观点，通过这样的创意生成工具向每一个消费者推送个性化的创意内容。例如小米公司基于消费者个性化的需求，建立了一个强大的营销平台作为后盾，平台将效果资源调整升级，形成从应用商店、分发、个性化、设置、视频、信息流到开屏等维度的全新资源生态体系，精准挖掘数据、深度拓展，打造关键词触达、竞品追踪信息流动态和智能控制的创意。

2. 营销决策自动化。人工智能、大数据、云计算等技术的进步已经改变了传统内容的传播渠道。基于海量数据资源的挖掘，营销人员可以非常精确地找到目标消费者，然后针对性地进行精准营销。随着物联网技术的快速发展，万物互联成为可能，各种维度的数据聚集能够对用户进行更加深入的消费者洞察，营销人员与消费者的沟通方式更加多样。根据智能化、程序化的方式建立起传播信息，通过动态化的创意生成、连接和沟通渠道，实现与每一个消费者的互动。例如，阿里文娱依托电商平台、阿里云以及旗下多个系列产品的数据优势，能够迅速对用户数据进行解析、分类，实现年龄、性别、行为、兴趣等多属性的立体真人识别；同时，全景分析技术建立多维度分析指标，更进一步探寻用户需求；移动端全域媒体整合，实现多场景覆盖消费者，真人识别、全景分析、多场景触达三大核心数据能力使营销信息多效触达，使营销更自动化和高效。在越来越充分的数据积累下，通过人工智能领域的深度学习算法、智能预测算法等，企业每一天都能比过去更精准、更智能地预测消费者的兴趣、爱好，从而更高效地把自己的产品和目标消费者对接起来。

3. 品牌管理科学化。在智能化营销时代，广告从投放到效果监测，其数据都会出现在反馈报告中，帮助广告主进行下一步的品牌决策。在用户行为数据方面，通过分析用户浏览、点击以及互动等数据，帮助品牌主识别高转化用户、忠诚用户、新用户和潜在用户，以便于确定下一步传播的目标群体。在消费场景方面，通过 WiFi、LBS 等数据信息记录用户行为轨迹，广告主通过 DSP 平台定向对不同商圈、不同天气、不同环境下的目标用户推送差异化的内容。

如今市场上已经有不少公司开启了智能营销领域的布局，在人工智能技术的催化之下，"智能营销"早已不再是谈概念，而是已经加速落地，进入了实质性的实践环节，比如投资、新品研发等。

表 10-3　布局 AI+ 程序化购买营销的典型企业

公司	布局
悠易互通	通过人工智能学习用户数据，将其应用到营销过程中，通过程序化方式提升营销效率。 将多屏数据进行跨屏打通，建立更为精准的全网人群数据库，同时基于数据和算法，判断作弊流量、用户画像、精准定向和基于智能出价的投放效果优化，结合智能化程序创意，使广告真正成为对用户有用的内容，最终实现营销价值的最大化。
珍岛	珍岛 SaaS 级智能营销云平台（IMC）通过技术驱动，将人能提供的数字营销服务变成软件能提供的服务。 通过构建云计算中心，把握云计算趋势，通过大量的数据沉淀、技术能力和智能服务，IMC 由此构建完整的营销闭环。
爱点击	利用人工智能的算法和技术、智能化的接口、智能化的交互方式及智能化的表现形式等，为广告主打造更佳决策、掌握市场反馈、简化项目执行、促进与消费者的互动。
快友股份	探索 AI 技术与移动视频广告的结合点。
乙方	AKQA 使用 IBM 的沃森帮客户找到"潜在消费群体"。 JWT 联手程序化创意公司 Thunder 改变广告的制作和投放方式。

来源：Fmarketing：《2017 年程序化购买营销行业报告》。

毋庸置疑，程序化购买广告模式的出现，带来了更加接近用户的广告投放模式，然而"距离"产生美，如何把握好与消费者之间的关系，仍然值得探究。随着程序化购买广告模式的发展完善，将会出现更好的数据收集模式，在投放方面也会更加精准和智能化。移动程序化购买将成为未来广告市场的主流，视频和原生广告程序化购买、OTT 程序化、VR 程序化等各种新兴的广告模式将成为市场的爆发点，整个程序化购买的运作模式会更加科学化，能够帮助广告主更好地营销产品、塑造品牌、连接消费者，推动广告市场不断向前发展，最终将迎来智能营销的时代！

❖ 案　例 ❖

程序化创意：淘宝"双12"红包项目

筷子科技是中国首家、也是世界领先的人工智能程序化创意平台，通过自主研发的元素级别人工智能创意技术，能帮助企业实现千人千面的创意生产和优化，在大数据时代全面助胜商业 ROI。合一营销实验室是合一集团在大数据时代探索创新营销模式的实验平台，业务覆盖"程序化购买""规模化精准""视频电商"和"数字化创意"四大项目。2015 年淘宝"双12"活动之际，二者携手利用动态程序化创意平台 PMP，打造了一场优秀的红包推广商业营销活动。

此次淘宝"双12"红包项目，二者首先利用"智能预留"模式确保了优质资源的曝光。之后在全面有效覆盖受众的前提下，通过筷子科技的创意实时优化引擎，短时间内智能拓展出近 100 种创意组合的广告内容，如"双12超值购""抢现金红斑""店铺优惠送不停"等，最大程度地吸引了用户参与到抢红包的营销活动中。

程序化创意平台在满足大数据时代海量信息需求的同时，还能自动匹配消费者场景，这种精准、及时的匹配一般是通过"元素降维"和"创意组群"来实现的。"创意降维分析"是筷子科技的独特技术，它通过对创意素材进行高效率、深层次、多维度的分析，短时间内将其分成一个个小的元素，形成创意组群；再将这些不同的元素、布局及文案快速组合和拓展，并根据具体情况适配不同尺寸，最终形成多样化的创意内容。

在此次案例中，用户的每次广告请求都被系统及时抓取，并进行迅速分析，根据不同的请求特征向其展示不同的广告创意，最终让不同的 TA 看到不同的广告内容，成功吸引大量用户参与到"双12"抢购中来。本案例中的程序化创意主要在以下几方面得到体现：

首先，相比传统的单个创意投放，筷子科技采用了多版本创意的投放方式。利用后台技术实现多布局、多文案、多元素的动态组合投放，变换的创意信息能够最大化地满足不同信息需求的受众。不同消费者对"双12"红包广告信息的需求有所不同，不论是广告框整体外观设计还是广告文案内容等，都会影响消费者对广告内容的整体情感和活动参与度。而这种千人千面的动态创意信息则可以有效避免这一点，实现了对用户的深度洞察和精准广告投放，最终也将广告资源利用率和广告创意的价值发挥到最大。

其次，创意降维至元素进行重组之后，程序化创意平台还具有实时的效果追踪功能。在活动中，后台系统不断对已发布的广告信息进行分析，然后挑选出推送效果最优的广告创意，再一次进行投放。通过这种实时的智能广告优化，大大提升了整体的投放效果。据筷子科技数据显示，采用程序化创意模式进行智能优化后，整体点击率相比初始创意提升了近30%，其中表现最好的创意组合能提升近40%。

最后，在程序化创意平台的设计中，筷子科技充分考虑到广告布局和广告文案对效果的影响，因此同时采用了两套不同的布局进行投放。通过对后台点击率实时分析，最后选取了主体更集中、元素更简洁、红包主体更明显的一种布局。与此同时，在文案设计上，筷子科技通过调用后台"元素级别分析"系统，针对效果更突出的广告布局，进一步研究文案的创意效果，最终确定了"一元秒杀""领取红包"等最优按钮文案。

在智能算法时代，缺少的不是信息和创意，而是如何在短时间实现海量创意的"柔性化生产"，程序化创意平台恰好能够满足这一需求。将广告分解为不同的元素级别，系统自动分配元素ID，之后根据投放配比将这些素材迅速组合，并进行数据追踪和不断优化，最终实现广告创意的千人千面。此次筷子科技与合一营销实验室的程序化创意试水之作，从创意到广告展示的过程都是程序化的，多样化的创意广告不仅吸引到大量的用户，广告元素的迅速组合和优化还使得广告的生产效率得到大幅度提高，节省了大量的广告成本。

本章习题思考

1. 通过文章的学习，请对程序化购买中实时竞价和非实时竞价两种模式的使用情境、优势及劣势进行分析。

2. 随着技术的进步，你认为未来程序化创意会朝着哪些方向发展？

3. 请搜集品牌运用程序化购买、程序化创意进行实际操作的案例并进行阐述。

第十一章　计算广告的审视：程序化购买冷思考

一、程序化购买的营销优势

（一）全面覆盖，精准购买，多样采买

在传统广告购买中，由于媒体内容决定受众类别，所以广告主必须充分考虑媒体和广告资源位以确保尽可能全面触达目标受众。但媒体的受众并非与品牌目标用户完全重合，导致广告提升了知名度却未能直接提升购买转化率；同时，不同媒体对同一用户重复曝光，造成广告费用的浪费。

程序化广告将传统的"媒体购买"形式转变为"用户购买"形式，以触达用户为根本，优化了投放成本。首先，DSP 平台可以做到对目标用户的全面覆盖。Ad Exchange 公开交易市场接入大量广告位资源，可以使广告主不局限于某几个媒体，而能对其目标用户访问的各媒体位置（网站页面、视频、移动应用和 OTT 电视等）进行触达，覆盖全面。其次，DMP 支持下的 DSP 平台可以实现对目标消费者的精准识别。网页浏览的 cookie、设备号、账号体系使网络用户可以被鉴别并打标（Tag）。当用户访问媒体时，其属性在 DMP 数据库中能够被匹配，为精准识别提供依据。常用的广告定向方式可以根据广告主需求从多个维度划出目标用户群（见表 11-1）。

表 11-1　程序化广告定向维度

基本定向	基于用户的定向	基于内容的定向	基于数据反馈的定向
地域	人口属性	关键词	重定向
时间	消费行为	语义主题	Look-alike 扩展
媒体	社交行为	品类 / 品牌 / 产品	企业 CRM 定向
频次	网络行为	搜索行为	
设备 / 系统	个人兴趣		
广告创意	地理信息		

广告主对不同定向类别的用户群体设置不同的出价，根据用户价值区分价格梯次。对忠诚用户、流失客户、高转化用户和潜在用户等进行精确投放。在全面覆盖目标用户的各个沟通渠道的同时，灵活调控以获得更多的曝光，提升广告位采购性价比。

（二）优化移动投放，实现跨屏联动

移动端广告的重要性正在不断凸显，程序化广告可以实现移动视频、积分墙、移动社交、信息流和 App 植入的广告形式，在移动端广告投放中具有重要营销优势。

程序化原生（Programatic Native）快速适配广告与媒体。移动端广告媒介载体形态复杂，需要在智能手机、平板电脑、智能穿戴设备等多种硬件终端呈现。相对 PC 端，移动端设备较小的界面对广告展现形式要求更高。因此，与用户界面风格一致，又与媒体内容契合的原生（Native）广告的触达效果更好。但传统原生广告投放无法实现自动化，需要针对每个移动媒体进行针对性的定制优化，影响曝光量；和媒体端单独合作，也会增大投放成本。程序化广告通过 Ad Exchange 平台主导各项个性化参数、受众属性参数、内容环境信息等要素，建立广告标准性和通用性。当移动媒体直接或通过 SSP 接入时，可以依据 Ad Exchange 的统一标准建立符合自身界面特点和视觉风格的原生广告位。当通过 DSP 平台接入时，广告主可以根据制作规范和素材，完成原生广告创意并通过审核。部分移动交易平台如 OpenX 和 Inmobi 等，其 Native Exchange 平台已经具备极强的协议制定能力与供需侧整合能力。通过 Ad Exchange 的统一协议和规范，可实现原生广告形态与移动媒体的快速匹配，展现符合界面特征的广告，提升传播效果，减少用户干扰。

实现跨屏投放频次控制（frequency capping）能力。广告中的频次控制是指控制一个用户最多在指定时间内看到一个广告（或相似广告）的次数。各类移动设备的普及使用户在不同设备端被广告重复曝光的可能性大大提高。统一控制曝光频次，可以增加触达的受众数量，减少对同一用户的干扰，提升广告的效果转化。DMP 平台的数据库可以匹配多设备堆栈，识别同一使用者的不同设备。同时，DSP 平台也可以根据用户曝光记录，按照广告主频次要求，综合管理投放次数，实现多屏多设备广告计划联动，将曝光机会展现给其他的目标用户，减少干扰，扩大覆盖范围。

（三）大数据导向与 DMP 管理平台的营销链路

程序化广告的数据能力将广告投放从营销的终点变为营销的起点，通过用户洞察与广告决策、营销场景打造和全链路效果监控这三个方面构建起以数据为导向的营销闭环。

程序化广告可实现数据支持用户洞察与广告决策。程序化投放的广告通过链接上的监测代码，可将用户对广告的反馈数据实时回传，反馈数据生成用户互动行为。第一，可通过互动行为识别高转化用户、忠诚用户、新用户、潜在用户，为下一轮营销目标群体筛选提供指导。第二，长期的数据积累和分析可不断补充和完善数据库信息，修正人群建模，发现用户与用户之间、用户与品牌之间、用户与竞品之间的潜在关联。预测销量趋势，为营销创意和决策提供指导。通过 Look-alike 算法，以核心用户群为基础，发掘品牌忠诚用户共性标签，以此为定向手段放大粉丝圈，发掘潜在用户。

程序化广告可实现数据为导向的营销场景构建。通过 DMP 建模可识别用户并预测用户所处环境与场景，通过实时数据反馈，广告主可以通过 DSP 平台建立投放计划，对不同目标用户定制营销场景。例如，基于本地化的场景。在使用者授权情况下，移动设备可获取地理位置信息或 WiFi 连接信息等动态数据，并以此延展出行程轨迹、常在生活商圈、当地天气、门店距离等数据，广告主可通过 DSP 平台定向对不同商圈、不同天气、不同环境下的目标用户推送差异化广告内容。又如，基于消费阶段的场景，对婴儿奶粉购买转化率高的用户在半年、三年、五年等不同时间点，推送童装、儿童手表、电子学习机等不同年龄段儿童关联产品。此外还有基于消费节点、社交环境和娱乐环境下的场景营销模式，DSP 平台的数据与定向能力将更灵活地定制广告曝光内容和形式，在恰当的时间、恰当的地点、恰当的方式向恰当的人呈现恰当的广告，实现优质内容、感性创意与理性投放的管理匹配。

程序化广告可实现以数据为导向的全链路效果监控。传统广告时代效果衡量较为单一，而程序化广告监测可以展现完整的效果链路。用户关闭、观看、点击、分享、评论广告或产生搜索、比价和购买等行为均可反馈。比如用户在电子商务网站的本品牌产生了搜索、收藏、购买、竞品购买、关联购买等行为，基于账号体系的深度数据挖掘，可以对由此产生的社交网站的多级转发链路、评论的正 / 负面性、意见影响力等数据进行分析。同时，实时反馈数据可以保存记录，沉淀用户对品牌认知、熟悉、喜好、试用、购买的全链路数据，呈现营销漏斗式的各阶段的流失率，使广告的传播效果和销售效果都可以得到有效衡量。

二、现阶段程序化购买的不足

（一）"数据孤岛"现象严重

中国的 DMP 主要以三巨头 BAT 为代表的自建生态数据体系和垂直细分的 DSP 平台的小型 DMP 为主，除此之外，也有一些特殊性质的 DMP 平台，例如政府加密的 DMP 和三大运营商的 DMP。数据的完整性和真实性是 DMP 系统优劣的决定性因素，而在国内 DMP 数据比较封闭，并未打通，数据间的互通开放意识薄弱；各家 DMP 的用户标签体系也不同，标签建设比较孤立；在数据挖掘方面，技术专业人才比较匮乏，对于数据信息的深度挖掘能力尚欠。所有这些，共同导致了用户全天候、立体画像不完整问题。有的 DMP 公司拥有很多用户的行为数据，有的拥有比较细分的垂直电商数据，也有的擅长抓取用户的情境变化数据，但是数据之间却并没有良好的互动开放。再者，用户识别的方式各样，如浏览器的 Cookie、移动端的 ID 以及线下的传统身份系统（身份证、银行卡、手机号等）等，这些宝贵的数据源过于分散，大大增加了信息的不确定性，也就很难把握用户的全景动态数据。

1.大平台数据的垄断与封闭

中国的数据大部分都掌握在互联网巨头、移动运营商以及政府机构手中。他们掌握了自有垄断性数据，数据量虽然大而全，但也保守封闭。

以 BAT 为代表的大型互联网公司，是以数据为核心驱动发展的，他们早已布局了各家的数据生态，拥有完整闭环的广告生态系统，更是掌握了海量的用户网络行为数据，建立了高技术的 DMP 平台，但数据属性各不相同。中国最大的电商平台——阿里巴巴，掌握了大量用户交易数据，建立了淘宝指数、阿里妈妈，收购了数字营销平台"易传媒"。作为中国最大的电商平台，阿里巴巴几乎掌握了全国的消费数据。中国最大的搜索公司——百度，积累了海量的用户搜索数据，建立了百度 DMP、百度思南等自有广告平台。中国最大的社交网络公司——腾讯，集合社交大数据的流量，建立了腾讯社交广告平台、广点通等完整的数据服务平台。这类公司对数据这一核心资产严格把控，安全限制要求高。BAT 以各自的生态闭环，占领行业巨头地位，数据扩展也主要来自自身数据的积累或投资并购。其各自掌握的数据虽然可以很好地盈利，但却缺乏推进业内数据开放流通的动力。

中国三大运营商，掌握了大量底层真实数据，但运营商合作难度大，它并非如 BAT 一样是纯企业性质。运营商在通信行业具有垄断地位，自身优势明显，在消费者方面存在保密协议，在管理方面也受到国家的严格要求。一般情况，除非能给运营商带来很大的利益，合作才有可能进行；同时，各地方运营商各自垄断当地数据，小范围合作并不能获取全国的全貌数据，尽管有时有数据合作，也只是小部分的脱敏数据。

2. 小公司数据的垂直与小量

小公司也有自己的数据管理，相比大平台的 DMP 数据资产，小公司的数据形式显得小量而垂直。这些数据也有价值，但是小公司数据零星碎片化分布，总量巨大而又难以整合。

一方面，要想建立自己的数据库必须要耗费极大的人力物力去开发维护，小公司难以像大平台一样建立标准化数据管理平台，在用户标签系统上指标更是粗放简单，甚至缺少基本的标签体系。数据虽然宝贵却又无法充分挖掘利用，这就导致了数据的断层及片面性。另一方面，以 DSP 为代表的小型 DMP 平台，整合了一、二、三方数据源，但主要还是以投放数据作为积累。以第三方监测的 DMP 平台，数据来源主要是媒体提供或者广告监测获得的小比例广告展示与点击转化数据。关于用户的非广告类行为数据，比如浏览、分享、交易数据，媒体并不会主动开放，因此，这类小型的 DMP 掌握的数据往往都是片面不完整的。

小公司的 DMP 往往以"广流量"对外宣称，但小公司合作方毕竟有限，数据来源也只是市场的冰山一角。要在市场上获得更多的开放数据资源，但又怕自有流量的开放会将自身平台的优势弱化，有时为了业务的顺利进行，在数据的真实性与实效性上，也会夸大其词。因此在一定程度上，小公司在数据开放共享上是比较被动的。尽管市场现在也有一些小公司愿意开放数据，但数量毕竟有限。

3.数据互信机制不健全

数据的开放互通，往往是由市场驱动的。目前国内的数据之所以比较封闭保守、用户标签体系不一，很大程度上是由于中国的数据信息产业起步较晚，经济实力两极化、割据式，大平台数据垄断，自营生产运营，小公司数据分散小量，难以整合利用。

中国的市场经济相比国外更具特殊性，政府对经济的宏观管理有着重要作用。一方面，在数据互信机制的建立方面，我国数据市场牵涉角色众多，产业链庞大，政府在制定相关机制上缺少有效的参考；另一方面，数据互信机制的建立也需要经济发展达到一定层次规模。环境驱动数据必须开放互通，市场才能有效运营下去，然而目前国内暂时没有达到这个程度。国家缺少对于数据资产、隐私保护、数据交易等行业问题的统一界定，对相关利益者的权益保护并不清晰，宏观市场监管动力不足。

我国的数据互信机制不健全，市场没有完全标准透明的开放体系去支持数据流通。因此，目前中国的数据利用也存在一些作弊和漏洞问题。中国尚不存在纯粹的一站式第三方 DMP，尽管有监测性质的 DMP 平台，但也存在钻市场漏洞买卖数据的现象，更有为了 KPI 去刷单造假的数据投机行为，这都使数据的真实性受到极大考验。各大 DMP 平台出于对数据共享的不信任，以及缺少对数据保护的规范，甚至是因为还没找到共享数据下各家的盈利模式，造成了平台数据的不互通及用户标签的孤立。

（二）跨屏多渠道投放的技术不平衡

　　计算广告的发展局限中，不仅有着"数据孤岛"这一数据不互通造成的用户标签孤立问题，目前在国内发展中还有一个很大的局限，就是计算广告在画像之后的跨屏多渠道投放技术问题。屏幕的展示能力及展示形式、内容的差异性会造成广告与用户接触、品牌与用户心智沟通的效果不一致。如何实现跨屏多渠道投放，以及如何实现各种平台和各种广告形式的适用性，是计算广告需要不断探索的技术解决方案。

　　随着用户注意力的移动迁徙化，广告主将广告预算向移动端逐渐倾斜。移动互联网的形态和内容越来越受到广告主的关注和重视。艾瑞《2016年中国移动营销行业研究报告》中的数据显示，移动广告营收比重在2017年预计高达67.0%。而2015年程序化广告的投放却仍然集中在PC端，移动端的程序化购买展示类广告投放份额不到10%。计算广告的产业应用以程序化广告为主要形式，然而目前国内发展却仍集中在PC端，移动端及户外电视广告的发展仍不理想。究其原因，一是因为计算广告在媒体技术上对不同终端的天然属性及用户行为习惯的差异性等因素还未完全适应，二是由于相关市场的程序化教育薄弱。

1.移动端流量的破碎性

　　移动端鲜明的特点就是App生态。手机移动端以App的形式覆盖了用户生活的各个方面，App主要划分为社交类（如微信、QQ、微博等）、电商类（如淘宝、京东、唯品等）、网络娱乐类（如网易云音乐、黄油相机、全民K歌等）、生活服务类（如支付宝、滴滴出行、美团外卖等）等，各种App垂直细分，与用户交互体验应用，App的便利性也助力移动端成为用户生活的"第一端"。基于LBS的功能，移动端成为场景的第一入口。

　　但App与PC最大的不同是App会带来许多用户行为数据的割裂，它不像PC端是根据Cookie进行定向分析，可以获得网页上每个广告展示内容 URL。App 之间相互独立，为了适应移动用户体验，各个 App 的广告内容和形式表现都不一样，造成了用户的注意力时间分散、场景移动变化频繁、用户数据获取并不连贯的结果。受欢迎程度的影响，App 间也存在平台级、Hero、短热、中长尾的区别，不同级别的 App 掌握的数据流量各不相同，各个 App 的数据难以连贯；在同一个 App 中，基于 LBS 的定位也只是记录当下打开 App 的地图经纬度，对于全部的用户移动轨迹并不能跟踪，连续性被破坏。技术的发展尽管创新了 App-Link、Deeplink 的链接技术，在一定程度上可以实现 App 间的跳转。但由于应用数量庞大、手机存储容量有限，且并非每个用户都安装了所有链接 App，这种链接应用还是会造成用户流失及用户数据断裂，技术有限性仍是个挑战，这些都造成了移动端天然流量的破碎现状。

2.PC 端场景的弱化

PC 端过去是广告的主战场，PC 以 Cookie 识别用户，通过网络布码就可以实现网民数据的跟踪。它不同于移动端流量的破碎性，PC 的流量易聚合。然而 PC 端却缺乏场景的适配性，它缺少移动媒体的更亲密的互动形式，比如触控、场景定位、三角陀螺仪、近身摄像这种移动端的天然优势。在用户主动性、个性化特点的影响下，广告必须进行个性定制才会得到认可接受，然而 PC 端场景的弱化性，场景数据的缺失，也为计算广告对 PC 人群的精准匹配带来难度。

再者，PC 端的广告向移动端迁移也不是那么简单。甚至有很多 PC 的广告主也并没有向移动端转移的倾向，比如传统线下门店的官网，它们有自己的客户系统，运用传统 PC 网页已经可以形成非常好的交互体系。在移动端转型中，一方面在网页交互模式上存在很大的差异性，这就需要非常专业的技术应用；另一方面，广告的转移不单是一个简单的页面迁移，更是一个系统工程，为了培养用户习惯，必须从企业的战略系统整体转型。所以，PC 端的场景弱化性一方面受限于天然环境，另一方面 PC 端向移动端的转型也较为艰巨。

3.跨屏多渠道的技术困难性

用户常常在 PC 屏、手机屏、电视屏、户外屏等多个显示屏上进行视觉切换，然而目前的跨屏多渠道的程序化投放还非常困难。业界目前虽有尝试做跨屏多屏投放，但没有真正实现有效跨屏投放的公司，其困难性主要还是在于用户识别。正是因为目前用户识别在 PC 端和移动端的方式不统一，各个 DMP 平台的标签体系也并不统一，真正要做到跨屏，很难有数据指导。计算广告的计算建立在数据基础上，只有拥有了完整真实的数据，广告投放才有意义。同时，广告投放都是要考虑成本的，一方面跨屏多渠道投放在用户识别上存在困难；另一方面出于成本因素的考虑，在不同终端的投放比重、频次的控制，如何优化和组合，并没有可视化的标准去衡量，这方面对计算广告的产业角色还有更多的需求。

实现企业和品牌从曝光、互动到优化与用户完整生命周期的匹配，跨屏多渠道必定是不可缺少的渠道，只有这样才是真正的场景融合。但是，跨屏多渠道困难大、要求高，行业仍需抓紧时间不断努力尝试。

（三）广告投放与内容开发的脱节

计算广告是在用户情境画像基础上，通过实时高效算法，快速精准实现广告与用户之间一系列的匹配及优化。目前，计算广告通过程序化购买、实时竞价已经实现了在时间上的快速匹配。但是，技术推动下的计算广告发展过于强调技术导向和效果导向。过去的广告比较依附于媒体，现在的广告可以在系统上独立自动化完成所有交易，时间也只需要毫秒，但对于广告的内容开发环节，却缺少了必要的"温度"。广告在内容生产与用户情境需求的匹配方面也被忽视。比如，现在大多数的计算广告都是做效果广告，在行业应用上也多集中在游戏、电商等领域，缺少品牌广告或是兼具品效合一的广告投放。计算广告让广告投放与效果变得精准量化，也导致很多广告主只关注 KPI 指数以及点击数、曝光量，而忽视了用户对广告创意的好感度和对企业、品牌的认同感与忠诚感。同时，广告的实时竞价和实时数据计算匹配，确实让广告投放提高了效率，但是目前的广告内容创意却无法跟上广告投放的速度。许多广告策略仅仅是根据用户标签与实时定位提前准备好的多个选择方案，对用户的特定情境，比如心情、生理状况等因素难以捕捉，广告创意也无法及时更新匹配。计算广告固然追求时间上的便捷快速，但更要重视内容上的精准匹配，仅是数据表征的匹配是远远不够的。而造成计算广告对内容的忽视，主要有以下几个原因。

1.投放平台与媒体平台的利润博弈

在移动营销的各方盈利状况中，媒体分成最多，DSP 利润空间小。一般情况下，优质的媒体资源方往往是利润最大收益者，在广告分成中的比例也最大。掌握优质流量资源的媒体端会拿到广告收入的最大分成比例。艾瑞《2016 年中国移动营销行业研究报告》显示，DSP 为代表的前端利润分成仅占总收入的 10%—20%，还呈下降压缩趋势。DSP 收入的压缩将导致 DMP 平台在技术提升与用户数据的深度挖掘的能力不足。

DMP 以挖掘数据、建立用户标签体系为主要职责，早期的 DMP 公司会将广告创意投放的任务交给广告平台或者广告代理商去操作。随着中间商给 DMP 公司返利的降低，DMP 公司面临营收不理想的难题，国内很多 DMP 公司也就将本应以数据为核心的业务转到上游，去做广告投放业务。DMP 公司的核心业务就是数据挖掘，公司的人才也多是技术出身，他们可以发挥所长去不断优化算法和模型，但对于广告内容创意却并没有专业的知识背景和丰富的行业经验，所以当技术公司要将技术与内容集一身进行运营时，就会遇到技术型人才在广告内容制作方面能力有限的问题。

比如，用户的"信息茧房"问题就是在盲目依赖数据技术，而忽视了广告内容投放的比重与适应性的情况下而产生的。芝加哥大学凯斯·桑斯坦教授曾在《信息乌托邦》一书中提到"信息茧房"概念，他认为公众往往是追从兴趣，更加愿意接触与自己偏好一致的信息内容，对于信息的需求也是片面的，长此以往，公众将会自己桎梏于像蚕茧一样的"茧房"里，这就导致他们接受的信息面将会越来越窄。计算广告的数据技术可以收集到用户感兴趣的标签，在技术导向下的计算广告会根据用户历史兴趣给用户推送他们喜欢的东西，在这种看似"越来越懂你"的技术下，却非常容易造成"信息茧房"。它让用户接受到的仅仅是自己有限的兴趣空间，窄化了用户的视野，让用户的生活变得禁锢、定式化。长期"用户茧房"似的计算广告投放会让用户最终对相似内容的推送感到厌烦。

总体而言，计算广告中的角色方在利益的博弈下，追求快速的技术进步和显著的利润收益，而忽视了注重内涵与价值的广告内容制作。由于目前国内广告技术的应用刚刚打开市场，所以影响不明显，但长远来看，技术与内容的结合才是长久之道。

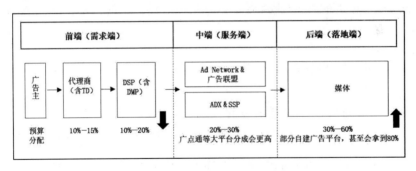

图 11-1　2016 年移动营销行业的价值链分布情况

2. 广告效果的过度 ROI 导向

过度追求 ROI 也是导致计算广告投放与内容创作脱节的原因。目前计算广告的应用主要是效果类广告，集中在游戏和电商领域。这类行业的广告比较注重效果的转化，广告投放的目的是希望促进点击、下载和购买，它们对于"购买用户"的接受度更高，于是在各种 DMP 的用户精准营销匹配下，实现了广告主满意的 ROI 数据效果。ROI 的数据虽然完美，但为什么公司长年的营收效果却并不是那么理想呢？这其中就有新老用户对广告内容真正的认可接受度问题。有的 DMP 公司为了达到公司强调的 ROI，直接将用户定位在了公司已有的忠诚用户上，这种方式让广告制作不需要任何创新，DMP 显示的 ROI 数据还会非常可观，但这完全背离了广告生态的健康发展。

另外，在广告中，数据和技术会对广告进行不断地优化，会对用户行为及意图掌握得越来越精准，也越能抓住接近转化行为的用户，但这部分用户大多数是已经决策或者马上要作出决策的用户，并不属于企业可挖掘的潜在人群。注重 ROI 效果的广告却会将这部分人群覆盖，其实是浪费了广告资源，同时也放弃了潜在用户的挖掘。市场竞争如此激烈，你错过上一秒，下一秒就一定会有人抓住机会。这批潜在用户也就会被别人发现、培养并营销。因此，过度的 ROI 导向，在一定程度上会抑制广告创作内容的创新突破，也会失去更广阔的商业机遇。

（四）对伦理的反思

随着互联网与各种智能设备的普及，各类数据出现了爆炸性增长，而云存储、云计算等技术正在帮助我们存储海量信息，并从这些信息中挖掘出人们需要的东西，因此我们的时代被称为大数据时代。大数据技术要求实现数据的自由、开放和共享，由此进入了数据共享的时代，但我们同时也时刻暴露在"第三只眼"的监视之下。因此，大数据技术带来了对个人隐私保护的隐忧，也带来了数据的滥用或对垄断的担心，特别是人类神圣的自由意志有可能被侵犯，由此产生了大数据时代人类的自由与责任问题，并给传统伦理观带来了新挑战。

大数据技术不但带来了数据采集、存储、传递和使用的技术革命，更引发了人们思想观念的巨大变革，带来了大数据时代"自由、开放、共享"的精神。在小数据时代，由于数据资源有限，人们一般把相关数据当作秘密封存起来，例如实验室的科学实验数据、日常生活的个人消费数据等，人们都各自为政，不愿让他人知道自己的行踪、想法，同样，我们也无法获知他人的数据。但在大数据时代，我们生活在数据的汪洋大海之中，各种数据都存储在网络中，存储在云端里，因此是一个完全开放的数据海洋。人们徜徉在数据海洋里，自由地挖掘、获取自己所需要的数据。在大数据时代，人们更愿意在网络中晒出自己的一切，与人们共同分享。因此，"自由、开放、共享"成了大数据时代的共同宣言。

现代智能技术为数据的采集提供了技术手段，并形成了从天上到地下的全方位监控，构成了一个立体的网络。如今利用现代智能技术，可以在无人状态下实现每天 24 小时全自动、全覆盖地全程监控，毫无遗漏地监视人们的一举一动。例如，卫星系统从太空中俯视众生，国土资源管理部门利用卫星足不出户就可监视每一寸国土，人们的一举一动都无法逃过卫星监控的法眼。GPS 监控着每辆利用导航仪的车辆，遍地的监控摄像头则无间断拍摄、储存和处理着监控视野内的一切。如今，利用智能芯片，任何事物都可以变身为数据采集设备。借助于智能技术、物联网、互联网、云存储和云计算等技术，一年所产生的数据量比以往小数据时代数千年所产生的数据总和还要多，人类真正进入了信息爆炸的时代。

除了这种早已设计好的数据收集之外，更多的是无意中留下的各种数据。只要使用了网络或智能设备，我们的一举一动就会被记录，并可能永久存储于云端。例如我们几乎每天都在使用 Google、百度等搜索工具，只要进行过搜索，我们的搜索痕迹就被 Google、百度永久地保存。我们现在都喜欢网上购物，在亚马逊、当当购书，在淘宝、天猫、京东商城购物，只要进入过这些网站，哪怕只是随便点击了其中某种物品的信息，我们的兴趣、偏好、需求等就会被记录下来，并时不时地收到各种推荐广告。我们在 QQ、微信、Facebook 等社交网络工具聊天，以为及时删除了聊天记录就万事大吉，其实网络早已偷窥了我们的秘密，并将其永久地记录了下来。现在几乎人人都是手机不离手，通话、短信、导航、搜索等功能数不胜数，这些功能每时每刻都在追踪着我们的行为。博客、微博、云空间等，也永久记录着我们的所思所想。我们的一切都以数据化的形式被永久记录下来，这些数据有些是被人强行记录的，有些是我们自己主动留下的。

数据所带来的最大伦理危机是个人隐私权的问题。我们的个人信息，例如出身、年龄、健康状况、收入水平、家庭成员、教育程度等，只要是我们不愿意公布的，都可以看作是个人隐私。在小数据时代，纸质媒体相对来说难以传播这些隐私信息，即便传播了，其传播的速度、范围和查询的便捷性也都受到一定的限制。此外，在小数据时代，有两条措施来保证个人隐私的安全：一是模糊化，二是匿名化。

首先是数据采集中的伦理问题。以往的数据采集皆由人工进行，被采集人一般都会被告知；而在如今的大数据时代，数据采集都是由智能设备自动采集，而被采集的对象往往并不知情。其次是数据使用中的隐私问题。在大数据时代，各种数据都被永久性地保存着，这些数据汇集在一起形成大数据，而这些大数据可以被反复永久使用。大数据挖掘技术可以将各种信息片段进行交叉、重组、关联等，这样就可能将原来模糊和匿名的信息重新挖掘出来，所以对大数据技术来说，传统的模糊化、匿名化这两种保护隐私的方式基本失效。只要拥有足够多的数据，数据挖掘技术就能挖掘出任何想要的信息。我们每个人都有无限多的信息被采集和储存，所以从原则上而言，数据挖掘者几乎可以挖掘出我们每个人的所有信息，所以从信息挖掘的角度来说，我们都成了透明人。

任何数据都只是事物的一种度量，只是一种工具，人必须成为工具的主人，而不能变成工具的奴隶。大数据是一种技术创新，任何技术创新都会给我们带来巨大的机遇，同时也会带来巨大的挑战，因此，我们必须在创新与风险之间寻求平衡点。

（五）单纯的数据驱动造成信息茧房

信息茧房是指人们的信息领域会习惯性地被自己的兴趣所引导，从而将自己的生活桎梏于像蚕茧一般的"茧房"中的现象。由于信息技术提供了更为自我的思想空间和任何领域的巨量知识，一些人还可能进一步逃避社会中的种种矛盾，成为与世隔绝的孤立者。虽然在社群内的交流可能更加高效，但是社群之间的沟通并不见得一定会比信息匮乏的时代来得顺畅和有效。

技术的发展使用户的信息接收行为更加主动。在自媒体时代，每个人都是网络社会中的一个节点，互联网用户可以轻易通过网络搜集到自己感兴趣的信息。同样，每个用户在接收信息的同时也在网络平台上发布自己的意见，个人既是信息的接受者，又是信息的生产者，个体与个体在网络空间里相遇和交流。互联网海量的信息也造成了信息内容的繁杂与同质化，用户的注意力成为新媒体产品产生效益的关键。随着手机客户端的兴起和新媒体技术的发展，以用户体验为中心的传播模式成为主导，新媒体平台正逐步为用户提供更加精准的服务。社交平台中各类意见的碰撞与聚合使以兴趣为基础的群体快速聚合，随之而来的是个人接受信息的"窄化"，自己为自己打造的信息格子逐渐形成，出现"信息茧房"的现象。网络媒体为了吸引受众的关注，会针对特定的受众兴趣和特点来提供相应的信息，这样无疑进一步强化了受众原本固有的喜好。人们更多地关注自己感兴趣的网络信息和论坛，与自己有相似兴趣爱好的人交流互动，不断编织着一个信息茧房，使得自己变得越来越极端和封闭，减少了与其他人进行思想碰撞的机会。

有研究表明，深陷"信息茧房"中的危害是明显的。首先，"信息茧房"会加剧网络群体的极化。众所周知，网上群体是由分化而类聚的。网络信息茧房一旦生成，群体内成员与外部世界的交流就会大幅减少，群体成员拥有相似的观点和看法，群体内同质的特征显著，这其实就是一种正反馈式的"自激"。长期生活在信息茧房之中，容易使人产生盲目自信、心胸狭隘等不良心理，会认为自己的偏见是真理，从而拒斥其他合理性的观点侵入，特别是获得同一类人认同后日益演化为极端思想和极端行为。

其次，"信息茧房"会导致社会黏性的丧失。在"信息茧房"的作用下，人们很容易沉浸在自我的话语场中，脱离整个社会的发展，这些都大大减少了经验的分享。当每个个体之间、群体之间缺乏黏性时，人心涣散就会成为一种普遍的社会现象，个人之间、群体之间也会变得彼此漠不关心。

要预防"信息茧房"的发生，一方面要提升我们的用户洞察技术，使算法更聪明、更能完整准确地测度到人们信息需求的全貌和重点。在这一领域最前沿的用户洞察技术，已经将算法的计算范围和测度指标扩大到人在社会生存发展中的社交圈子了，计算人们所处的各类圈子对于某类话题和资讯的平均强度。如果其强度超过某一强度临界值，便会认为这是这个圈子里的人应获知的话题和资讯。不管个人是否意识到、行为是否有所表现，算法平台都会进行主动推送。这将极大地改善用户洞察技术对于人们需求定义的代表性和完整性。

更重要的是，我们必须要有打破"信息茧房"的自觉意识，提升自身的媒介素养、网络素养，自觉地将这类小圈子的资讯叠加到大社会的资讯内，这种资讯"混搭"将在很大程度上降低"信息茧房"负面效应的发生。

❖ 案 例 1 ❖

美数科技 LBS 助力苏泊尔定向精准营销

美数科技服务于苏泊尔苏州店铺，助力其 23 周年庆的"9·9 大惠战"。根据品牌提供的种子人群数据、历史积累的 CRM 数据以及美数 DMP 中的线上人群数据和线下位置数据，来完整记录用户线上线下、动态化的行为轨迹；而后利用美数独家的动态权重算法精准勾勒出目标受众的全方位立体式画像、精准判断出用户需求；并进一步通过 Look-alike 技术进行相似人群扩散，帮助商户找到更多符合其定位的潜在优质可营销的目标对象，从而为后续的场景定向打好基础。

在线下，美数通过 LBS 地理围栏技术，以多个店铺周边的建材城、小区、商务区等为中心店，分别覆盖各店半径一千里内的目标人群进行位置定向投放。

在线上，美数以今日头条、网易新闻、腾讯新闻等超级 App 渠道为主，以其他资讯类、工具类、娱乐类 App 为辅来全面锁定更多优质资源，并基于人群、媒体、场景等维度，通过强大的智能优化算法挖掘出每个访客的匹配系数和价值，从而智能匹配最合理的出价并进行频次控制，即：对于匹配系数高的，高竞价多频次投放广告；匹配系数中正常出价的，正常频次投放广告；匹配系数低的，不出价或者低价低频次投放广告。同时，配以信息流、开屏、插屏、Banner 等多样的广告形式，从而帮助品牌展示在形象效果佳的媒体之上、全面提升品牌调性和宣传效果的同时，也能通过最优的媒体组合搭配来合理分配预算。

投放中，美数全程智能监控投放效果，并根据效果实时优化、调整投放方案，实现了最佳的投放效果转化；此外，投放后自动生成了专属报告，帮助苏泊尔客户洞察全流程投入回报的同时，也为其全面分析了目标客户群体的特点，以便指导其后续经营决策。

❖ 案 例 2 ❖

对今日头条信息流广告的审视

随着移动互联网的迅猛发展，我们已进入信息流广告 4.0 时代，人与信息的关系从"信息等人"到"人找信息"，到"信息找人"，再现在到"人与信息的无缝对接"，信息流广告的价值越发受到来自广告主、媒体的重视。以今日头条为代表的移动资讯平台成为用户流量的入口，通过精准的用户画像为用户提供个性化的信息流广告，以内容原生化、可视化的方式在潜移默化中提高用户对广告的接受程度，影响用户对广告的认知、偏好以及购买意愿，助力品牌实现营销目的。

今日头条的鲁班电商平台为中小企业提供全新的信息流广告模式，结合用户的喜好，智能投放优化广告内容，筛选目标用户，实现精准投放；依托今日头条旗下的西瓜、火山、头条、抖音四大资讯视频平台的优质流量，最大化覆盖各个年龄群用户，有效提升品牌曝光率；鲁班广告的落地页为商品的详情页，用户点击信息流广告即可跳转至详情页，为用户提供畅通便捷的购买渠道，缩短了转化路径和用户从心动到行动的时间；依托今日头条的算法技术，用户的行为、兴趣、所在场景等信息能够被实时捕捉，为用户提供特定的广告内容，并在用户接触广告的各个环节进行针对性的评估，从而达到实时监测效果并作出调整的目的。

信息流广告在凸显其价值的同时，其弊端也不可忽视。今日头条为了实现精准的资讯服务和广告投放，全天候地追踪用户的行为，全方位地洞察用户的喜好，虽然能在为用户提供符合其喜好的资讯信息的同时满足广告主的营销目的，但是，从用户一侧来看，长期接触只符合用户喜好的内容，会使得用户封闭于自己的兴趣圈内，无法得到多样化、公共性的资讯信息，久而久之，用户自身的视野将会逐渐窄化；符合用户喜好的广告也会不断地激发用户的消费欲，使得人们沉浸于物质横流的世界中；同时，用户将处于全景敞视状态，每一来看次点击、浏览、评论等都会被记录下来，毫无隐私可言。从广告主一侧来看，使广告效果呈现过度 ROI 的倾向，广告主过于注重效果的转化和用户的点击、浏览和购买行为。

未来的广告不应单纯以数据为驱动，以 ROI 为导向，而忽略了伦理道德和用户体验，而是应当考虑多方利益，重视数据安全以及流量和隐私的保护。

本章习题思考

1. 请列举两个程序化购买营销公司，并对比其各自的优势与不足。

2. 面对程序化购买中的种种不足之处，用户、媒体、广告主等各方应该采取什么样的措施来促进程序化购买规范化？

3. 程序化购买在未来的发展中，创新的着力点是什么？

第十二章 计算广告的未来：计算物联广告

一、计算广告的新方向：物联网

摩尔定律自 20 世纪 60 年代诞生后，就是人类 GDP 增长的推动力，意指每隔 18 至 24 个月，集成电路可容纳的元器件数和性能会增加一倍，意味着成本将下降一半。集成电路的发展引发了整个 IT 行业的技术革命，全球自动化、信息化得以实现；数据量的爆炸性增长带来机遇性变化①，商业模式和产业结构随之不断调整，智能化开始被应用于各个领域。

在智能化进程中，机器智能以全新的走向和实践路径成为新时代趋势。传统机器学习的问题主要包括四方面，即理解和模拟人类的学习过程、研究计算机系统和人类用户之间的自然语言接口、拥有推理不完全的信息的能力即自动规划问题、构造可发现新事物的程序，而这些研究所要解决的唯一问题就是机器是否拥有像人类一样的智力能力②。计算机科学家们认为，如果机器能够实现语音识别、机器翻译和自动回答等问题中的任意一项，根据图灵测试（The Turing Test）所提出的假设，该机器就可以被认为具备图灵智能。随着相关研究的推进，数据驱动的方法成为机器智能的主流方法。现代大数据所具备的多维度、完整、海量等特点，使得机器智能得以更好地掌控

---

① 参见吴军：《大数据、机器智能和未来社会的图景》，《文化纵横》2015 年第 2 期。

② 参见余明华、冯翔、祝智庭：《人工智能视域下机器学习的教育应用与创新探索》，《大数据时代》2018 年第 1 期。

全局；机器智能并非依靠人严密的逻辑推理得到分析结果，而是依靠大数据
直接得到人脑无法发现的规律或者结论、方法等。

（一）物联网相关概念与特征

伴随机器智能化的深入，物联网发展迅猛。不同的专家学者对于物联
网及其应用的研究有着不同的观点，但普遍的观点是，物联网是指"通过射
频识别、红外感应器、全球定位系统、激光扫描器等传感设备，按照约定的
协议，将任意物品与互联网连接起来，进行信息交换和通讯，以实现智能化
识别、定位、跟踪、监控和管理的一种网络"①。物联网是在互联网的基础上
进行延伸和扩展的，互联网是其核心技术和基础，其用户端延伸和扩展到了
任意物品，以进行信息交换。物联网是一个由感知层、网络层、应用层共同
构成的信息系统，是一个庞大的社会信息系统，可以覆盖智能家居、智能楼
宇、路灯监控、水质监测、物流管理、公共安全、个人健康等诸多领域。物
联网的概念最早出现在 20 世纪 90 年代末，从"产品电子码"的概念发展而
来，由麻省理工学院的自动识别实验室的研究人员在 1999 年提出。他们认
为，物联网将所有物品通过传感设备，如射频识别技术，与互联网连接起
来，实现智能化识别和管理。"无所不在的物联网通信时代即将来临，世界
上所有的物体，从轮胎到牙刷、从房屋到纸巾，都可以通过互联网主动进行
交换。"②2009 年，欧盟的《物联网研究战略路线图》提出，"物联网将是未
来互联网的一个重要组成部分，物联网将通过采用标准化技术和通用通信协
议，自由地、自主地配置网络环境"。

从现有研究成果看，国外研究人员对物联网的定义比较抽象，提到的

---

① 倪红军、李霞、周游：《物联网安全问题的分析与对策研究》，《单片机与嵌入式系统应
用》2013 年第 13 期。

② International Telecommunication Union，*Internet Reports 2005:The Internet of Things*，
Geneva:ITU，2005, pp.12–87.

技术不是很具体，是一种展望性描述。而国内研究人员对物联网的定义则非常具体，对一些技术和网络表述十分明确。然而物联网技术在不断发展，这些技术和网络亦会变化。随着人类物联网技术发展和应用创新的突破，物联网的概念也将随之发展变化。具体来说，物联网是指在现实世界的物品中嵌入特定的传感设备及软件，通过感应识别技术和专用网络和信息系统自动读取信息、传输和智能处理，从而实现人和物、物和物的互动、智能行动的网络系统。

从以上的研究可以得出物联网的如下基本特征：

1. 物联网实现信息网络从虚拟世界向现实世界的延伸，完成了从概念到行动的飞跃，解决了虚拟世界和现实世界之间信息断层问题，填平两者间的数字鸿沟并建立连接的桥梁，使信息化有效地融合虚拟与现实世界，让人们不再满足于停留在思想火花或网络虚拟现实技术当中，而是让比特冲出虚拟世界的牢笼，将思想火花转化为"物"的自主行动的产物[①]。

物联网使物品具有智慧。通过物联网，人类将实现对物品的全面感知，这将拓展人类感知范围。随着物联网技术和应用的发展，人类将能看得懂动植物甚至非生命物品的思想和反应。例如当我们看一盘水果，它会自动地给我们一个反馈，是关心它的来源、特征、功能还是其他的？在我们作出答复后，它会将我们需要的内容再次反馈给我们，这个过程将是充满智慧的。

2. 物联网将改变人类的沟通范围、模式、渠道和效率。物联网的出现将使得物品能够与人和其他物品实现沟通，这不仅将扩大人类的沟通范围，使人类能在更广泛的物体和空间范围内进行交流，而且会变革人类的沟通理念、沟通模式和沟通手段，提高沟通效率，传统的一对一、面对面模式将不再成为必需。物联网本质上是一种物物相连的网络既可以连接人，也可以连

---

① 参见董新平：《物联网产业成长研究》，博士学位论文，华中师范大学，2012 年，第 15—16 页。

接物。但是，在物联网发展的最初阶段，物联网将"人"也理解为物品，例如，物联网门禁系统在本质上就是将"人"作为一个无生命特征的物品来识别的，而并没有将人作为一个生命体对象进行处理。其逻辑依然停留在先将"人"转换为"物"后再处理。目前，物物的相连仍然是物联网的研究重点，下一步的研究重点将扩展到人与物的相互连接。

（二）物联网的发展历程

物联网的价值在于其智慧的应用。物联网将全方位地改变人类，它不仅将改变人类的生活方式，提高生活质量，而且将改变生产过程，提高生产效率。如上所述，物联网的用途非常广泛，遍及智能家居、路灯监控、智能医院、智能交通、水质监测、智能消防、物流管理、政府工作等诸多领域。所以，物联网将带动所有的传统产业部门甚至整个国家供给侧和需求侧的结构调整，进行更深层次结构调整和产业升级，国家经济增长模式也将从粗放型向集约型发展。

中国物联网产业的发展将会经历三个阶段：

第一阶段：应用创新与产业形成期。该阶段旨在形成公共管理和服务市场应用，带动产业链的传感感知、传输通信和运算处理环节发展，所涉及的范围以公共基础设施的布建与更新为主，诸如城市智能化管理系统建设、智能交通网络信息与控管平台建置，以及以节能降耗的智能国家电网布建为首要任务。

第二阶段：技术创新与标准形成期。该阶段的重点是制定和规范行业应用标准和技术标准，并扩展到实际应用发展中，如各级制造业的改造朝向智能制造模型与智能化物流管理的标准与执行应用层面。

第三阶段：以服务为导向的服务创新与产业成长的大幅收获阶段。由于第二阶段行业标准的推广，消费市场应用层级会大幅度增长。在实际应用层次上，将会包含诸如 RFID 无线射频识别小额支付管理系统、食品追溯管理、智能零售业、绿色农业、智慧家庭，以及远距医疗等食衣住行育乐、无所不包的新型社会文明生活 ①。

目前，中国的物联网技术已从实验室走向实际场景，广泛应用到智能家电、医疗卫生、机场安保、物流等领域。前瞻产业研究院的报告预计，物联网市场产值到 2022 年将接近 72376 亿元。此外，中国信通院的报告预测，中国物联网终端总数将在 2022 年达到 44.8 亿元。远观全球市场，据 GSMA 数据，全球物联市场到 2025 年将达到 1.1 万亿美元。而终端联网量与个人 PC 机联网量之比会达到或超过 30∶1，终端的普及将带动电子及相关产业发展。中国移动总裁王建宙先生曾将物联网精神浓缩成一句话："全面感知、可靠传递、智慧处理"。物联网包含的范围相当庞大，除了互联网，还包含云端、3G、无线网络、有线电视、远程监控等。因此中国移动预测，物联网产业价值比互联网大 30 倍，将形成下一个兆元人民币级的通信业务。届时社会生活形态将会转变成更加便利与智能化的智慧城市 ②，生产生活和社会管理方式将向智能化、精细化、网络化转变。由此可见，相较于其他技术，物联网对互联网应用终端的影响是最深刻而最具有冲击力的。

（三）物联网的发展趋势

继计算机、互联网之后，物联网成为世界信息产业发展的第三次浪潮，大家都时刻关注着国内乃至全球的发展趋势，也许下一个风口就在你的身边。物联网已经融入现实生活当中，回顾四周，不知不觉中已经有很多物联网围绕在我们身边，小到各种可穿戴产品、共享单车，大到楼宇、工厂和汽

---

① 参见程曜：《创意传播：从互联网走向物联网广告机会浅析》，《广告大观（理论版）》2011 年第 1 期。

② 参见沈明杰、鲍立威：《智能移动终端：物联网终端的新宠——浅谈智能移动终端的发展现状和展望》，《射频世界》2010 年第 5 期。

车，物联网能使一切设备互联且具备智慧。物联网将在未来彻底改变人类生活、工作和娱乐方式。

简单、便捷、节能是物联网应用普及的基本要求，除了上节所说的四个宏观方面的改善外，在微观具体的事项上，以下几方面的完善将是发展的大势所趋。

1. 有效路径：体型更小、速度更快、更灵活敏捷的端到端解决方案

在物联网时代，计算无处不在，每个设备、每个物体都将具备计算能力。因此，集成的计算解决方案必将向体型更小、运行速度更快、功能更敏捷、产量更大的方向演化。英特尔在物联网领域的策略就比较典型。它主要通过开发智能硬件设备、网关，促进传统系统与云的连接以及实现端到端的分析，从大数据中挖掘商业价值，从而加速包括零售、车载系统、数字安全监控等在内的端到端解决方案的开发和部署。

在该策略指导下，2013年9月，英特尔推出夸克（Quark）处理器系列，它为那些需要更高性能，更低功耗、更小尺寸的应用量身打造。这些全新的低功耗产品延伸了英特尔的计算力触角，进入从工业物联网到可穿戴计算设备等日益增长的细分市场。

英特尔2014年在CES上又发布了基于夸克技术的计算平台，外形仅SD卡大小，但支持多个操作系统运行；同时，中国英特尔物联技术研究院第一批创新技术成果也日趋成熟，包括物联网式空气监测与服务平台、基于室内定位技术的智能商业平台、基于视频前端服务器技术的商业智能数据分析平台等。毫无疑问，完整而轻便的端到端解决方案更加适合市场的实际运作，有利于终端应用的真正落地。

2. 技术落地的终端力量：新型低能耗需求的可穿戴设备

数据表明可穿戴技术的应用已经遍布全球。任何拥有加入连接能力、可穿戴在身上并为用户提供有价值信息的产品都可以被定义成为一款可穿戴

产品。以衣服为例，只要加入传感并连接到互联网，它就可以变成一款可穿戴产品。而这种基于人的可穿戴产品将成为物联网世界中实现人与物交互的核心终端。

可穿戴产品的普及对物联网发展起着核心作用，但是目前仍需要解决降低功耗、高精传感、精准数据、大数据分析等技术问题。一旦突破这些技术，产品与智能设备将更大程度实现连接互动，因为可穿戴设备不仅能够采集数据，还起着中心枢纽的作用，将这些数据发送到云端。例如，4G 以及无线技术的发展将解决可穿戴设备对数据处理和功耗问题，同时，又为制造商减少了成本，产品拥有价格优势，在一定程度上扩大消费者群体，这将成为物联网的普及、应用和发展的突破口 [①]。

3.中坚力量：低功耗蓝牙与 WiFi 应用

WiFi、智能蓝牙、NFC 和 GPS 等成熟且高效的无线连接设计是推动物联网发展和应用的中坚力量，可以提高设备应用的效率，使得制造商能够设计、制造低成本产品，从而鼓励大众消费。

低功耗智能蓝牙技术已经吸引全球范围内的 OS 供应商的关注。苹果公司抓住这一风口，基于对智能蓝牙在无线领域影响力的快速认知，将智能蓝牙技术应用在其几乎所有设备上。

高通创锐讯进军物联网的利器之一则是低功耗 WiFi 解决方案 QCA4002/4004 网络平台。该公司副总裁郑建生认为，之所以称为平台，是因为两款产品不但在芯片设计上采用一颗单芯片处理器和内存，无需使用其他 MCU 产品，还同时纳入了 IP 堆栈、软件中间件架构 AllJoyn 以及完整的网络服务，以协助客户以最低的开发成本，将低功耗 WiFi 功能增加至任何产品。

---

① 参见于寅虎：《低功耗和小型化半导体器件掘金可穿戴设备市场》，《电子产品世界》2014 年第 21 期。

4.驱动因素：高精传感器应用

物联网的迅速发展得益于传感器技术的日臻成熟，它通过与任意物品终端的连接，将现实世界的物理信息转化为线上虚拟数据，进而推动小尺寸、低成本与低功耗的应用趋势持续发展。

此外，高精传感器技术的发展使得智能硬件不断朝着小型化方向发展，这不仅使得智能硬件更精美，还能提高监测的灵敏度与准确性。

同时，这也将推动智能硬件以及物联网的元器件行业不断发展。实际上，第一代可穿戴式设备以及大部分物联网硬件都是基于"现成的"连接器进行设计，即极力将各种功能组件集成至最小尺寸的设计中。然而新一代微型高精产品将在尺寸缩小、成本降低和组装简化等方面再上一层楼，从台式电脑、笔记本电脑再到平板、智能手机，都体现了这一趋势。

二、程序化购买的未来：计算物联广告

（一）计算物联广告的概念

物联网广告就是将物体或者商品作为广告的载体，快速传递任何企业或者商家的广告，从而达到产品会说话的目的。传统的广告载体有电视机、广告牌、LED 显示屏、DM 传单等，而物联网广告的载体有广告卡、广告贴和广告片，它可以通过扫码，进入到广告的主页面。换言之，物联网广告就是从移动端展现广告内容的一种新型的广告展现模式。

在网络时代资讯大爆炸的环境下，网络信息越来越拥挤，信息冗余现象越来越明显，受众的注意力越来越稀缺。与此同时，新产品和新差异纷纷涌现，使得消费者应接不暇。精准营销的出现，似乎带来了解决方案，但在过去的几年中，其弊端逐渐显现：标签化的精准匹配恰似一个过滤气泡，使接触面固化，也削弱了用户鉴赏力，大量的新品与新知被挡在了泡沫隔层之外。

在物联网中，每个物联设备都是重要节点，收集和生成数据，而这一数字具备 Volume、Variety、Velocity 以及 Value 的"4V"特征，这意味着我们将进入一个全新的时代。在过去，人是创造数据的主体；如今，创建数据的主角已成为无处不在的物联网设备。企业也将通过物联网收集更多、更完善的数据。在这样的现状推动下，每个人将重新思考和分析策略，以促进管理者学习和适应新形势下的数据情报功能和分析系统。

（二）计算物联广告的技术支撑与应用

除了整合现有媒体，新设备的出现也为广告产业带来其他可能性。

尽管虚拟实现（VR）硬件尚未大规模生产，但该话题本身的热度已远超实际的量产程度了，使用 VR 时的独特体验带来了虚拟产品市场的高潜力：踏入虚拟实现这坑兔子洞后，购物商城和主题乐园都能收进家里，真实与虚拟交融，既是产品体验也是品牌广告①。

体验 VR 世界就必须穿戴智能设备，通过抓取用户的心率数据，广告商就可以了解受众对产品和广告的态度。基于用户和智能设备（包括穿戴设备和移动设备）之间的密切关系，加上用户过去的网络购买记录、点赞内容和社群好友等数据，就可以营造个性化的广告信息环境。

技术改良使得新兴技术产品更轻盈、普遍的同时，广告也顺势融入各种智能设备当中（如穿戴式设备、车联网），更大程度渗透到消费者的生活当中。

智能设备接下来的几十年会越来越普及，广告主和代理商将能在更准

---

① 参见爱梯物联网技术有限公司：《物联网时代，你在看广告，广告也在看你》，2016 年 4 月 28 日，见 https://weibo.com/5869276412/Dt433ouVZ。

确的时间点，为消费者提供符合需求的广告。广告不仅能吸引眼球，而且必须贴近人性——因为只有消费者是产品的真正需求者，当其心甘情愿为品牌敞开心扉时，广告才能达成效果。

此时，广告主必须聚焦人类的行为模式，以受众需求场景为切入点，为消费者的生活增加价值。

展望未来，当物联网概念发展到极致时，其范围不再局限于智能家居、智能电网、智能监控和智能车载系统，而是一个超越资本市场体系的共享经济系统。《物联网革命：共享经济与零边际成本社会的崛起》一书的作者杰瑞米里夫金（Jeremy Rifkin）将新兴的物联网称为"智能基础建设革命"，他认为未来每辆车、每个数据库和每项技术等都能连接到同一个智能网络，众多产品和服务的成本在这个资源共享的社会中接近于零，每个人都是"产销合一／自行生产的消费者"。

因此，产业环境在物联网革命过后会彻底改变，网络也可能瓦解广告。

这听起来是个不切实际的设想，但实际上这种情况已开始发生。例如一个作家，利用网络便能跳过出版商、印刷商、零售商和广告商等环节，以极低的价格出版、销售及宣传这本书。例如你我拍摄一段搞笑视频，上传到视频网站后可能得到网友的热烈转贴回复，累计上百万点阅率，而这整个过程几乎不用花钱。

在网络空间，消费者拥有和企业对等的话语权，并且拥有更强的分辨力，广告的影响力和消费者市场随之缩小。而网友评价正是网络社群资源共有和产销合一的表现：与广告信息相比，人们倾向于认为网友自行生产的评价更可靠。虽然少数企业会利用匿名账号宣传自家产品，或对竞争者做负面评价，但点评网站为了维护声誉，通常会加强监控系统，利用优化算法来删除不实帖文。

消费者对信息的控制权越来越大，广告商还能够提供什么附加价值呢？根据 IBM 于 2012 年进行的一项调查《广告的末日》，许多内容媒体整合商的营收的确受到网络社群共有资源的威胁。

　　然而，里夫金也强调，广告依附资本主义而生的目标，与共享经济特质其实并不相容。但是，广告产业并不会因协同资源兴起而完全消失，随着往后资本市场的调整，广告会从物质经济的驱动力，成为新兴社会经济中的一项附属利基产业。

　　从现代的智能产品来预测广告的未来发展并不难。广告是整合多个领域的聚合物：是赋予创意生命的蓝仙女，也是大数据的萃取物，更是资本主义的催化剂。随着技术改进，创意有了更多展露的出口，广告不再是促进消费的主要方式，广告也不只会随科技变换样貌，其存在的目的也会移转到不同的生活环节里。也就是说，在未来，广告的意义也可能不复在了。

（三）计算物联网广告商业模式

　　由于物联网的延伸与普及，物联网广告成为重点研究对象。物联网定向广告传播模式的构成要素主要包括：广告代理公司和广告主等信源、智能信道、信息接受者、广告主、广告效果、个人数据中心以及数据资源库等[①]。而在物联网感知层、网络层、应用层基础上，物联网广告的传播模式从信息收集延伸至信息的系统化以及建立环境媒体广告传播模式。研究学者通过物联网挖掘了信息流广告的作用，信息流广告充分利用了物联网的优势，展示在社交媒体用户好友动态中，在大数据技术对用户画像的建构上，实现基于用户行为的精准广告投放，这正是物联网广告的进化核心。

　　在物联网时代，一般意义上的新媒体广告将从传统广播式传媒向"定制"式传媒转变。所谓定制式是指从物联网挖掘信息，获得相关参数或数据，向消费者推荐符合需求的定制信息，充分体现了人性化、个性化服务，有效改善了传统"广而告之"的投放形式。例如，当用户在选择清洁用品时，它

---

　　① 参见栾慧勇：《基于物联网技术的定向广告传播模式研究》，硕士学位论文，哈尔滨工业大学，2012 年，第 23 页。

会根据衣服的材质、消费者的使用习惯、使用场景出现对应的洗涤产品推荐信息，一反传统广告的硬性推荐，定制式广告贴心地根据用户需求进行宣传。物联网时代新媒体广告的另外一个优势，就是具有很强的针对性。广告行业可通过物联网直接定位用户所需的物理信息，从而进行针对性的广告制作。调查结果显示来看，大部分用户会在选择同类型商品时举棋不定，有针对性的广告可减少用户决策时间，这也更适合现代消费观①。

这表明，在互联网 2.0 时代，商业模式停留在产品时代，企业以产品为中心，侧重企业的核心能力；在互联网 3.0 时代即物联网时代，管理模式以用户为中心，用户成为营销过程的中心和起点。基于物联网技术的定向广告商业模式注重用户需求，通过主体之间的协作配合实现有效聚合，为用户提供最好的广告传播平台，满足用户需求，为用户创造价值。基于物联网技术的定向广告商业模式的组成部分包括四个要素：运营主体、用户、产品（服务）提供、价值获取。

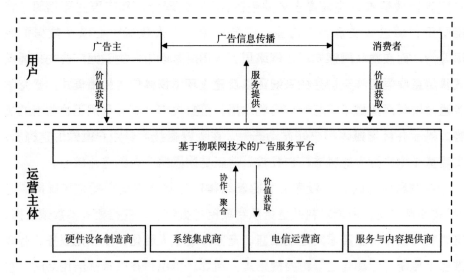

图 12-1　定向广告商业模式

---

① 参见陈宁：《物联网时代新媒体广告的机遇和挑战》，《新媒体研究》2017 年第 3 期。

　　该模式由硬件设备制造商、系统集成商、电信运营商、服务与内容提供商共同形成的运营主体协同提供产品或服务，为广告主与消费者之间的广告信息传播搭建广告平台，实现定向广告传播，并从广告主的销售盈利状况、消费者的广告订阅中获取利益。

　　智能化和物联网技术的发展必定推动计算物联网广告的发展，更大范围的信息接收和传递节点将推动个性化创意和精准营销的发展，也必将推动广告行业的大变革。

❖ 案 例 1 ❖

辉莱众享物联网共享广告平台——广告行业的"滴滴"

　　物联网已经从"概念"阶段跨步到"场景落地"阶段，家具、安防、农业、制造业、医疗、环保等场景都能看到物联网的身影。

　　"辉莱众享"广告平台是 FREELIFE 公司旗下的物联网广告平台，FREELIFE 是全球共享经济营销领域的开拓者，全球首创"辉莱众享"生活用品物联网共享广告模式。公司旗下有多个物联网广告平台及全球分发渠道，创办于 1999 年的加拿大 YESUP 人工智能大数据高科技公司为辉莱众享系统提供核心技术支撑。"辉莱众享"专注于为国内 PC 及移动互联网企业提供精准的产品营销和品牌推广服务，帮助他们以最具性价比的解决方案，获取最精准的目标用户。目前已经形成"辉莱—箩筐""辉莱—高铁""辉莱优品"等营销生态。

　　"辉莱众享"基于海量的生活用品用户，借助人工智能大数据匹配核心技术，将企业宣传信息呈现在生活用品外包装闲置空间上。根据用户和生活用品属性将信息精准地投放给目标人群，并透过多元渠道广泛传递给海量的消费者，巨量的生活日用品变成一个个植入到广告主目标用户家里的小小"广告牌"，并跟踪每个广告效果，实现变废为宝，让广告位厂商获得全新广告利润，广告主实现低成本广告推广，真正多方共赢，推动实体经济快速增长。

"辉莱众享"已经与唯品会、恒安集团、天天果园等品牌进行合作。

【平台优势】

1.针对广告位提供商

辉莱众享具有丰富的广告资源，透过人工智能大技术分析配对，确保与广告位提供商生活用品不冲突，能为广告为提供商带来两大好处。第一，使得闲置广告位变现，利用生活用品的外包装闲置空间，将广告收益变现回馈给广告位提供商，帮助生活用品厂商获得全新的广告盈利模式。第二，提高生活用品品牌销量，消费者视觉接触生活用品表面广告信息时，自然形成广告传递和信息转化，而大品牌广告主的溢价能力也能提高该生活用品的销量，跨界营销，提高品牌影响力。瑞博特，是一家专注于手机周边产品制造生成的生产厂商。市场淡季，瑞博特通过辉莱众享平台，经过大数据匹配，包装上植入腾讯游戏广告。在 2018 年 7 月，瑞博特工厂的销量从 20 万上升到 60 万。而且借助大品牌的影响力，实现捆绑销售，增加粉丝，提高消费者认可度。

2.针对广告主

(1) 精准营销

FREELIFE"辉莱众享"平台，以广告效果为导向，通过大数据分析，根据广告内容、形状、颜色及目标用户属性，进行广告主与生活用品广告位智能匹配；根据产品特性及目标人群的年龄兴趣爱好等，匹配合适广告位，提高广告转化及曝光率，达到广告效果最佳化。"辉莱众享"还支持人群特征、地域、载体等多种定向投放方式，依托大数据技术智能配对，精准识别目标用户群体，大幅提高广告转化率。

(2) 扩大品牌接触点

"辉莱众享"打破平面、屏幕、楼宇、电梯等载体的限制，依托原有生活用品销售渠道及消费者原有需求传播广告主讯息，随着海量的生活用品根植亿万家庭。牛奶、纸巾、饮料瓶、洗涤用品、一次性餐具等都可以成为广告展示位置，万物互联，万物皆为屏！生活用品在消费者生活中的深度渗透和高频使用，品牌得以与消费者近距离高频接触，"潜移默化"地影响消费者，从而产生品牌传递和销售转化，广告价值深度激活，在特定场景中自然转化，实现用户导流。

（3）按效果付费，杜绝浪费

辉莱生活用品共享广告支持按效果付费的付费方式，让每一分广告费用都花在实处。商品摆放在货架或超市里未产生购买时，不产生广告费，只有当消费者购买产品时，整个投放过程才完成。当商品进入用户家庭，消费者多次接触到广告信息，形成品牌印象，最终达成销售。同时，平台还支持效果跟踪，可在广告主页面实现对用户属性及行为跟踪，并以此为数据优化广告投放效果，实现广告效果的最大化。

❖ 案例 2 ❖

辉莱众享 & 国铁吉讯

国铁吉讯科技有限公司由中国铁路投资有限公司、吉利控股集团与腾讯联合组建。国铁吉讯独家负责全国高铁、动车 WiFi 平台建设运营，掌上高铁 App 将向旅客提供在线点餐、智慧零售等特设服务，真正实现互联网＋铁路服务。目前中国高铁约有 2000 车次，年搭载旅客超过 20 亿人次，每天有超过 600 万客流量。按照交通部规划，到 2020 年中国高速铁路里程达到 3 万公里，覆盖 80% 以上的城区常住人口 100 万以上的城市。高铁出行成为一个全新井喷型营销场景入口。

2018 年 8 月 21 日，辉莱众享与国铁吉讯科技有限公司（简称国铁吉讯）合作，依托高铁巨大客流对接，辉莱众享物联网广告技术开启高铁物联网广告巨大市场，打造"辉莱—高铁免费礼品"精准营销系统，为商务旅游提供在线精准推广平台，实现"高铁场景＋品牌营销＋用户互动＋导流销售"。

针对海量高铁出行高消费旅客及高铁 WiFi 高价值、独特的消费场景，辉莱帮助企业通过铁路出行平台为用户提供免费礼品精准赠送及场景营销，帮助企业迅速建立品牌影响力、提高品牌知名度及实现销售渠道的拓展。商务旅客可以在旅途中继续通过辉莱众享物联网广告平台低成本推广自己的企业，旅客在高铁封闭旅途中发现目的地的酒店、温泉、景点门票等免费抽奖，会自动参与，提升转化效率，带动当地旅游业发展。普通旅客可以在线申请辉莱众享免费礼品获得消费者眼球变现，用户还可以在系统中主动筛选个人标签实现礼品精准匹配，大幅降低营销资源浪费，提高品牌营销转化率。

同时，辉莱众享将对接沃尔玛、宜佳、家乐福、华润万家等零售巨头，在各大型商超里联合设立免费礼品领取窗口，为高铁上成功申请到免费礼品的旅客提供就近领取贴心服务，更通过高铁巨大客流为商城导流。

本章习题思考

1. 通过本章的学习，简述物联网广告的商业模式。

2. 结合案例，谈谈关于物联网广告的安全问题的看法。

参考文献

一、中文参考文献

1. 钟书平、刘庆振、陈疆猛：《计算广告语境下的数据闭环与营销变革》，《中国传媒科技》2019 年第 1 期。

2. 刘明、周子渊：《大数据背景下计算广告的传播特征分析》，《科技传播》2018 年第 13 期。

3. 段淳林、杨恒：《数据、模型与决策：计算广告的发展与流变》，《新闻大学》2018 年第 1 期。

4. 刘冶、刘荻、王砚文、傅自豪：《基于多源融合特征提取的在线广告预测模型》，《计算机工程》2019 年第 45 期。

5. 马澈：《计算广告对数字媒体的影响：基于技术、数据和市场的重构》，《中国出版》2017 年第 24 期。

6. 吴忠斌：《关于计算广告相关算法的解析》，《电子世界》2017 年第 21 期。

7. 颜景毅：《计算广告学：基于大数据的广告传播框架建构》，《郑州大学学报（哲学社会科学版）》2017 年第 50 期。

8. 刘庆振：《计算广告："互联网 +"时代的广告业务流程重构》，《中国广告》2017 年第 6 期。

9. 钟夏泉：《大数据与用户画像在计算广告发展中的应用研究》，硕士学位论文，华南理工大学，2017 年。

10. 伊雯雯：《基于多维特征组合逻辑回归模型的广告点击率预测》，《通信技术》

2016 年第 9 期。

11. 许丽：《大数据时代互联网广告变现的优化策略——基于用户数据的情感计算》，《合肥师范学院学报》2016 年第 2 期。

12. 李青：《基于 MapReduce 的广告点击率预测系统设计与实现》，硕士学位论文，云南大学，2016 年。

13. 刘庆振：《"互联网 +" 背景下计算广告技术体系的创新与应用》，《新闻界》2016 年第 2 期。

14. 朱志北、李斌、刘学军、胡平：《基于 LDA 的互联网广告点击率预测研究》，《计算机应用研究》2016 年第 33 期。

15. 胡晓峰：《计算广告："技术 + 数据 + 内容"的综合运用》，《电脑知识与技术》2015 年第 11 期。

16. 周傲英、周敏奇、宫学庆：《计算广告：以数据为核心的 Web 综合应用》，《计算机学报》2011 年第 34 期。

17. 马持节：《智能时代广告的转向与进路》，《中国社会科学报》2019 年 1 月 24 日。

18. 杨扬：《计算广告学的理论逻辑与实践路径》，《理论月刊》2018 年第 11 期。

19. 刘庆振：《"互联网 +" 时代的计算广告学：产生过程、概念界定与关键问题》，《新闻知识》2016 年第 6 期。

20. 刘庆振：《计算广告学：大数据时代的广告传播变革——以"互联网 +"技术经济范式的视角》，《现代经济探讨》2016 年第 2 期。

21. 陈敏：《计算广告中冷启动问题的研究》，哈尔滨工业大学出版社 2014 年版。

22. 曾琼、刘振：《计算技术与广告产业经济范式的重构》，《现代传播（中国传媒大学学报)》2019 年第 41 期。

23. 谢佩宏：《新时代的中国广告——第九届发展广告学论坛会议综述》，《广告大观（理论版）》2018 年第 1 期。

24. 李亦宁：《大数据时代广告业的机遇与挑战》，《新闻界》2016 年第 18 期。

25. 刘鹏、王超：《计算广告：互联网商业变现的市场与技术》，人民邮电出版社2015 年版。

26.倪宁:《大数据时代的传播观念变革》,《西北大学学报(哲学社会科学版)》2014年第1期。

27.[美] 托德·A.穆拉迪安、库尔特·马茨勒、劳伦斯·J.林:《战略营销》,郑晓亚等译,格致出版社2014年版。

28.曲海佳:《互联DSP广告揭秘——精准投放与高效转化之道》,人民邮电出版社2016年版。

29.刘庆振、赵磊:《计算广告学》,人民日报出版社2017年版。

30.品友研究院:《品友程序化购买人群洞察报告(2015)》,2015年。

31.品友研究院:《中国程序化购买广告市场年度综合报告(2016)》,2016年。

32.艾瑞咨询:《中国网络广告行业年度监测报告》,2016年。

33.易观:《中国程序化购买广告市场年度综合报告(2016)》,2016年。

34.张雷、兰刚:《"逆向广告"的兴起——论西尔斯的意向经济之可能》,《浙江工业大学学报(社会科学版)》2008年第4期。

35.张金海、刘琴:《逆向广告的理论阐释与实践解读》,《广告大观(理论版)》2010年第6期。

36.吴剑云:《网络广告交换自动匹配模型构建》,《商业经济》2010年第2期。

37.陈培爱、闫琰:《数字化时代的广告传播》,《编辑之友》2012年第9期。

38.李沁、熊澄宇:《沉浸传播与"第三媒介时代"》,《新闻与传播研究》2013年第2期。

39.刘蕾:《基于RTB的网络视频贴片广告运作机制探索》,《中国商贸》2015年第3期。

40.彭兰:场景:《移动时代媒体的新要素》,《新闻记者》2015年第3期。

41.蒋洛丹:《大数据背景下网络广告转型的思考——以实时竞价广告(RTB)为例》,《当代传媒》2015年第3期。

42.鞠宏磊、王宇婷:《改写广告业的"实时"与"竞价"——实时竞价(RTB)广告的产业链流程和运行机制研究》,《编辑之友》2015年第4期。

43.廖秉宜:《大数据时代数字广告产业的发展模式与战略》,《广告大观(理论版)》2015 年第 8 期。

44.许正林、杨瑶：《基于大数据的移动互联网 RTB 广告精准投放模式及其营销策略探析》，《上海大学学报（社会科学版）》2015 年第 11 期。

45.廖秉宜：《大数据时代中国广告产业的发展研究》，《广告大观（理论版）》2015 年第 12 期。

46.邰书锴：《场景理论：开启移动传播的新思维》，《新闻界》2015 年第 17 期。

47.廖秉宜：《中国程序化购买广告产业现状、问题与对策》，《新闻界》2015 年第 24 期。

48.王佳炜、杨艳：《移动互联网时代程序化广告的全景匹配》，《当代传播》2016 年第 1 期。

49.许正林、马蕊：《程序化购买与网络广告生态圈变革》，《山西大学学报（哲学社会科学版）》2016 年第 3 期。

50.吴德胜、张军、张兆军：《大数据时代 DSP 广告的困境与对策》，《新闻研究导刊》2016 年第 5 期。

51.贺子龙：《RTB 广告的传播路径与缺陷思考》，《新闻传播》2016 年第 6 期。

52.崔安琪：《我国程序化购买广告平台研究》，《广告大观（理论版）》2016 年第 6 期。

53.薛杨、许正良：《微信营销环境下用户信息行为影响因素分析与模型构建——基于沉浸理论的视角》，《情报理论与实践》2016 年第 6 期。

54.许晓婷：《场景理论：移动互联网时代的连接变革》，《今传媒》2016 年第 8 期。

55.刘亚超：《中国程序化广告投放模式研究——以 RTB 广告为例》，《新闻研究导刊》2016 年第 10 期。

56.李亦宁：《大数据时代广告业的机遇与挑战》，《新闻界》2016 年第 18 期。

57.丁俊杰、陈刚：《广告的超越：中国 4A 十年蓝皮书》，中信出版社 2016 年版。

58.陈刚、沈虹：《创意传播管理》，机械工业出版社 2012 年版。

59.[美] 唐·E.舒尔茨、童淑婷、邱宝逸：《广告的未来及其可能性》，《广告大观（理论版）》2017 年第 1 期。

60. 石晨旭：《互联网、人才、资本——中国广告创意十年之关键词》，《美术观察》2016 年第 12 期。

61. 张景宇：《突破对程序化创意的认识局限》，《传播与版权》2016 年第 12 期。

62. 彭兰：智媒化：《未来媒体浪潮——新媒体发展趋势报告（2016）》，《国际新闻界》2016 年第 11 期。

63. 赵征：《数据赋能创意赋智开启数据营销新玩儿法》，《声屏世界·广告人》2016 年第 10 期。

64. 黄琦翔、鞠宏磊：《大数据时代广告创意的新趋势》，《浙江传媒学院学报》2016 年第 2 期。

65. 陈刚、潘洪亮：《重新定义广告——数字传播时代的广告定义研究》，《新闻与写作》2016 年第 4 期。

66. 谭北平：《数据驱动的广告产业的程序化进化》，《声屏世界·广告人》2015 年第 12 期。

67. 袁紫娟：《原生广告中的"广告内容化"现象初探》，《东南传播》2015 年第 8 期。

68. 蔡赟：《智能广告创意设计系统的研究意义及展望》，《中国包装工业》2015 年第 12 期。

69. 康瑾：《原生广告的概念、属性与问题》，《现代传播（中国传媒大学学报）》2015 年第 3 期。

70. 陈刚：《智能化广告时代正在全面到来》，《中国工商报》2017 年 1 月 10 日。

71. 栾慧勇：《基于物联网技术的定向广告传播模式研究》，硕士学位论文，哈尔滨工业大学，2012 年。

72. 黄杰：《大数据时代程序化购买广告模式研究》，《新闻知识》2015 年第 4 期。

73. [英] 布兰德·盖兹：《Google 广告高阶优化》，宫鑫等译，电子工业出版社2015 年版。

74. 王薇：《剖析程序化广告八大误区》，《媒介》2015 年第 8 期。

75. [美] 布莱恩·阿瑟：《技术的本质》，曹东溟、王健译，浙江人民出版社2014 年版。

76.[英] 维克托·迈尔—舍恩伯格，肯尼思·库克耶：《大数据时代：生活、工作与思维的大变革》，盛杨燕、周涛译，浙江人民出版社 2013 年版。

77.[美] 罗宾·蔡斯：《共享经济：重构未来商业新模式》，王芮译，浙江人民出版社 2015 年版。

78.赵国栋等：《大数据时代的历史机遇》，清华大学出版社 2013 年版。

79.孙鲲鹏：《海尔 SCRM 大数据精准营销探索》，《中国工业评论》2016 年第 7 期。

80.郭志明：《RTB 广告的营销价值》，《声屏世界·广告人》2013 年第 7 期。

81.许正林、马蕊：《程序化购买与网络广告生态圈变革》，《山西大学学报（哲学社会科学版)》2016 年第 3 期。

82.王成军：《社交网络上的计算传播学》，高等教育出版社 2015 年版。

83.孟小峰、李勇、祝建华：《社会计算：大数据时代的机遇与挑战》，《计算机研究与发展》2013 年第 11 期。

84.刘庆振、赵磊：《计算广告学，智能媒体时代的广告研究新思维》，人民日报出版社 2016 年版。

85.吴军：《智能时代》，中信出版社 2016 年版。

86.周傲英、周敏奇、宫学庆：《计算广告：以数据为核心的 Web 综合应用》，《计算机学报》2011 年第 10 期。

87.柴林麟：《大数据时代下互联网广告及计算广告学的应用研究》，《信息与电脑（理论版)》2015 年第 16 期。

88.倪宁、董俊祺：《重新定义广告——从戛纳国际创意节主题的演变说起》，《国际新闻界》2015 年第 8 期。

89.张辉锋、金韶：《投放精准及理念转型——大数据时代互联网广告的传播逻辑重构》，《当代传播》2013 年第 6 期。

90.李继东：《从控制到联结：人类传播范式的转变》，《中国社会科学报》2015 年 4 月 1 日。

91.廖秉宜：《优化与重构：中国智能广告产业发展研究》，《当代传播》2017 年第 4 期。

92. 李儒俊、卢维林：《程序化购买广告模式研究》，《传媒》2017 年第 1 期。

93. 吕廷杰：《移动电子商务》，电子工业出版社 2011 年版。

94. 陈玉川：《物联网价值网络：识别、刻画与构建》，江苏大学出版社 2011 年版。

95. 刘海涛：《物联网技术应用》，机械工业出版社 2011 年版。

96. 杨兴丽、刘冰：《移动商务理论与应用》，邮电大学出版社 2010 年版。

97. 雷源：《移动互联网改变商业未来》，人民邮电出版社 2010 年版。

98. 项有建：《冲出数字化》，机械工业出版社 2010 年版。

99. [英] 丹尼斯·麦奎尔（Denis McQuail）：《受众分析》，刘燕南、李颖、杨振荣译，中国人民大学出版社 2006 年版。

100. 刘千桂：《广告大逆转——众媒介与新广告》，清华大学出版社 2009 年版。

101. 胡凯、叶猛：《基于移动联网的定向广告业务系统开发》，《移动通信》2009 年第 18 期。

102. 童晓渝、吴钢、张云勇：《后电信时代——产业生态变革与商业模式转型》，人民邮电出版社 2010 年版。

103. 朱晓荣、齐丽娜、孙君：《物联网与泛在通信技术》，人民邮电出版社 2010 年版。

104. 王志良：《物联网现在与未来》，机械工业出版社 2010 年版。

105. 杨正洪、周发武：《云计算和物联网》，清华大学出版社 2011 年版。

106. 王苍宇：《物联网时代的大众传媒》，《新闻爱好者》2011 年第 14 期。

107. 石长顺、石婧：《物联网的传媒化生存》，《新闻前哨》2011 年第 1 期。

108. 杨陶玉：《网络定向广告的精准传播》，《传媒观察》2007 年第 4 期。

109. 王凌峰、曹文扬：《网络广告的程序化购买：技术思维与流程再造》，《今传媒》2018 年第 12 期。

110. 刘海明：《物联网广告的展望与挑战》，《通信企业管理》2018 年第 11 期。

111. 徐明华、冯亚凡：《"社会计算"与"大数据"之辩：概念的应用、反思与展望》，《现代出版》2018 年第 3 期。

112. 陈欢欢：《程序化协同下的原生广告智能营销》，《品牌研究》2017 年第 6 期。

113. 徐明华、冯亚凡：《社会计算视域下传播学研究的嬗变与反思》，《现代传播（中国传媒大学学报）》2017 年第 39 期。

114. 韩霜：《程序化创意的现状和发展路径分析》，《广告大观（理论版）》2017 年第 3 期。

115. 马澈：《关于计算广告的反思——互联网广告产业、学理和公众层面的问题》，《新闻与写作》2017 年第 5 期。

116. [美] 丹·S.肯尼迪：《终极营销，移动互联时代的精准营销策略》，桂小黎、朱玉彬译，当代世界出版社 2014 年版。

117. 谷虹等：《实时竞价的 RTB 广告模式》，《销售与市场（管理版）》2015 年第 4 期。

118. 蒋海婷：《网络广告实时竞价（RTB）模式研究》，硕士学位论文，东北师范大学，2014 年。

119. 蒋洛丹：《大数据背景下网络广告转型的思——以实时竞价广告（RTB）为例》，《当代传播》2015 年第 3 期。

120. 刘红岩：《社会计算：用户在线行为分析与挖掘》，清华大学出版社 2014 年版。

121. [美] 马丁·林斯特龙：《品牌洗脑：世界著名品牌只做不说的营销秘密》，赵萌萌译，中信出版社 2013 年版。

122. 唐磊等：《社会计算：社区发现和社会媒体挖掘》，机械工业出版社 2015 年版。

123. 王飞跃等：《社会计算与计算社会：智慧社会的基础与必然》，《科学通报》2015 年第 Z1 期。

124. 吴勇毅：《颠覆互联网传统营销模式，RTB 实现顾客识别》，《信息与电脑》2014 年第 1 期。

125. [美] 艾伯特—拉斯洛·巴拉巴西：《爆发：大数据时代预见未来的新思维》，马慧译，中国人民大学出版社 2014 年版。

126. [美] 艾伯特—拉斯诺·巴拉巴西:《链接:商业、科学与生活的新思维》,沈华伟译,浙江人民出版社 2013 年版。

127. 北京电通网络中心:《AISAS:重构网络时代的消费者行为模式》,《现代广告》2007 年第 2 期。

128. 范哲等:《Web2.0 环境下 UGC 研究述评》,《图书馆情报工作》2009 年第 22 期。

129. 谷虹等:《实时竞价的 RTB 广告模式》,《销售与市场(管理版)》2015 年第 4 期。

130. 顾琳琳:《RTB:传统广告业的颠覆者》,《中国数字电视》2013 年第 Z2 期。

131. 张庆园、姜博:《原生广告内涵与特征探析》,《华南理工大学学报(社会科学版)》2015 年第 4 期。

132. 蒋海婷:《网络广告实时竞价(RTB)模式研究》,硕士学位论文,东北师范大学,2014 年。

133. 金水:《国内 RTB 模式所面临的问题与发展策略》,《数字技术与应用》2013 年第 8 期。

134. 金鑫:《数字化背景下的消费者信息获取:对社会信息资源的选择和反思》,博士学位论文,复旦大学,2012 年。

135. 鞠宏磊等:《改写广告业的"实时"与"竞价"——实时竞价(RTB)广告的产业链流程和运行机制研究》,《编辑之友》2015 年第 4 期。

136. 康瑾:《原生广告的概念、属性与问题》,《现代传播》2015 年第 3 期。

137. 雷蔚真等:《Web2.0 语境下虚拟社区意识(SOV)与用户生产内容(UGC)的关系探讨》,《现代传播(中国传媒大学学报)》2010 年第 4 期。

138. 李凤萍:《大数据时代的网络广告模式——基于 RTB 的网络广告市场运作模式分析》,《编辑之友》2014 年第 4 期。

139. 李默涵等:《基于 Web2.0 的品牌传播策略研究》,《现代商业》2010 年第 23 期。

140. 刘达:《基于网络的虚拟现实技术初探》,《新媒体研究》2015 年第 14 期。

141. 刘东明：《大数据时代，社会化营销成掘金引擎》，《中国广告》2012年第8期。

142. 刘权：《基于智能移动终端的移动增强现实应用研究与实现》，硕士学位论文，云南大学，2013年。

143. 刘通菡等：《基于增强现实技术的手机应用研究》，《湘潭大学学报（哲学社会科学版）》2015年第2期。

144. 罗雄伟：《RTB广告的运作特点及其未来发展隐忧》，《中国传媒科技》2013年第12期。

145. [加] 马歇尔·麦克卢汉：《理解媒介：论人的延伸》，何道宽译，译林出版社2011年版。

146. 闵大洪：《数字传媒概要》，复旦大学出版社2003年版。

147. 莫梅锋等：《论增强现实广告的作用机理》，《包装工程》2015年第4期。

148. [美]尼葛洛庞帝：《数字化生存》，胡泳、范海燕译，海南出版社1997年版。

149. 彭兰：《网络传播概论》，中国人民大学出版社2009年版。

150. 盛夏：《LBS技术在社会化媒体中的应用》，《科学之友》2012年第3期。

151. 唐磊等：《社会计算，社区发现和社会媒体挖掘》，机械工业出版社2015年版。

152. 王飞跃：《社会计算的基本方法与应用（第2版）》，浙江大学出版社2013年版。

153. 王晓华：《广告效果测定》，中南大学出版社2004年版。

154. 王跃：《人群和即时定向：真正"正确"的RTB广告》，《广告大观（综合版）》2013年第12期。

155. [美] 威尔伯·施拉姆等：《传播学概论》，陈亮译，新华出版社1984年版。

156. [加] 文森特·莫斯可：《数字化崇拜，迷思、权力与赛博空间》，黄典林译，北京大学出版社2010年版。

157. 吴勇毅：《大数据成就RTB精准营销》，《上海信息化》2014年第2期。

158. 肖鸿江等：《基于实时竞价的网络广告投放流程设计》，《信息技术》2013年第 7 期。

159. 幸国王：《基于 Android 平台的移动增强现实技术综述》，《电子科学技术》2014 年第 2 期。

160. 许卫华：《从虚拟现实技术到增强现实技术》，《中国有线电视》2013 年第 7 期。

161. 闫甲鹏等：《基于移动终端的增强现实虚实融合技术》，《中国科技论文》2015 年第 16 期。

162. 易观智库：《中国程序化购买广告市场专题研究报告 2015 年》，2015 年 6 月。

163. 易观智库：《中国移动 DSP 与移动电商营销研究报告 2014 年》，2014 年 11 月。

164. [美] 约翰·H. 米勒：《复杂适应系统：社会生活计算模型导论》，隆云滔译，上海人民出版社 2012 年版。

165. [美] 扎法拉尼（Reza Zafarani）、E. 阿巴西（Mohammad Ali Abbasi）、刘（Huan Liu）：《社会媒体挖掘》，刘挺、秦兵、赵妍妍译，人民邮电出版社 2014 年版。

166. 翟红蕾、陈夕林：《原生广告的传播伦理分析》，《新闻前哨》2014 年第 4 期。

167. 张光茫：《大数据时代的思考与启示——读涂子沛〈大数据〉》，《水利天地》2012 年第 9 期。

168. 周楚莉：《数字传播时代 RTB（实时竞价）广告模式研究》，《中国记者》2013 年第 11 期。

169. 周忠等：《虚拟现实增强技术综述》，《中国科学：信息科学》2015 年第 2 期。

170. 杨先顺、邱湘敏：《网络传播的后现代伦理审思》，《现代传播》2010 年第 3 期。

171. 杨先顺、何梦祎：《新媒体环境下广告传播的注意心理策略》，《新闻知识》2013 年第 12 期。

172. 杨先顺、王潜：《网络流行语模因分析及对广告语创作的启示》，《当代传播》2014 年第 6 期。

173. 周文娟、杨先顺：《微博传播部落化：后现代伦理的视角》，《新闻界》2014 年第 23 期。

174. 杨先顺、邓琳琳：《广告话语中三音节颜色词的符号传播探析》，《新闻界》2016 年第 10 期。

175. 杨先顺、郭芳怡：《互联网语境下噱头式广告的伦理问题》，《青年记者》2017 年 10 月中。

176. 杨先顺、支亚茹：《新媒体环境下公益广告传播的变革——以"天与空"现象为例》，《新闻知识》2017 年第 6 期。

177. 姚曦、李娜：《智能时代的广告产业创新趋势》，《中国社会科学报》2017 年 11 月 16 日。

178. 姚曦、李斐飞：《精准·互动——数字传播时代广告公司业务模式的重构》，《新闻大学》2017 年第 1 期。

179. 涂丹丹、舒承椿、余海燕：《基于联合概率矩阵分解的上下文广告推荐算法》，《软件学报》2013 年第 3 期。

180. 胡晓峰：《计算广告："技术 + 数据 + 内容"的综合运用》，《电脑知识与技术》2015 年第 19 期。

181. 陈刚：《智能化广告时代正全面到来》，《中国工商报》2017 年 1 月 10 日。

182. 姜智彬、马欣：《领域、困境与对策：人工智能重构下的广告运作》，《新闻与传播评论》2019 年第 3 期。

183. 秦雪冰、姜智彬：《人工智能驱动下广告公司的业务流程重组》，《当代传播》2019 年第 2 期。

184. 姜智彬、马欣：《广告的智能化投放研究——从茧房式推荐到生活方式式推荐》，《广告大观（理论版）》2018 年第 1 期。

185. 姜智彬、郭钦颖：《边界、规律与智能赋能：IP 生态商业价值分析》，《广告大观（理论版）》2019 年第 1 期。

186. 姜智彬、黄羲煜：《中国跨文化广告研究现状和发展趋势》，《广告大观（理论版）》2014 年第 3 期。

187. 姜智彬、崔溟均、黄文鑫：《中韩跨文化广告研究的比较分析》，《广告大观（理论版）》2011 年第 5 期。

188. 姜智彬：《网络广告的现状、危机与对策》，《杭州师范学院学报（社会科学版）》2005 年第 5 期。

189. 段淳林、李梦：《移动互联网时代的广告产业链角色重构与平台化转型》，《华南理工大学学报》（社会科学版）2015 年第 4 期。

190. 段淳林：《"国家品牌计划"让广告"品效合一"》，《声屏世界·广告人》2017 年第 7 期。

191. 段淳林、闫济民：《从大数据到社会计算：企业 Wiki 传播的数据控制研究》，《新闻界》2015 年第 22 期。

192. 段淳林、何韵洁：《基于引发直接购买行为的网络广告效果》，《新闻爱好者》2009 年第 22 期。

193. 段淳林、廖善恩：《中国广告创意发展的新趋势》，《中国广告》2009 年第 8 期。

194. 谭辉煌、张金海：《人工智能时代广告内容生产与管理的变革》，《编辑之友》2019 年第 3 期。

195. 欧霞、张金海：《消费前及购买中体验对感知价值的影响研究》，《新闻界》2017 年第 3 期。

196. 蔡立媛、张金海：《负熵：大数据时代 TPWKR 企业营销五阶段模型的建构——以"购买的五阶段模型"为分析对象》，《现代传播（中国传媒大学学报）》，2016 年第 38 期。

197. 张金海：《在新的制度框架下谋求中国广告业的新发展》，《中国工商管理研究》，2015 年第 10 期。

198. 曾琼、张金海：《广告认知演进的逻辑轨迹与广告学知识体系的系统建构（纲要）》，《广告大观（理论版）》2014 年第 4 期。

199. 张金海、刘琴：《逆向广告的理论阐释与实践解读》，《广告大观（理论版）》2010 年第 6 期。

200. 倪宁：《大数据时代的传播观念变革》，《西北大学学报（哲学社会科学版）》2014 年第 1 期。

201.倪宁、王芳菲：《新媒体环境下中国广告产业结构的变革》，《当代传播》2014年第1期。

202.倪宁、徐智、杨莉明：《复杂的用户：社交媒体用户参与广告行为研究》，《国际新闻界》2016年第10期。

203.倪宁、董俊祺：《重新定义广告——从戛纳国际创意节主题的演变说起》，《国际新闻界》2015年第8期。

204.倪宁、谭宇菲：《公益广告中的中国元素回顾与展望》，《现代传播（中国传媒大学学报)》2010年第7期。

205.倪宁、雷蕾：《公益广告独立性发展及制约因素分析》，《现代传播（中国传媒大学学报)》2013年第5期。

二、英文参考文献

1. Chatwin R.E., "An Overview of Computational Challenges in Online Advertising", American Control Conference, 2013.

2. Andrew, "Programmatic Trading:The Future of Audience Economics", *Communication Research and Practice*, Vol.5, No.1, 2019.

3. Steel, Emily, "Buying Space Takes 'Rockyroad' to Future: Programmatic Ads", *Financial Times*, May 28th 2014.

4. Chandler, Michele, "Programmatic Ad 'Growing Pains' Trip LinkedIn, Others", *Investor's Business Daily*, May 28th 2015.

5. Winslow, George, "Programmatic Ad Platforms Proliferate", *Broadcasting &Cable*, Aug 31st 2018.

6. Vranica, Suzanne, "Belkin Pulls Back on Programmatic Ads, Company Puts More Emphasis on Premium Sites and Crafting Ads that Tie into Particular Sites", *Wall Street Journal*, Sep 21st 2015.

7. Chandler, Michele, "Mobile Drives Continued Rise of Programmatic Digital Display Ads", *Investor's Business Daily*, April 5th 2016.

8. Vranica, Suzanne, "Marketers Flock to Programmatic Ads Despite Concerns About Fraud and Transparency, Advertisers' Desire for Better Targeting Outweighs the Concerns They Have about Automated Ad Buying", *Wall Street Journal*, May 3rd 2016.

9. Broder A. Z., "Computational Advertising and Recommender Systems", RecSys '08 Proceedings of the 2008 ACM Conference on Recommender Systems, 2008, pp.1–2.

10. Mi Jung Kim, Jong Woo Jun, "A Case Study of Mobile Advertising in South Korea: Personalisation and Digital Multimedia Broadcasting (DMB)", *Journal of Targeting, Measurement and Analysis for Marketing*, Vol.3, No.16, 2019, pp.129–138.

11. R. Preston McAfee, "The Design of Advertising Exchanges", *Review of Industrial Organization*, Vol.11, No.39, 2019, pp.169–185.

12. Sina Henningsen, Rebecca Heuke, Michel Clement, "Determinants of Advertising Effectiveness: The Development of an International Advertising Elasticity Database and a Meta-Analysis", *Business Research*, Vol.12, No.4, 2019, pp.193–239.

13. Savas Dayanik, Mahmut Parlar, "Dynamic Bidding Strategies in Search-based Advertising", *Annals of Operations Research*, Vol.12, No.211, 2019, pp.103–136.

14. Martin Stange, Burkhardt Funk, "Real-Time Advertising", *Wirtschaftsinformatik*, Vol.10, No.56, 2019, pp.305–308.

15. Winslow, George, "Programmatic Ad Tech Players on the Grid", *Broadcasting & Cable*, Vol.11, No.41, 2014.

16. Winslow, George, "For Programmatic Ad Tech, Efficiency is Key Driver", *Broadcasting & Cable*, Feb. 2015, pp.14–16.

17. Thomas R.Troland. Mike Smith, "Targeted: How Technology is Revolutionizing Advertising and the Way Companies Reach Consumers", *Publishing Research Quarterly*, Vol.9, No.31, 2015, pp.232–234.

18. Joaquin Fernandez-Tapia, "Statistical Modeling of Vickrey Auctions and Applications to Automated Bidding Strategies", *Optimization Letters*, May 2016, pp.1–10.

19.Charski, Mindy, "Programmatic Advertising: the Tools, Tips, and Tricks of the

Trade", *EContent*, May 2016, pp.18–22.

20. Weber, Rolf H., "Internet of Things—New Security and Privacy Challenges", *Computer Law & Security Review*, Jan 2010, Vol.26 Issue 1, pp.23–30.

21. Cooper, Joshua, James, Anne, "Challenges for Database Management in the Internet of Things", *IETE Technical Review*, Vol.26 Issue 5, 2009, pp.320–329.

22. Gabrilovich E., Josifovski V., Pang B., "Introduction to Computational Advertising", Meeting of the Association for Computational Linguistics, 2011.

23. Broder A. Z., "Computational Advertising", *Soda,* Vol.8, 2008.

24. Dave K. S., "Computational Advertising, Leveraging User Interaction & Contextual Factors for Improved Ad Relevance & Targeting", World Wide Web Conference Series, 2012, pp.757–758.

后　记

　　我对计算广告的关注与研究源于 2014 年与华南理工大学软件学院合作共同成立的社会计算研究所，彼时我开始关注以大数据、云计算、人工智能等互联网技术对社会科学研究引发的颠覆性范式革命，如计算经济学、计算传播学、计算广告学等，并第一次参加了由华南理工大学主办的社会媒体处理论坛（SMP）。2015 年，在广东省新媒体与品牌传播创新应用重点实验室举办的"新媒体发展与创新国际论坛"上，我第一次分享了"大数据与计算广告发展趋势"的主题演讲，随后在美国爱达荷大学、台湾师范大学等国内外广告学教育论坛上，以"数据驱动与计算广告的实现路径""大数据与智能广告的发展""计算广告对传统广告人才培养模式的挑战"为主题进行了多次分享。

　　随着研究的不断深入，2017 年初华南理工大学新闻与传播学院联合华南理工大学软件学院及腾讯、字节跳动、有米科技、精硕科技，成立了"广东省大数据与计算广告工程技术研究中心"，并设立 4 个研究方向：大数据与用户行为研究、智能化与计算物联网广告、程序化购买与计算广告、计算广告的实现路径研究。2018 年研究成果《数据、模型与决策：计算广告的发展与流变》在《新闻大学》第 1 期发表，并被《新华文摘》全文转载。2019年 5 月，在武汉华中科技大学出版社的大力推进下，举办了"智能传播时代计算广告学科建设与人才培养模式"研讨会，来自北京大学、中国人民大学、中国传媒大学、武汉大学、华南理工大学、华中科技大学、上海外国语大学、深圳大学、中南民族大学、北京信息科技大学等二十余位知名高校的教授与专家出席研讨会，并筹备出版全国第一套《计算广告学》系列教材。

当天下午，华南理工大学与华中科技大学联合主办了"第一届计算广告与品牌传播创新发展论坛"，共商学科未来发展动向。经过两年多的酝酿与沉淀，及团队成员的共同努力，融合近年来对于计算广告行业实践与教学的经验，经过理论的充实与实践的积累，《计算广告学》研究著作最终得以面世。

本书的思考问题与重点是互联网行业深刻变革下，计算广告行业如何向更深层次发展与进化。为了能够更好地探讨深层次问题，同时也能够为阅读者提供一套有体系、有逻辑的知识体系，本书分为变革篇、技术篇、用户篇、产业篇四大部分，以社会计算的产生与发展与大数据发展为开端，探究了计算广告的本质特征、重要技术、实现路径，在与用户的互动过程中探究了计算广告的意义，并以行业变革的角度对计算广告进行了审视与探索，最终提出发展展望。希望书中的观点与想法不仅能够为广大学生提供系统性指引，也能够引发更多人对于计算广告学科的兴趣与思考，进而投身其中。当然，也欢迎学界和业界更有价值的讨论与思考，并能够进一步促进对计算广告学的研究与实践走向纵深。

感谢数年来华南理工大学给予品牌传播专业发展的平台和一如既往的支持，正是学校的鼓励与支持，让品牌传播专业更有力量朝着前沿的方向发展。感谢在写作过程中一路陪伴我、给予我灵感与思想火花的学者与业界人士。同时，我也感谢我所拥有的一支专业勤劳的研究团队，感谢宋成、黎春樱、任静、张瑶、孙天艺、王雯、李絮枫、林嘉纯、陶梦、余诗静、张萌阳、刘瑞等同学在资料准备与书稿出版工作中的协助。正是他们的努力付出，让计算广告领域的知识能够呈现，让知识得以不断传递下去。

在最后，希望这本书中对计算广告的探索与研究能够拥有更广泛的影响力，最终回馈社会，为现代广告行业的发展助力，为更多中国企业的发展与企业理念的传播提供科技驱动力，让中国品牌借助计算广告的风帆，向世界进军。

段淳林

2019 年 5 月 29 日于华园

责任编辑：李媛媛

责任校对：白　玥

图书在版编目（CIP）数据

计算广告 / 段淳林，张庆园 编著 . — 北京：人民出版社，2019.12

ISBN 978 - 7 - 01 - 021390 - 3

I.①计… 　 II.①段…②张… 　 III.①计算 - 广告学 　 IV.① F713.80

中国版本图书馆 CIP 数据核字（2019）第 222858 号

计算广告

JISUAN GUANGGAO

段淳林　张庆园　编著

人 民 出 版 社 出版发行

（100706　北京市东城区隆福寺街 99 号）

环球东方（北京）印务有限公司印刷　新华书店经销

2019 年 12 月第 1 版　2019 年 12 月北京第 1 次印刷

开本：710 毫米 ×1000 毫米 1/16　印张：20

字数：283 千字

ISBN 978 - 7 - 01 - 021390 - 3　定价：59.00 元

邮购地址 100706　北京市东城区隆福寺街 99 号

人民东方图书销售中心　电话（010）65250042　65289539